泰山学者工程专项经费资助
教育部人文社科基地重大项目“两宋时期易学流衍与哲学发展”（16JJD720011）
前期成果

主编　林忠军

历代易学名著整理与研究丛书

杨氏易传导读

［南宋］杨简 撰　张沛 导读

责任编辑：董 巍
责任印制：李未圻

图书在版编目（CIP）数据
杨氏易传导读 /（南宋）杨简撰. -- 北京：华龄出版社，2019.1
ISBN 978-7-5169-1381-9

Ⅰ. ①杨… Ⅱ. ①杨… Ⅲ. ①《周易》—研究 Ⅳ. ①B221.5

中国版本图书馆 CIP 数据核字 (2018) 第 299129 号

书　　名：杨氏易传导读
作　　者：[南宋] 杨简 撰　张沛 导读

出 版 人：胡福君
出版发行：华龄出版社
地　　址：北京市东城区安定门外大街甲 57 号　邮　编：100011
电　　话：010-58122241　传　真：010-58122264
网　　址：http：//www.hualingpress.com

印　　刷：鸿博昊天科技有限公司
版　　次：2019 年 6 月第 1 版　2019 年 6 月第 1 次印刷
开　　本：710 × 1000　1/16　印　张：19
字　　数：220 千字
定　　价：58.00 元

总　序

《周易》本为卜筮之书。然而生活在春秋末的孔子，从卜筮入手，以“观亓（其）德义”为宗旨，首次把《周易》纳入学术视野，以儒家独特的语言和思维对《周易》文本成书、主要概念、符号系统、卦爻辞、筮法和治易的方法等系列问题进行了系统的解说和阐发，从而实现了《周易》话语的转变，由卜筮解释转向德性的解释，以德占取代了筮占，《周易》由原来卜筮之书变成了一部内涵了博大精深内容的儒家哲学著作。《易传》成书是《周易》儒学化的重要标志。《易传》虽然未必是孔子亲作，但它与《论语》一样，代表孔子的思想。就解《易》方法而言，《易传》偏重义理兼顾象数。所谓象数方法，即以象数解易。《周易》有一套独特的阴阳符号系统，这套符号系统就是卦爻象。按照《系辞》解说，卦爻符号不仅是人们用于占筮的标记，也是系辞的重要依据，即《周易》成书，先有卦爻符号，后有文辞，文辞依易象符号而作，这就是所谓的“观象系辞”。既然卦爻辞本于卦象，表达卦象的意义，那么理解和诠释卦爻辞，则必须揭示文辞背后的易象符号、探寻象辞之间的联系。这就是所谓的“观象玩辞”。所谓义理方法，即以义理解《易》，是用现成的儒家理念解说《周易》文辞，或借《周易》文辞阐发出儒家的人文精神。依《系辞》之见，与天地合德的圣人之意，深奥玄妙，用语言无法穷尽，故圣人用模拟世界万物而画出的阴阳符号可以尽意，即所谓“立象尽意”。此“意”是“立象”之根本，“象”以“意”而立，以象尽意是《周易》解释的终极目标。由于《易传》本身包含这两种解易的思路与方法，形成了易学史上象数和义理两大不同的治《易》之路向与方法。

汉儒易学解释，以探求《周易》文本固有意义为目标，运用训诂兼顾象数方法解释《周易》。就其象数而言，他们以《易传》所提出的“观象系辞”和“观象玩辞”为据，笃信《周易》中每一个话、每一个字并非圣人随意而作，皆源于象。这是汉儒所理解的“观象系辞”。既然《周易》文本是“观象系辞”，那么，联系训诂，以象解释《易》的每一句话每一个字，成为他们易学解释的诉求，即他们所理解的“观象玩辞”。然而，《周易》作者并非以“辞”“象”一一对应而作易文本，即用已有的卦象不可能融通易辞。为了化解易文本与解释者之间的矛盾，他们极力张扬象数符号在卦爻辞形成中的主导作用，最大限度地挖掘、开显《周易》文辞背后的象数，不遗余力地探求其卦爻辞与卦爻象之间的内在联系。他们除了继承以《易传》象数解易之方法外，又多发明象数：或根据推演《说卦传》现成的八卦之象，以增加象的数量，即所谓的“以象生象”；或改变取象的方法，如互体法、卦变法、纳甲法、爻辰法、升降法、旁通法、爻体法、消息法等皆是取象常用的方法，如王弼所言“互体不足，遂及卦变，变又不足，推致五行，一失其原，巧愈弥甚”（《周易略例·明象》），即所谓的“象外生象”。若数之不足，则又取五行之数、九宫之数、纳甲之数、历律之数等，即求数于《易》外。

与此相反，以魏晋王弼为代表的玄学易，从《易传》“立象尽意”出发，关注的是《周易》文本的意义（或称义理），认为象本于意，辞本于象。故卦爻辞的作用在于说明卦象，卦象的价值在于它彰显《周易》的意义，解释《周易》的目的不是揭示系辞根据，更不是解说《周易》的文字意思，而是通过解读易辞，把握卦爻象符号，最终追求圣人之意。宋儒虽然解释易学所用的资料不同于王弼，王弼以老庄解《易》，宋儒以儒学释《易》，但是无论在解释其目标，还是解释的方法，与王弼一脉相承。即他们不同意汉儒把揭示文辞背后的象数符号和解释文字意义作为易学解释的目的，反对过分夸大象数在《周易》文本中的作用。在他们看来，这样做的结果不但不能解释出文本所包含的意义，反而掩盖或者背离了易作者的思想。宋儒将玄学易的意象关系转换为理象关系，认为理是无形的、抽象的，是宇宙之本。从先后言之，先有理后有象，有象而后有数。理和象的关系又是不分离的，二者是显微、体用、动静的关系。因理无形，故可因象以明理，假象显义。“理见乎辞，可由辞观象”，有象后有数，可以由象知数。故得其义象数在其中矣。基于此，宋儒在恢复儒学道统的背景下，提倡以理解《易》，以心解《易》，以史证《易》，其旨开显易学当中的圣人之道。当然，宋儒反对汉儒象数，不是不讲象数，相反，而是把象数置于义理之下，以象数作为工具，阐发义理。宋儒的象数，不是汉儒的象数，其内容主要指图书之学、先天后天之学、太极图之学等。元明易学主要沿袭了两宋易学传统，则属于“宋易”；清代易学重训诂与考证，则以恢复汉易为旨归，故属于“汉易”。

素有“五经之首”“大道之原”之称的《周易》，经过历代学者的阐释，在与其他文化的碰撞中融合、发展与完善，形成了博大精深、气势恢宏的易学文化之流，对中国古代政治、哲学、思想文化、科技、宗教、民俗、民族心理和价值取向等的形成与发展，产生了重大作用。

不仅如此，它以其独特的魅力深深地影响了东亚、东南亚乃至整个华人世界，成为世界文化不可或缺的重要组成部分。时至今日，易学中的三才之道、变通趋时、阴阳交感、居中守位、自强厚德、进德修业等思想观点在现代的管理学、生态学、伦理学等具有重要的学术价值。

为了深入开展对古代经典的学术研究，弘扬中国传统的优秀文化，以服务于当下多元化经济发展和新文化建构的需求，我们以历史发展为线索，着眼于象数、义理、训诂三个层面及其易学特色和影响力，从《四库全书》和《续修四库全书》等典籍中选择了15种易学名著为整理和研究对象，邀请国内几十位著名的易学专家组成学术团队，保证了此丛书水平达到预期效果和按时完成。对于这些经典加以整理和研究。每一本易学名著由“导读”和“校勘”两部分构成。“导读”，是总论性质的文字，既有一般常识介绍，又有一定学术性。内容方面，在陈述古人易学观点的同时，重点反映当今包括自己成果在内的研究成就。“校勘”是选用最好的版本作为底本，参照其他版本对易学名著进行点校和校勘，力求尊重文本，不随意改字，文字确有不同者和错误者，以“注”的形式处理。力图通过对这些易学名著的整理与导读，客观地再现易学发展的全貌，为学术研究者和广大易学爱好者提供参考。

华龄出版社社领导高度关注本丛书的出版，从选题立项到出版，给予大力支持。诸位编辑在丛书策划、出版推进和编辑等方面付出了艰辛劳动，在此一并谢忱！

林忠军于山东大学

2018年4月

目 录

导 读

一、杨简生平学行

杨简，字敬仲，南宋著名学者，慈溪（今浙江宁波）人，生于宋高宗绍兴十一年（1141），卒于宋理宗宝庆二年（1226），年八十六，卒谥文元。曾筑室于德润湖上，并更其名曰“慈湖”，故学者尊称慈湖先生。

杨简走上心学之路，与其父杨庭显的影响有关。杨庭显，字时发，与陆九渊结识较晚，但颇有交情。杨庭显对陆氏心学极为推崇。据陆九渊称，杨庭显律己甚严，尤善反观内省，“读书听言，必以自省……念虑之失，智识之差，毫厘之间，无苟自恕。嘉言善行，不旷耳目”（《陆九渊集》卷二十八《杨承奉墓碣》）。杨庭显之“反观”是否得益于陆九渊之“发明本心，切己自反”不得而知，但作为儒者进学修德的工夫，二者存在共通之处。家学的熏染浸润、父亲的言传身教，对杨简之为人为学产生了深远影响。杨简年幼时即已显现出异于同辈的性格气质，严以律己，好学深思，自谓当时“已知天下无他事，惟有此道而已矣”（《慈湖遗书》卷三《学者请书》）。又云：“少读《易大传》，深爱‘无思也，无为也，寂然不动，感而遂通天下之故。’窃自

念：学道，必造此妙。”（《杨氏易传》卷二十《总论》，下引该书只注卷数）

乾道二年（1166），二十六岁的杨简进入太学，与沈焕、舒璘、袁燮等学友切磋琢磨。时值陆九渊之五兄陆九龄任学录，杨简由是接触到陆氏心学的大体内容。陆九渊《杨承奉墓碣》称：“仲子简尤克肖，入太学，治《易》，冠诸生。”依此观之，杨简的易学造诣在太学时期既已显露无遗。更重要的是，在此期间，杨简经历了一次顿悟：

某之行年二十有八也，居太学之循理斋。时首秋，入夜，斋仆以灯至，某坐于床，思先大夫尝有训曰“时复反观”。某方反观，忽觉空洞无内外、无际畔，三才、万物、万化、万事、幽明、有无通为一体，略无缝罅。畴昔意谓万象森罗，一理贯通而已，有象与理之分，有一与万之异。及反观后所见，元来某心体如此广大。天地有象有形，有际畔，乃在某无际畔之中。《易》曰“范围天地”，《中庸》曰“发育万物”，灼然灼然，始信人人心量皆如此广大。（《慈湖遗书续集》卷十八《炳讲师求训》）

此次顿悟发生在乾道四年（1168）。需要说明的是，尽管杨简是由遵循父亲“反观”的训诫开出了此次顿悟，但杨庭显的“反观”主要是“念虑之失，智识之差，毫厘之间，无苟自恕”，是以言行举止为对象、以德性修养为目标的，还是“三省吾身”“克己复礼”意义上的“反观”。杨简不然，他由反观获得的是心与三才、万物、万化、万事、幽明、有无通为一体、毫无界限的直觉体验。从理性的立场上说，这种体验明显具有神秘主义色彩。就此而言，杨简“反观”所得的结论虽与孟子的“万物皆备于我”、大程的“浑然与物同体”、陆九渊的“宇宙便是吾心，吾心即是宇宙”颇为相类，实则存在较大差异，因为后者并不与神秘体验相关。

应当承认，杨简此次顿悟所得与其学问圆熟之后的思想不仅毫无抵牾，且深为契合。然而，其心学的建立并不以此为标志。确切地说，此次顿悟只是他日后踏上心学之路的契机之一。不过，此次顿悟的确使他获得了心与万物一体圆融的重要结论。三年后，杨简又经历了一次觉悟："某二十有八而觉，三十有一而又觉。觉此心清明虚朗，断断乎无过失，过失皆起乎意。不动乎意，澄然虚明，过失何从而有？某深信此心之自清明，自无所不通，断断乎无俟乎复清之。于本虚本明、无所不通之中，而起清之之意，千失万过，朋然而至矣，甚可畏也！"（《慈湖遗书》卷二《永嘉郡治更堂亭名》）如果说三年前的顿悟所得"心体如此广大"是对心体的正面描述，与境界论相关，三年后悟到的"心清明虚朗""过失皆起乎意"则是对过失根源的追问，与工夫论相关。依杨简之见，与天地万物一体圆融的"心"原本清明虚朗，一切过失皆起于"意"。人不能顺"心"而行，以致让"意"萌生而遮蔽此心，言行方才产生种种失当、过错。此间，杨简提出了"意"的概念，并将善恶分别归诸"心"与"意"。后来，"意"成为了杨简论心性的重要范畴，其工夫论则以"不起意"为核心主张。就此而言，三十一岁的这次觉悟对杨简心学的最终确立具有重要意义。

乾道五年（1169），杨简二十九岁，进士，后主簿富阳。三年之后，陆九渊路经富阳，二人相见，遂有"双明阁之问"。杨简提问的焦点在于陆九渊每每言及的"本心"究竟是何涵义。关于此事，陆九渊《年谱》记载如下：

杨敬仲问："如何是本心？"先生曰："恻隐，仁之端也；羞恶，义之端也；辞让，礼之端也；是非，智之端也。此即是本心。"对曰：

“简儿时已晓得，毕竟如何是本心？”凡数问，先生终不易其说，敬仲亦未省。偶有离扇者讼至于庭，敬仲断其曲直讫，又问如初。先生曰：“闻适来断扇讼，是者知其为是，非者知其为非，此即敬仲本心。”敬仲忽大觉，始北面纳弟子礼。(《陆九渊集》卷三十六《年谱》)

此次觉悟，又称“双明阁大觉”。《慈湖遗书》载杨简自述如下：“双明阁之下，某本心问，先生举凌晨之扇讼是非之答，实触某机。此四方之所知，至于即扇讼之是非，乃有澄然之清，莹然之明，非思非为，某实有之。无今昔之间，无须臾之离，简易和平，变化云为，不疾而速，不行而至，莫知其乡，莫穷其涯。此岂惟某独有之？举天下之人皆有之。为恻隐、为羞恶、为恭敬、为是非，可以事亲，可以事君，可以事长，可以与朋友交，可以行于妻子，可以与上，可以临民。天以是覆而高，地以是厚而卑，日月以是临照，四时以是变通，鬼神以是灵，万物以是生，是虽可言而不可议，可省而不可思。”(《慈湖遗书》卷四《祖象山先生辞》)《杨氏易传》云：“某自弱冠而闻先训，启道德之端，自是静思力索者十余年，至三十有二而闻象山先生之言，忽省此心之清明，神用变化，不可度思，始信此心之即道，深念人多外驰，不一反观。一反观，忽识此心，即道在我矣。”(卷五《履》)应当注意的是，此前两次觉悟所得虽与“心”有关，但并未促使杨简形成像陆九渊“本心”一般明确的范畴，更未达到陆氏心学那样的高度。正因乎此，杨简才屡屡围绕“如何是本心”发问。当陆九渊答复说孟子的“四心”即是本心时，杨简表示不能理解。尔后，陆九渊借“扇讼”一事点出恻隐、羞恶、辞让、是非等一切道德价值皆涵具于本心之中。此人人皆有、个个相同的本心，即是人成就道德人格充足而内在的价值资源。人只要明悟此心并使之顺畅发用，遇事自然知晓是非善恶。不仅如此，心中的道德价值与宇宙的根本原理即天理乃是同一的。此即陆氏心学的“心即理”说。至此，杨简终于大悟，并以“道在我矣”四字概括之。从思想发展的角度看，“双明阁大觉”在此前两次觉悟的基础上进一步丰富了杨简对“心”的认识，“心”不仅清明虚朗、与天地万物同为一体，还涵具着完足的道德价值。双明阁大觉之后，杨简正式投入陆门，显然意味着他理解并认同了象山心学。自此，杨简正式踏上了心学的道路。象山赞其曰：“敬仲可谓一日千里。”（《陆九渊集》卷三十六《年谱》）

后来，杨简居丧守孝期间又有一次觉悟。《宋元学案·慈湖学案》载：“母丧去官，营葬车厩，更觉日用应酬，未能无碍。沉思屡日，一事偶触，始大悟变化云为之旨，交错万变而虚明寂然。”《杨氏易传》谈及此事较为详尽：“居妣氏丧，哀恸切痛，不可云喻。既久，略省察，曩正哀恸时，乃亦寂然不动，自然不自知。方悟孔子哭颜渊，至于恸矣而不自知，正合无思无为之妙，益信吾心有此神用妙用，其哀苦至于如此其极，乃其变化，故《易大传》又曰‘变化云为’。不独其有此心，举天下万古之人，皆有此心。益信人皆与尧、舜、禹、汤、文、武、周公、孔子同此心，顾人不自知，不自信尔。”（卷二十《总论》）这次觉悟的新内容，是杨简在居丧期间意识到情绪虽已哀痛至极，心体仍然是“寂然不动”的。结合之前的觉悟来看，道德人伦存乎人心，父母过世，子女哀痛不已乃是孝悌之情的自然流露，是本心本性的自然展现。这种自然的流露、展现虽有情感、情绪上的变化，但未曾动乎意，毫无计度造作。不起意，即是“寂然不动”。同时，杨简此番觉悟的“寂然不动”，亦是就体用言之。具体地说，心接事应物而发用之时，心体始终保持同一，无有变动。寂然不动，“并不是说没有意识或情感活动，而是指心境的内在稳定、平和与宁静”[①]。这种对心之体用的新认识，亦构成了杨简心学的重要内容。

得益于陆九渊的心学点拨，加之几番觉悟，杨简思想的大体规模得以奠定。自此往后，杨简自感学术进境略显缓慢。同时，很多问题仍萦绕于心，尚未得到彻底解决。某天，杨简读《孔丛子》，当“心之精神是谓圣”一语映入眼帘时，忽觉往日疑难涣然冰释。他说：“学者初觉，纵心之所之无不玄妙，往往遂足，不知进学，而旧习难遽消，未能念念不动……予自三十有二微觉之后，正坠斯病。后十余年，念年迈而德不进，殊为大害，偶得古圣遗训，谓学道之初，系心一致，久而精纯，思为自泯。予始敢观省，果觉微进。后又于梦中获古圣面训，谓某未离意象。觉而益通，纵所思为，全体全妙。”（《慈湖遗书》卷十五《泛论学》）杨简之前苦于“未能念念不动”，故以“系心一致”为工夫，防止心思四处走作、放失外弛。直至梦见圣人告诫，方才悟得追求“系心一致”“念念不动”，本质上也是“起意”，“未离意象”。关于“心之精神是谓圣”，杨简曾云：“孔子语子思曰‘心之精神是谓圣’。圣亦无所不通之名，人皆有此心，此心未尝不圣，精神无体质、无际畔，无所不在，无所不通。”（《慈湖遗书》卷二《临安府学记》）长久以来，“圣”在儒学中乃是描述至高、完满的语词。“圣”无所不在、无所不通，“心之精神是谓圣”，则心亦无所不在、无所不通。这无疑是对心予以最大限度的肯定。此心若能顺畅发用，自然无所不通。反之，刻意追求念念不动、系心一致，无异于将神明灵妙、无所不通之心把捉在一处，实则是“起意”而陷入过失。这次觉悟，对杨简心学的发展而言至关重要。《孔丛子》的“心之精神是谓圣”一语不仅与

① 陈来. 宋明理学[M]. 上海：华东师范大学出版社，2003:164

杨简个人的所思所悟深为契合，更为杨简著书立说提供了典籍上的依据。此后，杨简频繁征引此句来讲经论学，其心学思想亦得以最终确立。

自举进士以来，杨简历任富阳主簿、绍兴府司理、浙西抚干、乐平知县、国子博士、国史院编修官、朝奉大夫、朝散大夫、朝请大夫、朝议大夫等职，终官宝谟阁学士、太中大夫，为官生涯约五十载，虽未身居显赫、高官厚禄，但为政颇有作为。他公正清廉，施行仁德，勤于政事，爱民如子。任职地方，必兴办学校、广施教化，百姓敬之如父母。多年的地方官经历，使他深知百姓疾苦。入京为官期间，他劝谏皇帝效法古制，重现三代盛世，刚正敢言，多能切中要害，朝中广为赞誉。清四库馆臣称其“历官中外，政绩可观，在南宋为名臣，尤足以笼罩一世”（《四库全书总目提要》）。

杨简为人谦和恭谨，操守过人。弟子袁甫《记乐平文元遗书阁》曰：“慈湖先生平生履践无一瑕玷，处闺门如对大宾，在暗室如临上帝。年登耄耄，兢兢敬谨，未尝须臾放逸。学先生者，学此而已。若夫掇拾遗论，依放近似，而实未有得，乃先生之所深戒也。”（《宋元学案·慈湖学案》）学人对杨简心学虽多有非议，对其人格品行却交口称赞。将杨简之学目为禅学的朱子也曾明确表示：“幸四明多贤士，可以从游，不惟可以咨决疑，至于为学修身，亦皆可以取益，熹所识者杨敬仲……可从游也。”（《朱文公文集》卷四十九《答滕德粹》）

二、《杨氏易传》的易学史意义

在中国思想史上，虽然先秦、两汉、魏晋、隋唐、宋明直至清代，居于主流地位和发挥主导影响力的哲学派别或形态不尽相同，但作为中国哲学文化重要原典的《周易》一书，从未随王朝更替而禁绝，亦未因学术演进而淡漠。易学之于中国哲学，绝非断裂式的静态端初，而是以其日新不竭的生命力持续发挥着滋养作用的鲜活源头。在《周易》经传丰赡深湛之学理内蕴的感召下，数代士人萃心于《易》者比肩叠踵。又因乎中国哲学自先秦时期既已确立起以述为作、融旧铸新、继往以开来的一贯诠释学进路,《周易》文本亦历经时代变迁而一次次地被赋予多向度的新解与重注。这些新解与重注，造就了中国易学史与哲学史的相映互摄，每每处于同一脉动之中：一方面，儒释道三家皆曾基于各自学术立场，凭藉开放的心灵及其充足的思想原创力，或部分撷取、或彻然涵化《周易》蕴含的丰沛资源，从而使各个时期的中国哲学要么鲜明显现出对易学思想的融通吸纳，要么深层涵具着易学学理品格的通体浸润；另一方面，历代先贤之言《易》、解《易》，又皆根植于其当下所处的宏观文化格局和整体学术语境，由是，易学亦被源源不断地注入纷繁多彩的时代精神和哲学识见，继而犹有规范又免于拘迫持守，最终汇聚为慧命相续且新意层现的易学衍展长河。

易学起源于筮占，而占筮活动的深层文化根据，乃是先民所秉持的如下信念：行蓍操作过程既然是对宇宙创生大化的模拟再现，故借助蓍草这一神物，人得以契入大宇宙并与之感通，由此便可获取关于未知世界吉凶祸福的将然消息。大体诞生于西周初叶的《周易》古经，其主体内容即在于对占问事项的情状一则以卦爻画给予象征符示，再则用卦爻辞加以比拟晓喻。而后，在以德性为价值根基、以礼乐为鲜明特色的西周文化价值系统面临崩塌并开始解构和重构的过程中，孔子及其弟子完成了对《周易》古经的首度创造性诠释，从而使原本全然笼罩在巫卜氛围下、尚以信仰为主导意味的易学得以转进为以仁义等儒家文化价值和德性内涵充分贯注其中的高度天人之学。同时，《易传》亦开启了后世以象解《易》的滥觞。通观《易传》，其中不单有八卦之象的总结列举和卦爻象例的创设运用，更有对象数关系及其作用地位的学理论说。“因此，《易传》不仅是义理派之祖，也是象数派之宗。”[①]概言之，《易传》诸篇的相继问世，标志着易学作为一具备自身话语系统而特色鲜明的专门之学的正式形成。[②]

两汉以降，象数易学率先大发其皇，并成为易学的绝对主导。自西汉大儒董仲舒以公羊《春秋》会通阴阳五行思想资源、继而获得官方高度认肯后，易学经师们便在其春秋阴阳说的示范引领下，普遍致力于谋求《周易》的阴阳五行化改造，卦气说由是成为汉代象数易学的主流。因乎以卦气为基石的占验派易学与阴阳术数、天人感应思潮弥漫的经学文化语境之深度契合，《周易》在此时期亦被渐次抬升至法天地而设政教的“群经之首、大道之源”(《汉书·艺文志》)。直至灾异谴告的热浪被东汉党锢之争息褪，郑玄、荀爽、虞翻等易学家又在因循承继西汉占验易学旧例的基础上，以其超卓深厚的易学学养发明新例，终将二者打并融通于解《易》，造就出东汉注经派易学的鼎盛局面。基于《易》乃圣人“观象系辞”而作的理念，注经派易学家深信《周易》之卦爻象与卦爻辞必定存在着严整对应，故其注《易》的核心任务即在于逐一明示象辞相契的微言大义。值此之际，大量的象数体例被创设翻新、运用衍展，极大地丰富了易学的内容。然而，顺循“专崇象数，以象生象，象外生象，以数演数”[③]的注《易》思路无

①林忠军．象数易学发展史（第一卷）[M].济南：齐鲁书社，1994：50

②王新春．易学与中国哲学[M].北京：人民出版社，2012：81

③林忠军．论两汉易学的形成、源流及其特征[J].山东大学学报（哲学社会科学版），2000（1）

限度地发展，象数易学终成一牵强繁琐的僵死之说。平允地讲，“案文责卦，有马无乾，则伪说滋漫，难可纪矣。互体不足，遂及卦变；变又不足，推致五行”（《周易略例·明象》）确实是汉易注经的整体风格。

于是，王弼从汉代旧学中突围而出，将玄学义理的深邃思辨以极为清新简明的文风畅然点出，并由此肇始一场易学革命便绝非偶然。究其根本，王弼易学“得意忘象”论的剑锋所向，乃是作为汉易基本生长点和根本着力处的“象数优位”原则。“忘象以求其意”作为其易学革命的精髓所在，并非意图“尽废象数”，而是主张置“意”于“象”之上、以“求意”为“用象”之归宿，即完成由汉易“象数优位”到玄学易“义理优位”的路向转换。王弼开风气之先、韩康伯继之在后，义理派一跃居于易学主流。至于汉易经说，虽有陆绩、干宝两重镇，终难逆转日薄西山的黯淡。两派间未曾止息的辩难攻错，若依交进互动的角度视之，则别是一番景象：“魏晋南北朝以来象数与义理两大流派，能够自觉不自觉地认识并承认双方各自具有合理性的一面，任何一方都无法完全取代另一方的易学家，占有主流，而完全偏颇于一端者，毕竟是少数。”[①] 及至唐代，两派相互调和的倾向已甚为明晰。在此易学文化语境下，孔颖达的《周易正义》作为官方经学重整的成果，既以王、韩义理为主体，又兼采郑玄等各家象数；而李鼎祚宛如空谷足音的《周易集解》，则在竭力辑存汉代以来象数成果的同时付出了广泛汲取魏晋义理学说的努力。

北宋伊始，与道教发展密切相关的象数易学方得勃兴。陈抟、刘牧在存留相当程度汉易内容的同时，勇于冲破注经形式的囿限，以其“河图”“洛书”的全新面貌登上了易学舞台；邵雍则从宏大的宇宙视

① 刘玉建.魏晋至唐初易学演变与发展的特征[J].周易研究,2003(4)

野出发，藉常人难以为匹的思维原创性和知识整合力，写就了全然不同于传统经学形态的先天易学巨著《皇极经世》。理学的问世，更是宋易义理划时代的杰出成就。极具儒家正统意识和文化承续担当的北宋儒者，普遍将魏晋以来三教角力中儒学式微的症结归因于经学心性论的缺失。因而，吸收佛道二教的长处来强化本体、心性、工夫、境界等内容的讨论，遂成为众多学者的共识。与此相应，儒学的经典体系亦由“五经”转向“四书”。不过，《周易》的地位非但没有回落，反而成为这一时期最为重要的经典。被后世尊为理学开创者的北宋五子，皆以易学作为学术根基构建了各自的理学体系，易学亦随即踏上了“性命之源”的心性改构历程。尔后，南宋朱子依其卓荦的学术器识，再次推出了规模庞巨、内容宏富的易学体系。在“《易》为卜筮之书”的本义判定下，朱熹首倡三圣之别、经传分观：一则直指先天学等宋代象数新创为伏羲易；二则断定后天方位、大衍之术等象数成说为文王易；三则认信以《易传》为核心的儒家义理为孔子易。三圣之易虽有殊别，却不妨害其本质乃是同一天理的因时展现。继而，他在择取吸纳既往象数、义理精粹并以此完成易学建构的基础上，进一步为其增添了理学的底色。

正在朱子学影响与日俱增、几近笼罩学坛之际，江西抚州又站出来一位陆九渊。其“发明本心”“易简工夫”“收拾精神，自作主宰”等主张简易直接、洞彻人心，加之“鹅湖之会”与朱子论争，使得陆氏心学的势力急剧扩张。与朱子勤于著述不同，陆九渊主张人得以成圣成贤的终极根据在于自家本心，而非五经、四书。只要我能发明本心，挺立道德的主体性，那我的所作所为，与六经记载的圣贤事迹便无二致。换言之，六经阐明的那些道理，都是对我之本心的文字注释。

如其所云："学苟知本，六经皆我注脚。"（《陆九渊集》卷三十四《语录上》）一个有志于成圣成贤的君子，其要务在于发明本心、挺立道德，而非学习知识、研究经典。如此一来，本心就被赋予了高于五经、四书的权威性。基于这一看法，陆九渊并未留下学术著作。陆氏门人中最杰出者，有杨简、沈焕、舒璘、袁燮，并称"甬上四先生"或"淳熙四先生"。四人当中，又首推杨简（《宋元学案·慈湖学案》）。黄宗羲言："象山之后不能无慈湖，文成之后不能无龙溪。"（《明儒学案·浙中王门学案》）全祖望称："文元（慈湖）为陆氏功臣。"（《宋元学案·慈湖学案》）清四库馆臣也认为："简则为象山弟子之冠，如朱门之有黄榦。""其立言宗旨，已开新会、余姚之学派。"（《四库全书总目》）凡此种种，皆说明杨简为陆氏门人中最富成就者。

与其师善讲学、不著书的风格不同，杨简著作颇丰，是陆门中著述最多的学者。《宋史》载："简所著有《甲稿》《乙稿》《冠记》《昏记》《丧礼家记》《家祭记》《释菜礼记》《石鱼家记》，又有《己易》《启蔽》等书。"此外，《年谱》称其著有《春秋解》《古文孝经解》《论语传》《曾子注》等书。现今存世的著作有《慈湖遗书》二十卷、《杨氏易传》二十卷、《慈湖诗传》二十卷、《先圣大训》六卷、《石鱼偶记》一卷、《五常解》四卷。其中，《慈湖遗书》《杨氏易传》和《慈湖诗传》，是今人研究杨简思想最重要的文献资料。

《杨氏易传》，又名《慈湖易传》《慈湖易说》《慈湖易解》，大抵书成后未予定名，传抄者各自命名，故不尽相同。清中期以后，该书名称统一作《杨氏易传》，今从之。《杨氏易传》是一部注解《周易》经传的著作，凡二十卷。其中，前十九卷依此详解六十四卦经文及《彖》《象》《文言》三传，《系辞》《说卦》《序卦》《杂卦》不在其列，卷二十总论其易学见解。此外，《慈湖遗书》收入的《己易》和《泛论易》两篇短文，也较为集中地反映了杨简的易学思想。《己易》可谓杨氏易学之总纲，《泛论易》则是对杨简与其弟子曾汲古关于易学问答的记录。

《杨氏易传》是中国易学史上首部以心学思想解释《周易》的著作，具有重要的开创意义。《四库全书总目提要》曰："考自汉以来，以老庄说《易》始魏王弼，以心性说《易》始王宗传及简……顾宗传人微言轻，其书仅存，不甚为学者所诵习。简则为象山弟子之冠，如朱门之有黄榦。又历官中外，政绩可观，在南宋为名臣，尤足以笼罩一世。故至于明季，其说大行。"一方面，杨简解《易》以义理为主，不取汉易逐一指示象辞相应的"象数优位"理路。另一方面，其义理阐发既不同于王弼、韩康伯的玄学易，也不同于程颐、朱熹的理学易，而是希望通过解说《周易》经传来抒发自家的心学思想。杨简开创的此一阐论《周易》义理的新思路，为后世特别是明代的阳明后学提供了解《易》的范本，后人称之为"心学易"。

《杨氏易传》宋刻本今已不传，现存年代最早的本子为明万历二十三年（1595）刘日升、陈道亨刻本，藏于国家图书馆、天津图书馆、上海图书馆、南京图书馆、浙江图书馆等地，以下简称"明刻本"；清光绪年间徐谦传抄的"光绪本"是明刻本的抄录本，现藏于北大图书馆；文渊阁《四库全书》本是清人吴玉墀的家藏本，以下简称"四库本"；民国时期的《四明丛书》本乃张寿镛抄自杭州文澜阁《四库全书》，冯贞群以"明刻本"校雠，以下简称"四明本"。此外，还有民国刘晦之的远碧楼抄本，惜笔者无缘得见。在上述版本中，"四库本"和"四明本"较为通行。二者差别甚微，"四明本"略优，讹误较少，且"四库本"于涣卦末脱文六百余字。然而，由于"四库本"相对普及，学者研究多用该本，故本书点校以“四库本”为底本，以“四明本”为校本。

三、杨简易学略论

（一）易道

《周易》之“易”当作何解，易学史上有种种不同的说法。《易纬·乾凿度》及郑玄《易赞》主张：“易一名而含三义”，易（简）、变易、不易。《乾坤凿度》又据字形增补一“日月为易”说：“易名有四义，本日月相衔。”《经典释文》：“虞翻注《参同契》云：‘字从日下月。’”自汉人此一经典解释问世，后世诸家便大体不出以上四义。如《周易正义》曰：“夫易者，变化之总名，改换之殊称。”《程氏易传》曰：“易，变易也，随时变易以从道也。”南宋朱子则在高度涵化前人易学的基础上发展出全新的“交易”“变易”说：“其卦本伏羲所画，有交易、变易之义，故谓之《易》。”（《周易本义·周易上经》）

与上述诸家不同，杨简把“易”解释为“道”：“易者，天下之大道，圣人之大道。”（《慈湖遗书》卷七《泛论易》）依此观之，“易”与“道”是同义词。又云：“天地无一物一事一时之非易。”（同上）“盖天地间，惟有此道而已，三才、万化、万物、万事、万理皆不出此道，得此则吉则治，失此则凶则乱。”（《慈湖遗书》卷八《家记二》）“天下惟有此道而已，天以此覆，地以此载，日月以此明，四时以此行，人以此群居乎天地之间而不乱。是故得此道则治，失此道则乱，得此道则安，失此道则危，得此道则利，失此道则害。此万古断断不可易之理。”（《慈湖遗书》附录《慈湖先生行状》）就外延而言，“道”贯通天地人物，宇宙间的一切概莫能外；就内涵而言，“道”为宇宙之终极根基、至高原则。它既是自然的运行法则，又是人事治乱背后的规律。“道”即“易”，表明《周易》所言之理、所明之道遍及宇宙间的一切存在，易与宇宙同构。

易道贯通三才、贯通万事万物，则道的具体表现必然多种多样，如天有天道、地有地道、人有人道。然而，杨简格外强调，分殊只是道的具体表现，终极意义上的道始终是同一的：

合三易而观之，而后八卦之妙，大《易》之用，混然一贯之道，昭昭于天下矣。而诸儒言《易》，率以乾为大，坤次之，震、坎、艮、巽、离、兑又次之。噫嘻，末矣！⚊者，易之⚊也。⚋者，易之⚋也。其纯⚊者名之曰乾，其纯⚋者名之曰坤，其⚊⚋杂者名之曰震、坎、艮、巽、离、兑，其实皆易之异名，初无本末、精粗、大小之殊也。故孔子曰“吾道一以贯之”，子思亦曰“天地之道”“其为物不贰”。八卦者，易道之变也，而六十四卦者，又变化中之变化也。物有大小，道无大小；德有优劣，道无优劣。（卷一《乾》）

按《说卦》父母六子说，在八经卦当中，纯阳之乾为父，纯阴之坤为母，其余六经卦皆为乾父坤母交感所生。相应地，在价值意义上，八卦乾居首，坤次之，六子又次之。对此，杨简不以为然。在他看来，阴阳也好，八卦也罢，都是对天地人物的象征符示。而贯通天地人物的易道乃是一贯的，阴阳之爻、八卦卦象虽有殊别，实为同一易道的不同展现。孔子谓“吾道一以贯之”，《中庸》曰“天地之道，可一言而尽也。其为物不贰，则其生物不测”，都旨在揭示“道一”之义。

以乾坤为例。杨简认为：“坤者两画之乾，乾者一画之坤也……今为浑天之说者，地在天中，则合天地一体而已矣，但因重浊故言地，因卑故言妻、言臣，有尊有卑，有清有浊，清阳浊阴。君臣夫妇，未尝不两，故坤必--。坤者两画之乾，非乾道之外复有坤道也，故曰：‘明此以南面，尧之所以为君也；明此以北面，舜之所以为臣也。’”（卷一《乾》）从卦爻象上说，阳爻—分成两画即是阴爻--，阴爻合为一画即成阳爻。据此，纯阳之乾分为两画便是坤卦，坤卦合为一画便是乾卦。就义理而言，乾为天、为阳气、为君、为夫，坤为地、为阴气、为臣、为妻。天地一体、阴阳浑融，“地在天中，势卑而承天，因其卑而承天，故《象》曰‘乃顺承天’，于以明乾坤之道一”（卷一《乾》）。独阴独阳不能生成，天品性刚健，必与柔顺之坤同德方能生万物；地品性柔顺，唯顺承刚健之乾方能成万物。“坤之顺即乾之健，坤之承天即乾之统天，坤之生物于春、长物于夏、成物于秋、藏物于冬，时行也，即乾之生物、之长物、之成物、之藏物之时行也。名殊形殊，阴阳之气殊，而实一也……譬犹人之目视、耳听、手执、足行、心思而一人也。苟惟不知一，不惟不知乾，亦不知坤。”（卷二《坤》）类似地，君臣相辅相成，夫妇共成一家。“乾坤之道，为臣为妻，不得此至柔动刚、至静德方之道，则为臣不尽忠，为妻不尽正。道心无体，无体可执，非至柔乎？立己私焉，则不柔矣。”（卷二《坤》）为臣、为妻者具刚健之德，方能尽其忠正。为君、为父者具柔顺之德，方能和谐融洽。分而论之，君臣、夫妇之道虽一，却不妨害其分为君道与臣道、夫道与妇道。此一体两面的关系用符号表示，即是阴阳之爻。—象“一体”，--象“两面”。

杨简“乾坤一道”的思想，可能受到其师陆九渊的影响。象山曾言：“乾坤同一理也。孔子于乾曰‘大哉乾元’，于坤则曰‘至哉坤元’。”（《陆九渊集》卷十二《与赵泳道》）不过，陆九渊仅言乾坤而未及他卦，杨简则更进一步，将“乾坤一道”推及至全部卦爻蓍策：

坤者，乾之耦者也。震、坎、艮、巽、离、兑，乾之变错者也，无二乾也。一言之谓之乾，两言之谓之坤，八言之谓八卦，又别而言之谓之六十四卦，又谓之三百八十四爻，又谓之万有一千五百二十，又谓之无穷，皆此物也。三画之卦何以重为六？天有阴阳，地有刚柔，人有仁义，未尝不两也，皆此道之变化也。变化云为、清明有常谓之仁，其间咸得其宜谓之义，其节谓之礼，其和谓之乐，其知谓之智，言乎其健谓之乾，言乎其动谓之震，言乎其入谓之巽，言乎其陷谓之坎，言乎其丽谓之离，言乎其止谓之艮，言乎其说谓之兑，言乎其屯邅谓之屯，言乎其始生而蒙谓之蒙。其变无穷，其言亦无穷，皆此一也。(卷一《乾》)

阴为两画之阳，坤为两画之乾。依此类推，乾阳坤阴交感所生之六子，本质上仍是“道一”的具体展现。尤有进者，六十四卦、三百八十四爻、一万一千五百二十策乃至元亨利贞、仁义礼智皆为同一易道的多样展现。“三才一,万理一……自其统括无外、运行无息言之故曰乾，自其势专而博厚、承天而发生言之故曰坤，推穷其本始故曰元，又言其亨通故曰亨，又言其安利故曰利，又言其正非邪故曰贞，总言变化而无穷故曰易。非乾自乾、坤自坤、元自元、亨自亨、利自利、贞自贞也，一体而殊称也，一物而殊名也。”（卷一《乾》）概言之，“非乾自有乾之道，坤自有坤之道，非六十四卦各自有其道也，一道而殊名，故六十四卦，卦卦皆妙，卦卦皆易”（卷二《坤》）。易与宇宙同构，“易道”为一，它是宇宙的普遍原理与终极根基，是贯穿于天地人物之中的共同本质，因遍及宇宙万有而具体呈现为万殊。基于此，杨简对天人分观而不知道一的观点提出了批评。《乾·彖》曰：“首出庶物，万国咸宁。”以往学者解此句，多以“首出庶物”言天道、“万国咸宁”言人道。依杨简之见，此种见解乃是割裂天人：“夫道一而已矣。是道超出乎万物之表，故曰‘首出庶物’。是道能致万国咸安宁，故曰‘万国咸宁’。‘首出庶物’似言天，‘万国咸宁’似言人，学者观之，疑不可联言。合而言之，所以明天人一致，使学者不得而两之。知天人之本一，则知乾矣。”（卷一《乾》）

不仅如此，杨简更从“易道为一”的观点出发，对《系辞》传文“易与天地准”“形而上者谓之道，形而下者谓之器”提出了质疑：“汲古问：‘形而上者谓之道，形而下者谓之器。道随器而有，如何分上下？’先生曰：‘此非孔子之言，盖道即器。若器非道，则道有不通处。’”（《慈湖遗书》卷七《泛论易》）“天地一也，何必言‘易与天地准’？准，平也。言二者平齐，其辞意谓实二物而强齐之也。又曰形而上者谓之道，形而下者谓之器，裂道与器，谓器在道之外邪？”（《慈湖遗书》）卷九《家记三》）道一而已，三才一，道器一。在杨简看来，以形而上下论道器，无疑有割裂道器之嫌。同理，易即天地人物之道。只有对“道”之含义不甚明了者，才会用指称两物平齐的“准”字来界定道与天地的关系。杨简据此断言，《系辞》“非孔子之言也。何者？离易与天地而二之也”（《慈湖遗书》卷七《己易》）。

杨简此说与程颢相类，或许受到了大程的影响。程颢曾言：“器亦道，道亦器，但得道在，不系今与后，己与人。”（《二程遗书》卷一）“天人本无二，不必言合。”（《二程遗书》卷六）同时，一言道一、一象变化的思想，亦与程朱理学的“理一分殊”不无相近之处。具体地说，杨简和朱子对“道”或“理”的讨论既揭示了宇宙万象背后的统一性，即“道一”“理一”，又对世界的多样性，即“变化”“分殊”予以肯定。但细究起来，二人之侧重恰好相反。朱学重分析，对“分殊”更为强调，这与李侗的教导有关。李侗曾云：“吾儒之学所以异于异端者，理一而分殊也。理不患其不一，所患者分殊耳。”朱子闻此语，终身受用，“故其精察妙契，著书立言，莫不由此”（《宋元学案·北山四先生学案》）。杨简不同，其心学重综合，故相较万殊，他尤重凸显“道一”之义。其师陆九渊曾明确表示：“我不说一，杨敬仲说一。”（《陆九渊集》卷三十五《语录下》）在这一点上，慈湖确实有别于象山。

为了强调“易道为一”之理，杨简每每将其他概念范畴说成是“道之异名”。例如，“直、方、正、义，皆发明此道之异名，非有四者也”（卷二《坤》）；“中与正皆道之异名也，言中亦可，言正亦可，并言中正亦可”（卷五《比》）；“大与正初非二物，皆道之虚名、道之异名”（卷十二《大壮》）；“元，大也，仁也，道之异名也”（卷十三《损》）；“孝也，忠也，正也，皆道之异名”（卷十五《萃》）；“天地之心即道，即易之道，即人，即人之心，即天地，即万物，即万事，即万理”（《慈湖遗书》卷七《泛论易》）。不难理解，当杨简说“直”“义”“孝”“忠”为“道之异名”时，并不是说这些概念与“道”完全等同，而是说“直”“义”“孝”“忠”皆是“道一”的具体表现。至于说“天地之心”“人”“人之心”“天地”“万物”“万事”“万理”即“道”，则意在指示其间的共通性。有必要指出，这些“道之异名”在杨简心学中并不居于平列地位。心学视域下的易学，势必要把讨论的焦点收摄于“心”。

（二）心

杨简在著作中反复申明“道”与“心”的同一性：“人心即易之道也。”（卷九《复》）“一物而数名，谓之心，亦谓之道，亦谓之易。”（《慈湖遗书》卷七《泛论易》)“一者，性也，亦曰道也，又曰易也，名言之不同，而其实一体也。”(《慈湖遗书》卷七《己易》)“性即心，心即道，道即圣，圣即睿。言其本谓之性，言其精神思虑谓之心，言其天下莫不共由是谓之道。”(《慈湖遗书》卷八《家记二》)

此处有必要对“心”字之义略作分疏。在日常语用中，“心”的含义之一是指人体器官，即心脏。作为人体器官的心，与眼、耳、鼻、舌一样，是身体的构成部分，且具有认识功能。“以吾之视为目，以吾之听为耳，以吾之噬为口，以吾之握为手，行为足，以吾之思虑为心。”(《慈湖遗书》)卷七《己易》)不过，作为心学范畴的“心”并不是在这种意义上使用的，而是指人生来皆有道德自足、价值完满的心。如孟子曰：“恻隐之心，仁之端也；羞恶之心，义之端也；辞让之心，礼之端也；是非之心，智之端也。人之有是四端也，犹其有四体也……凡有四端于我者，知皆扩而充之矣，若火之始然，泉之始达。苟能充之，足以保四海；苟不充之，不足以事父母。”(《孟子·公孙丑上》)象山曰：“人皆有是心，心皆具是理，心即理也。”(《陆九渊集》卷十一《与李宰二》)“心，只是一个心。某之心，吾友之心，上而千百载圣贤之心，下而千百载复有一圣贤，其心亦如此。心之体甚大，若能尽我之心，便与天同。”(《陆九渊集》卷三十五《语录下》)

杨简亦有类似论说：

人性自善，人心自仁，其于父自能孝，其于君自能忠，其于天下事自能是是非非善善恶恶，此之谓天下同然之心。(《慈湖遗书》卷十六《家记十》)

孔子曰“人者，天地之心”，又曰“心之精神是谓圣”。孟子亦每道性善，又曰“仁，人心也”。大哉斯言，启万世人心所自有之灵。人孰不爱敬其亲？有不爱敬其亲者，非人也。人孰不知徐行后长？有不后于长者，非人也。此心，人所自有也，不学而能也，不虑而知也。心之精神是谓圣，果如吾圣人之言也，其有不然者，非其心之罪也。惟民生厚，因物有迁，感于物而昏也。心之精神，无方无体，至静而虚明。(《慈湖遗书》卷二《申义堂记》)

人生来即有内在充足的价值资源，这个充足而内在的价值资源就是“心”。人心之中先天涵具着仁义礼智等全部道德价值，故见父自然知孝，见兄自然知悌，事君自然尽忠。这些道德能力并非学而后有、虑而后知，而是先天具备的。要之，心是道德的来源，一切道德行为皆是心顺畅发用的结果。尽管现实世界存在种种不善的行为，人的道德水平亦有高下之别，人之本心却是古今一揆、个个相同的。“道心，人人所自有。人之本心即道。”（卷八《临》）“万古人心如此也，人心即易之道也……夫天下惟有道而已，顺之则善，逆之则害，一日违之则有一日之害，一事违之则有一事之害，一念违之则有一念之害，是故君子反复，动必以顺行，而后出入一无疾害，虽朋类咸来，亦无咎。”（卷九《复》）“孟子曰‘仁，人心也’，其旨同。孔子又曰‘心之精神是谓圣’。某知人人本心皆与尧、舜、禹、汤、文、武、周公、孔子同。得圣贤之言为证。”（《慈湖遗书》卷三《学者请书》）从更高的意义上说，人心生而涵具的道德价值实为宇宙的至高原则、终极根据，即“易道”在人伦领域的展现。就此而言，“易道”亦为人心所固有，故人心即易道。在这一点上，常人与圣贤并无二致。然而，人之本心完满自足、无一例外，却并不等于每个人都能觉悟此心且使之顺畅发用，于是表现为人与人的道德水准不尽相同。“君子先觉我心之所同然，君子先觉，众人后觉尔。”（卷一《乾》）“人心一而已矣。心即道。孔子曰‘心之精神是谓圣’。圣人先觉，众人不觉尔。”（卷六《同人》）需要指出的是，“觉”与“不觉”一面可以用于解释圣人与常人的区别，以及现实世界中不善的行为何以存在，同时也有意点明“不善”或“恶”应归因于心的未觉而非心的缺失。杨简相信，只要能觉悟此心并使其自然发用，人人皆可成为圣人。

值得注意的是，杨简在《慈湖遗书》和《杨氏易传》中反复肯定作为道德根源的心是完满自足的，一面又多番强调心之“虚明无体”：“人皆有是心，是心皆虚明无体，无体则无际畔，天地万物尽在吾虚明无体之中，变化万状而吾虚明无体者常一也。百姓日用此虚明无体之妙而不自知也。此虚明无体者，动如此、静如此，昼如此、夜如此，生如此、死如此。”（《慈湖遗书》卷二《永堂记》）“此心虚明无体象，广大无际量，日用云为，虚灵变化。实不曾动、不曾静，不曾生、不曾死。而人谓之动、谓之静、谓之生、谓之死，昼夜常光明。”（《慈湖遗书》卷三《日本国僧俊芿求书》）“虚明”和“无体”，不妨分而论之。所谓“虚明”，是说人在接事应物时，心顺畅发用自然成就种种道德，心体却始终如一，寂然不动，超越动静。“人心无我无体，自神自明，由中心而达，自无适而不当，寂然不动。”（卷十一《遁》）“寂然不动”，即心发出情感、意识时，内在的心体仍然保持静定平和的状态。“无体”则强调心的超越性。“心”不是形下世界万物链条中的一个，而应从超越、形上的角度去把握，万不可把“心”视作一团血气或有形之物。杨简曾以此意来解释《咸》卦。《咸》卦六爻自初至上曰“咸其拇”“咸其腓”“咸其股”“咸其脢”“咸其辅颊舌”，唯九四曰“憧憧往来，朋从尔思”。在杨简看来，此正意在点示虚明之心有别于拇、腓、股、脢、辅颊舌，并非一物：“初拇、二腓、三股、五脢、上辅颊舌，九四居中，正当心象，爻辞亦言心之所为而不明曰心者，何也？心非气血，非形体，惟有虚明，而亦执以为己私，若一物然。故圣人去心之名，庶乎己私之释而虚之神著矣。”（卷十一《咸》）正因为心不是物，没有体质，所以心发用才得以变化万端、无所不通。“此心无体虚明，洞照如鉴，万象毕见其中而无所藏。”（《慈湖遗书》卷二《昭融记》）“曰心曰精神，虽有其名，初无其体，故曰‘神无方’‘易无体’，非神自神，易自易，心自心也。是三名，皆有名而无体，莫究厥始，莫执厥中，莫穷厥终。”（卷一《乾》）人与万事万物相接时，心都能发挥作用，不拘执于某一事、某一物，不粘滞、不拘执，面对经验世界的纷繁事项皆能灵活发用。就此而言，心的功能、作用是无限的，这种“无际畔”“广大无际量”“天地万物尽在心中”就是“无体”。杨简曾对“心”的神妙无体即超越性、无限性予以高度肯定：“人心非气血，非形体，广大无际，变化无方。倏焉而视，又倏焉而听倏焉而言，又倏焉而动倏焉而至千里之外，又倏焉而穷九霄之上。不疾而速，不行而至，非神乎，不与天地同乎？学者当知夫举天下万古之人心皆如此也。孔子之心如此，七十子之心如此，子思、孟子之心如此，复斋之心如此，象山先生之心如此，金溪王令君之心如此，举金溪一邑之心如此。学者当自信，毋自弃，毋自疑。”（《慈湖遗书》卷二《二陆先生祠记》）

显然，无论是内在心境寂然不动的“虚明”，还是心之功能超越、无限的“无体”，都是就心之作用形式立论的。而“此心，人所自有也，不学而能也，不虑而知也”，则肯定了心道德内涵的自足性、完满性。概言之，“虚明无体”言其形式，“不学而能”言其内容。二者合在一起，便构成了“心”的完整意涵。有时，杨简会同时点明此二义：

“人心诚实无他，本体清明，本用神明，刚健中正，纯粹精一，乾元在斯，坤元在斯，有感有应，无不通矣。”（《慈湖遗书》卷二《乐平县重修社坛记》）“诚实无他，本体清明”“刚健中正，纯粹精一，乾元在斯，坤元在斯”讲心之道德性，着眼于内容；“本用神明”“有感有应，无不通矣”讲心之无限性，着眼于形式。更多时候，杨简喜欢征引一句古语来揭示此义，即“心之精神是谓圣”。

“心之精神是谓圣”语出《孔丛子·记问》，亦见于《尚书大传·洪范五行传》。两书皆称其为孔子之语，但《论语》未载。宋代以来，学者多以《孔丛子》为伪书。如朱子曰：“《孔丛子》说话多类东汉人，其文气软弱，全不似西汉文字。兼西汉初若有此等话，何故不略见于贾谊董仲舒所述？恰限到东汉方突出来？皆不可晓。”（《朱子语类》卷一百二十五）即便如此，杨简仍坚信“心之精神是谓圣”确为孔子之语。无论阐释经籍，还是与人论学，杨简都频繁引用该句，以至南宋陈振孙曾言：“慈湖之学，专主乎‘心之精神是谓圣’一语。”（《直斋书录解题》）“精神”二字，表明此心并非形下体质的血气之物，而是专指形上、超越的心体。“圣”字则兼有二义，一指道德完备、价值自足，如“圣人之性不可以名性”（《春秋繁露·实性》）、“人之所以为圣人者，性也”（《复性书》）、“诚者，圣人之本”（《通书》）；一指范围天地、无所不通。“圣，通也。”（《说文》）“圣亦无所不通之名。”（《慈湖遗书》卷二《临安府学记》）依此推断，杨简之所以把《孔丛子》此语看得如此重要，“觉而益通，纵所思为，全体全妙”，乃是因此句颇能恰切地涵盖杨简对心的理解，且体用一如，兼及心体内容的道德性与作用形式的无限性。

心价值完足，顺循此心即有种种道德行为。心无所不通、不拘于事，则人心、易道并非高妙玄远、凌驾于现实之上，而是时时在在体现于经验世界之中；不仅体现在治国安邦、博施济众等公共事务上，也体现在切近百姓的日用常行之中。“道无大小，何处非道？当于日用中求之。衣服饮食，道也；娶妻生子，道也；动静语默，道也。但无所贪，正而不邪，则道不求而自得。”（《慈湖遗书》卷十七《纪先训》）“盖道至易、至简、至近、至平常，故曰中庸。庸，常也。人心即道，故曰道心。人心本体，自善自正，自无所不通。日用无非道者。顾人自不省、自不信尔，故夫日用庸平，人皆不知其为道。”（《慈湖诗传》卷六）“惟其不知，故人以道为远，则求道于心外，不免于有所为。道在我而求诸彼，道不俟于为而求诸为。夫是以愈求愈远……是终日怀玉而告人以贫，终日饮食而自谓其饥渴也……孔子深惜夫中庸平易之道人皆有之。”（《慈湖遗书》卷十三《家记七》）这一思想，充分体现在《杨氏易传》中。如《需·象》“君子以饮食宴乐”注曰：“人情之所需者，饮食为急，朝夕之所需，未及此，故《大象》发之。夫饮食之微，何圣人作《易》而取此？呜呼，大哉！易道何所不在？何所不通？何精何粗？何大何小？”《鼎》卦注曰：“下巽木，上离火，亨饪甚明……若曰亨饪之事粗浅不足道，疑非大易之道，则是求道于事物之外，索理于日用之外……大易之妙，不离目前，而妄疑其有他。腹耳足铉，自赜自妙，不必于腹耳足铉之外求义；以木巽火，自赜自妙，不必于以木巽火之外索理。”总之，遍及宇宙、贯通三才的易道，就体现在平常的衣食住行、接事应物中。人若能觉悟此心，并让此心在日常生活中顺畅发用，即是让吾心之易道落实、呈现于个人生活。如此一来，宇宙的至高原则便与个人的日常生活彻底接通，个人亦具备了宇宙的高度：

此心人所同有，故易之道亦人所日用。《上系》曰“百姓日用而不知”，惟其不知，故背吉趋凶。大哉易乎！天之所以高明者，此；地之所以博厚者，此；人之所以位乎两者之间，与夫万物之所以生生而不穷者，又此；三才中万变万化至于不可胜纪，无非此。（卷一《乾》）

“此”即心。人能事父以孝、事君以忠，乃至与高明之天、博厚之地并立为三，参赞天地之化育，是因为人同此心，心同此道。人心即易道，广大无际，无所不通。易道、宇宙、人心，一也。

杨简的上述思想，明显受到了陆九渊的影响。陆九渊曾言：“宇宙不曾限隔人，人自限隔宇宙。”（《陆九渊集》三十四《语录上》）“宇宙内事乃己分内事，己分内事乃宇宙内事。”（《陆九渊集》卷三十六《年谱》）“道理只是眼前道理，虽见到圣贤田地，亦只是眼前道理。”（《陆九渊集》三十四《语录上》）不过，与其师不同的是，杨简罕言“理”而多言“道”。象山屡言的“心即理”，在杨简处被转换为“人心即道”。事实上，杨简之“道”与陆九渊之“理”内涵差别甚微，皆有自然规律与社会理则双重涵义。就此而言，其与朱子之“天理”亦无本质区别。从学术发展的角度看，陆九渊使用与朱子相同的“天理”概念，说明处于初创阶段的心学尚不能完全摆脱朱子学的框架。而杨简之以“道”代“理”，虽然更多只是概念范畴的名称替换，或许也蕴含着一种摆脱朱学、发展陆学的自觉意识。

（三）不起意

心道德完足、无所不通，则觉悟此心并顺循之，自能从容中道，吉无不利。然而，芸芸众生大多未有觉悟，以致令此心受到蒙蔽，从而引发种种过失。“此心人皆有之，而自不知、自不信，是虽有此良心而犹失也。”（卷七《谦》）问题在于，本体层面同于易道的心为何落入经验层面往往会变得昏昧不明？对此，陆九渊指出："愚不肖者之蔽在于物欲，贤者智者之蔽在于意见，高下污洁虽不同，其为蔽理溺心而不得其正，则一也。"（《陆九渊集》卷一《与邓文范》）杨简则认为，物欲、意见的确会遮蔽本心，但症结并不在此。人心之所以会陷溺，究其根本是缘于"起意"："人性皆善，皆可以为尧舜，特动乎意，则恶。"（《慈湖遗书》卷一《乡记序》）"人心皆善皆正，自神自明，惟因物有迁，迁则意动，则昏。昏则乱，如云翳日，如尘积鉴。"（卷十四《益》）依此观之，世间一切的恶都根源于"意"。那么，"意"从何而来？因何而起？杨简认为，意由心起，非自外来：

心与意奚辨？是二者未始不一，蔽者自不一。一则为心，二则为意；直则为心，支则为意；通则为心，阻则为意。直心直意，不识不知；变化云为，岂支岂离？感通无穷，匪思匪为。孟子"明心"，孔子"毋意"，意毋则此心明矣！（《慈湖遗书》卷二《绝四记》）

心体至善，意起则昏，然心与意又非二物，意为心所发。不难发现，杨简的这一思路与唐人李翱的"性善情惑"说颇为相类。《复性书》曰："人之所以为圣人者，性也。人之所以惑其性者，情也。喜怒哀惧爱恶欲七者，皆情之所为也。情既昏，性斯匿矣。""无性则情无所生矣，是情由性而生。情不自情，因性而情。性不自性，由情以明。"不过，李翱并未解释至善之性为何会发出邪惑之情。杨简则以"直"与"支"分判"心""意"。本心自然发用，是谓"心"；倘若转念，或有人为计度、造作掺杂其中，便是"意"。直心则感通无穷，起意则阻滞不通。人心同于易道，广大无际，应事应物莫不妥帖恰切。起意则会阻碍心体的顺畅发用，宛如浮云蔽日、明镜蒙尘，从而导致过错的发生："人性本善本神本明，作意则昏，立我则窒，意作我立，如云翳空，如尘积鉴……志在于善，反罹其灾，志在于得，反有所失。心在于静，得静则失动矣；心在于一，得一则失二、失三四、失十百千万矣；心在于万则得万，得万又失一；心在于同则得同，得同则失异矣；心在于异则得异，得异则失同矣；心在于实则得实，得实则失虚；心在于虚则得虚，得虚则失实；心在于中则得中，得中则失四方；心在于四方则得四方，得四方则失中。”（卷九《无妄》）

意虽然会造成心的昏蔽，但人心从未丧失，始终与易道同一。一旦断除意虑，人心之明即可彻然朗现：“意虑不作，澄然虚明，如日月之光，无思无为而万物毕照。”（《慈湖遗书》卷二《永嘉郡学永堂记》）“意蔽消则性自明，意蔽大消则性自大明，云气去尽则日月自昭。”（卷九《无妄》）“道不远人，人以私意行之，故失。去其私意，则道在我矣，何远之有？何难之有？”（卷四《讼》）“不起意”的工夫论，是杨简心学的一大特色。黄宗羲曾言：“慈湖以不起意标宗。”（《宋元学案·慈湖学案》）杨简认为，孔子所云“毋意、毋必、毋固、毋我”（《论语·子罕》）之“毋意”，即是此义：

圣人历观天下，自古人心不失之不及即失之过，故为之屡言再叹而深念之也。愚不肖之不及，不足多论；贤知者之过，皆于清明无体无意中而加之意，或有动之意，或有静之意，或有难之意，或有易之意，或有多之意，或有寡之意，或有实之意，或有虚之意，或有精之意，或有粗之意，或有古之意，或有今之意，或有大之意，或有小之意，意态万状，不可胜穷，故孔子每每止绝群弟子之意，亦不一而足，他日记者欲记，则不胜其记，故总而记之曰：“子绝四：毋意，毋必，毋固，毋我。”（《慈湖遗书》卷十三《家记七》）

由“心意之辨”可知，“必”“固”“我”在逻辑上后于“意”，实为“意”所派生，故杨简格外强调“毋意”。“毋”即止息，“毋意”即“不起意”。显然，杨简的“不起意”，建立在心的超越性、绝对性之上。心即易道，德性完备，不待修习，无所不通。顺循此心，则接人待物、日用酬酢自能合乎中道。反之，转念、造作、营谋、计度势必会掩盖人心本然的道德明觉。因此，唯有顺适自然、直心而行，方能彰显本然善性。杨简依此解释《坤》六二爻辞“直方大，不习无不利”曰：“直心而往即易之道，意起则支而入于邪矣。直心而行，虽遇万变，未尝转易，是之谓方。圆则转，方则不转。方者，特明不转之义，非于直之外又有方也。夫道一而已矣，言之不同，初无二致，是道甚大，故曰‘大’。是道非学习之所能，故曰‘不习’。孟子曰：‘人之所不学而能者，其良能也。所不虑而知者，其良知也。’”（卷二《坤》）

只要是“意”，就会对人心造成障蔽。追名逐利、诱于外物、拘执已见，固然是“意”；刻意求善、把捉此心、汲汲于心之存而勿失，虽与前者不同，但一样会妨害心的顺畅发用，因而也是一种“意”。究其实质，过度内求的做法还是因为对心缺乏自觉、自信，不信其价值完足，不知其虚明无体，不明晓心体自然发用足以妥善应对万事万物。就此而言，“不起意”包含着“内”与“外”两个向度：既要抛却向外求取名利、物欲之意，又要断弃向内求索、反观太甚之意。由此出发，杨简对儒学史上的许多经典表述提出了质疑。他认为，《大学》八条目之“正心”、《系辞》之“洗心退藏于密”绝非圣人言论。原因在于，人心即易道，自然中正清明，“洗心”“正心”则有如拔苗助长，实乃“起意”：“清心、洗心、正心之说行则揠苗；非徒无益，而又害之。”（《慈湖遗书》卷二《永嘉郡治更堂亭名》）同理，对孟子所云“存其心，养其性”“养心莫善于寡欲”，杨简亦有微词：“孟子曰‘养心莫善于寡欲’‘虽有不存焉者，寡矣’，有体则有所，有所则可以言存。心本无体，无体则何所存？”（《慈湖遗书》卷十四《家记八》）《中庸》曰“诚者自成”，同样有“起意”之嫌：“不曰‘诚者自诚’而曰‘自成’，是犹有成之意，是于诚实之外复起自成之意，失其诚矣。”依此推断，杨简对师说或许也有不满。象山曾云：“请尊兄即今自立，正坐拱手，收拾精神，自作主宰。万物皆备于我，有何欠阙！”（《陆九渊集》卷三十五《语录下》）照杨简的逻辑，“万物皆备于我，有何欠阙”可称确论，然“收拾精神”四字不免有向内求索之意。

当然，“不起意”并不等于停止一切活动，与外界隔绝，如死灰枯槁一般。杨简说：“不起意，非谓都不理事。凡作事只要合理，若起私意则不可。如事亲从兄，治家接物，若子哭颜渊恸，与见其过而内自讼，此是云为变化，非起意，惟觉者自知。”（《慈湖遗书》卷十三《家记七》）“非谓截然不与物应也。”（卷十七《艮》）对儒者来说，接人待物、日用酬酢的正当性是不容否认的。问题在于，“事亲从兄”“治家接物”“子哭颜渊”之类皆是心感于人物而发的行为，如何分辨哪些是正当的意识思维活动？哪些是“意”？杨简说：

直心为道，意动则差。爱亲敬亲，此心诚然而非意也；先意承志、晨省昏定、冬温夏清、出告反面，此心诚然而非意也；事君事长，此心诚然而非意也；忠信笃敬，此心诚然而非意也；应物临事，此心诚然而非意也。如水鉴中之万象，如四时之错行，如日月之代明，其“积焉而不苑，并行而不缪，深而通，茂而有间”，是谓变化云为，不识不知，一以贯之。（卷十一《咸》）

此间，杨简再次申明了“直则为心，动则为意”的分判原则。心自然发用而有爱亲敬亲、事君事长、忠信笃敬、应物临事之举，故爱亲敬亲诸事与“意”无涉，正是心变化云为、无所不通的体现。朱子曾对“不起意”之说提出批评：“谓除去不好底意见则可，若好底意见，须是存留。毕竟欲除去意见，则所行之事皆不得已去做，才做便忘，所以目视霄汉，悠悠过日下梢，只成得个狂妄也。”（《宋元学案·慈湖学案》）从这一批评来看，朱子对“不起意”明显存在误读。一言以蔽之，“毋意”的“意”并不泛指一起意识、思维，而是与“直心”相反的概念。在杨简心学中，“直心而往”是指顺循本心，从而令心所涵具的道德价值自然流出，应事应物，无所不通。与此相对，“意”则专指滞塞本心自然发用的意识活动，它既包括从个体小我出发、有违道德伦理的人欲私心，也包括各种人为的营谋造作、刻意安排。

在《杨氏易传》中，杨简常以“不起意”解说卦意。如《乾》初九“潜龙勿用”注云：“人之所以不能安于下而多有进用之意者，动于意而失其本心也。人之本心至神至明，与天地为一。方阳气在下，阳气寂然安于下，未尝动也。人能如阳气之在下，寂然无进动之意，则与天地为一，不失其心矣，是之谓得易之道。不能安于潜而有欲用之意者，必获咎厉，必凶，是谓失易之道。”（卷一《乾》）此是以“不起意”释“潜龙”；又如，《无妄》初九《小象》曰：“无妄之往，得志也。”杨简注云：“无妄而往也，乃真心而往也。《象》所言无妄之往，动于意而离，是谓失其道心。道心者，人之本心也。真心，非放逸之心也，虽动而未尝离也，正吾心之本也，故曰得志也。”（卷九《无妄》）

阳明高足王畿对杨简的“不起意”之说颇为赞赏。他说：“不起意，则本心自清自明，不假思为，虚灵变化之妙用，固自若也。空洞无体，广大无际，天地万物有像有形，皆在吾无体无际之中，范围发育之妙用，固自若也。”(《王龙溪先生全集》卷五《慈湖精舍会语》)尽管王畿的“四无论”是从师友问答、个人体悟而来，未必受到杨简的影响，但不可否认的是，其“先天正心之学”确实与杨简的“毋意”“直心”之说有相近之处。王畿曰:“良知者，不学不虑，存体应用，周万物而不过其则，所谓先天而天弗违，后天而奉天时也。人心之体，本无不善。动于意，始有不善。一切世情见解嗜欲，皆从意生……从先天立根，则动无不善，见解嗜欲自无所容，而致知之功易……才动即觉，才觉即化，便是先天之学。”(《王龙溪先生全集》卷十六《陆五台赠言》)个中某些思想，在南宋杨简处已露端倪。

(四)己易

以心学思想为基础，杨简对《周易》一书和有关易学问题提出了自己的看法。在《周易》作者的问题上，杨简继承了传统的伏羲画卦说。不过，关于伏羲画卦之根据，杨简的看法既不同于宋易弘扬的“河图洛书”，亦不同于《系辞》所讲的“仰观俯察”。他说:

包牺氏欲形容易是己而不可得，画而为⚊。于戏!是可以形容吾体之似矣。又谓是虽足以形容吾体，而吾体之中又有变化之殊焉，又无以形容之，画而为⚋。⚊者，吾之⚊也；⚋者，吾之⚋也，可画而不可言也，可以默识而不可加知也。⚊者，吾之全也，⚋者吾之分也。全即分也，分即全也。(《慈湖遗书》卷七《己易》)

基于“人心即易道”的思想，杨简为卦象的来源作出了极具心学特色的解释。依他之见，伏羲自觉其心，悟得心体广大，与天地通而为一，故画一阳爻⚊以示之。此⚊即人、即人心、即易、即易道。人心、易道发而为用，则变化云为、无所不通，故伏羲又画一阴爻⚋，以示⚊之变化、分殊。归根结底，伏羲画阴阳之爻，始于自觉其心。

阳爻符示心体之全，阴爻符示变化之用。在此基础上，杨简进一步解释了八经卦的来源：“乾何以三⚊也？天，此物也，人，此物也，地，此物也，无二⚊也，无二已也，皆我之为也。坤何以三⚋也？天有阴阳、日月、明晦也，地有刚柔、高下、流止也，人有君臣、夫妇、贵贱、善恶也。☳，天下固有如此者也，圣人系之辞曰震。明乎如此者，阳为主，自下而动且起也，此我之变态也。☴，天下固有如此者也，圣人系之辞曰巽，明乎如此者，阴为主，阴入于下，柔随之类也，此又我之变态也。☵，天下又有如此者也，圣人系之辞曰坎，言阳陷乎两阴之中，内阳而外阴，水之类也，此我之坎也。☲，天下又有如此者也，圣人系之辞曰离，言阴柔不能以自立，丽乎两刚，又有阳而中虚，为火之类也，此我之离也。天下又有☶者，阳刚止截乎其上，故系之辞曰艮，艮，止也，明乎我之止也。天下又有☱者，阴柔散乎其外，故系之辞曰兑，兑，说也，明乎我之说也。举天地、万物、万化、万理皆一而已矣，举天地、万物、万化、万理皆乾而已矣。举天地万物万化万理，皆一而已矣。举天地万物万化万理，皆乾而已矣。坤者，乾之两，非乾之外复有坤也。震巽坎离艮兑，又乾之交错散殊，非乾之外，复有此六物也，皆吾之变化也。”（同上）心贯通天地人三才，故以三阳之乾示之；三才各有种种殊相，故以三阴之坤示之。乾坤交错而为震巽坎离艮兑六子，无非吾心变化之象征。阴阳，吾心之形容；八卦，吾心之形容；推而广之，六十四卦、三百八十四爻，亦吾心之形容。“吾之变而化之、错而通之者为六十四卦、三百八十四爻。”（同上）

关于《周易》古经的性质，杨简认为：“《易》本占筮之书。古神圣之设教，知空言难以告人，因民生之所利用，因致其教，因以发神明之德，因以通万物之情。”（卷二《坤》）其论点与朱子并无不同，或许受了朱子影响。朱子曰：“一部《易》，只是作卜筮之书。”（《朱子语类》卷六十六）“古人淳朴，不似后世机智，事事理会得，于事既不能无疑，即须来占方知吉凶，圣人就上为之戒，便是‘开物成务’之道。若不以卜筮言之，则开物成务何所措？‘动则观其变而玩其占’，‘极数知来之谓占’，此即是《易》之用。使人占决于《易》，便是圣人家至户到以教之也。”（《朱文公易说》卷二十一）不过，二人注解《周易》古经的思路却截然不同。依朱子之见，“《易》自是别是一个道理，不是教人底书”（《朱子语类》卷六十七），注解经文只需疏通文意，指明象辞、占辞即可。“《易》不须说得深，只是轻轻地说过。”（同上）杨简不然。在他看来，伏羲画卦根于吾心，《易》以卜筮所设之教，即教人明悟此心并彰显之：“卜筮者民之利用，圣人系之辞，因明人之道心，是谓正德。人心即道，故舜曰‘道心’。孔子曰：‘夫易所以崇德广业也。知崇礼卑，崇效天，卑法地，天地设位，而易行乎其中矣。’明三才皆易之道，崇广效法，盖以人心未能皆悟本一之妙，姑因情立言曰‘效法’，而进至于果与天地相似无间，则自信其本一矣。”（卷一《乾》）由此出发，《杨氏易传》注解六十四卦时，常常点明卦爻辞的教人之意。如《坎》六三“来之坎坎，险且枕，入于坎窞，勿用”注云：“六三阴险不中，失道所致。然小人既以陷于此，岂无改过之道？圣人于是亦教之曰‘勿用’。但一切勿有所用，则所谓失道之心熄，庶乎免矣。”（卷十《坎》）《艮》六四“艮其身，无咎”注云：“《象》曰‘止诸躬也’，亦初无义理可言，申言之而已。正而已，无可复言者。圣人之教人，何其直而无隐，何其直而无尽。”（卷十七《艮》）依此观之，《周易》古经的卦爻辞无不围绕着教人发明本心这一根本宗旨而作。

《易传》亦然。在杨简看来，《彖》《象》《文言》与孔子之意深为契合，或为孔子所作，或是对孔子之说的如实记载。此三传皆以易道、人心为宗旨，并无粗疏谫陋之处。《系辞》《说卦》《序卦》《杂卦》不然，其中文句颇可指摘，绝非圣人之语。“《易大传》曰：‘古者包牺氏之王天下，仰则观象于天，俯则观法于地，观鸟兽之文与地之宜，近取诸身，远取诸物，于是始作八卦。’某尝谓《大传》非圣人作，于是乎益验。此一章乃不知道者推测圣人意，其如此甚矣！夫道之不明也久矣，未有一人知《大传》之非者，惟‘子曰’下乃圣人之言，余则非。何以明此章之非？舜曰‘道心’，明此心之即道，动乎意则失天性而为人心。孔子曰‘心之精神是谓圣’，禹曰‘安汝止’，正明人心本寂然不动。动静云为，乃此心之神用，如明鉴照物，大小远近，参错毕见，而非为也，非动也。天象地法，鸟兽之文地之宜，与凡在身及在物，皆在乎此心光明之中，非如此一章辞气之劳也。此可与知道者语，未知道者必不信。”（卷二十《总论》）由是可见，杨简否定《系辞》为孔子所作，固然有宋代疑经之风的影响，但主要是以其心学识见为标尺加以判定的结果。按照杨简的逻辑，人心本与易道、天地、万事万物通而为一，何待“仰观俯察”而作八卦？观象于天、观法于地、观鸟兽之文与地之宜，正是不觉吾心而求索于外的表现，断非圣人之语。有鉴于此，《杨氏易传》只取《彖》《象》《文言》三传分附经文之后并予以注解，而不及《系辞》《说卦》《序卦》《杂卦》。

既然《周易》经传旨在教人觉悟、彰显本心，则学《易》研《易》理应以契会己心为要义，不可把经传所云视为与己无关的外事外物。“通乎一，万事毕。差之毫厘，缪以千里。不远复，此心复也。频复频放而频反也，亦危矣。然已复如常矣，无咎也。得此则吉，失此则凶，无虞他日之吉凶，但观一念虑之得失。当乾之初而不肯潜，此心放也。当五而不能飞，此心固也。当三而不惕，此心慢也。当四而不疑，此心止也。循吾本心以往，则能飞、能潜、能疑、能惕，能用天下之九，亦能用天下之六，能尽通天下之故，仕止久速，一合其宜，周旋曲折，各当其可，非勤劳而为之也，吾心中自有如是十百千万散殊之正义也。礼仪三百，威仪三千，非吾心外物也。”（《慈湖遗书》卷七《己易》）借六十四卦、三百八十四爻明悟己心并使之畅然发用，进而自然、真实、妥当地面对自我、面对他人，才是读《易》、学《易》之法。例如，读《乾》卦辞“元亨利贞”，学者参之己心，便可觉悟到：“元亨利贞，吾之四德也。吾本无此四者之殊，人之言之者自殊尔。人推吾之始，名之曰元，又曰仁。言吾之通，名之曰亨，又曰礼。言吾之利，名之曰利，又曰义。言吾之正，名之曰贞，又曰固。”（同上）读《大象》“天行健，君子以自强不息”，学者参之己心，便可觉悟自强不息并非君子效法天之刚健，实为本心自然发用。人心即易道，若自然发用，便是“自强不息”，便是“天行健”：“君子所以自强不息者，即天行之健也，非天行之健在彼，而君子仿之于此也。天人未始不一也。”（卷一《乾》）读爻辞“潜龙勿用”“见龙在田”“终日乾乾”“或跃在渊”“飞龙在天”“亢龙有悔”，学者参之己心，便可觉悟顺循本心、无所不通，该潜时自然潜，该飞时自然飞，该进退自然进退，是以吉；若起意，则当潜不潜，当飞不飞，当进退不进退，是以凶。吉凶之辨，即在于能否顺循本心自然。直心则吉，起意则凶。总之，“善学《易》者求诸己，不求诸书。古圣作《易》，凡以开吾心之明而已，不求诸己而求诸书，其不明古圣之旨也甚矣！是古圣指东，学者求西，读书者满天下，省己者千无一，万无一”（《慈湖遗书》卷七《己易》）。

圣人作《易》旨在教人自明其心，则《易》与心的优先性即可一目了然。质言之,《周易》之所以被尊为儒家经典，是因为它是觉悟本心的媒介。居于权威地位的只有“心”,《易》的意义则是工具性的。按照心学的理解，人要成就道德人格乃至成为圣贤，既不需要向外东寻西觅，在事事物物上穷究天理，也不必终日默坐书斋，寻行数墨，穷思力索。唯有觉悟此心、顺循此心，才是为学为道之正途。基于此，杨简提出了著名的“己易”说：

易者，己也，非有他也。以易为书，不以易为己，不可也。以易为天地之变化，不以易为己之变化，不可也。天地，我之天地。变化，我之变化，非他物也。私者裂之，私者自小也……自生民以来，未有能识吾之全者。惟睹夫苍苍而清明而在上，始能言者，名之曰天，又睹夫隤然而博厚而在下，又名之曰地。清明者，吾之清明。博厚者，吾之博厚，而人不自知也。人不自知，而相与指名曰彼天也、彼地也。如不自知其为我之手足，而曰彼手也、彼足也。如不自知其为己之耳目鼻口，而曰彼耳目也、彼鼻口也。夫所以为我者，毋曰血气形貌而已也，吾性澄然清明而非物，吾性洞然无际而非量。天者，吾性中之象；地者，吾性中之形。故曰在天成象，在地成形，皆我之所为也。混融无内外，贯通无异殊。观一画，其指昭昭矣。(《慈湖遗书》卷七《己易》)

显然，此间所谓的“己”“我”，并非血肉之躯或私我、小我，而是指吾之本心。心即易、即道，广大无际，变化无方，与三才、万物通而为一。在此意义上，我与宇宙乃是同一的。天地为吾心所涵摄，故天之清明、地之博厚即我之清明、博厚，天地之变化即我之变化。陈来先生指出：“杨简这种把个体的心视为与宇宙同其广大无际的大我

（或大己或大心）说，更多的是表达了一种体验与境界，表示一个站在很高精神境界上的人对宇宙、自我的一种看法，一种态度，而不是一种理性的本体思维。这种学说所注重的并不在于宇宙的本质是否为精神，而在于有了这种大我之境对于人生所体验到的意义。”①从理学史的角度看，杨简此说明显是对大程“仁者，以天地万物为一体，莫非己也”（《河南程氏遗书》卷二上）、陆九渊“宇宙便是吾心，吾心即是宇宙”（《陆九渊集》卷三十六《年谱》）的继承与发展。

四、评价与反思

历史地看，自《杨氏易传》问世以来，学界虽不无称许者，但非之者尤众。这些批评中，有相当一部分是指责杨简心学同于禅学的。《朱子语类》载：“杨敬仲有易论。林黄中有易解，春秋解专主左氏。或曰：‘林黄中文字可毁。’先生曰：‘却是杨敬仲文字可毁。’”（《朱子语类》一百二十四）“先生尝说：‘陆子静、杨敬仲自是十分好人，只似患净洁病底。又论说道理，恰似闽中贩私盐底，下面是私盐，上面以鲞鱼盖之，使人不觉。’盖谓其本是禅学，却以吾儒说话摭掩。”（同上）同属心学阵营的明儒湛若水亦有类似看法：“杨慈湖岂是圣贤之学？乃真禅也，盖学陆象山而又失之者也。闻王阳明谓慈湖远过于象山，象山过高矣，又安可更过？观慈湖言人心精神是谓之圣，是以知觉为道矣。如佛者以运水搬柴无非佛性，又蠢动含虚无非佛性，然则以佛为圣，可乎？”（《明儒学案·甘泉学案》）清四库馆臣沿袭此说：“金溪之学，以简为大宗，所为文章，大抵敷畅其师说。其讲学纯入于

①陈来.宋明理学[M].上海：华东师范大学出版社，2003:168

禅，先儒论之详矣。”（《四库全书总目提要》）当然，也有学者认为，杨简虽受禅学的影响，但其心学毕竟与禅学有别。客观地说，借鉴佛道二教的思想资源来建立一套足以与之抗衡的、包含心性之学的全新儒学，乃是宋代理学的任务。正因乎此，理学诸子大多有过“出入佛老，返于六经”的经历。同样，杨简对本体、工夫、境界的讨论确实吸纳涵化了佛学的成分，但其落脚点始终在于仁义道德、修齐治平的儒家伦理。就此而言，杨氏心学仍属儒学范围，这一点是不容置疑的。对此，董平先生有一段透辟之论：“尽管杨简因此而受到人们的批评，但是从思想运动的历史事实而言，宋明理学作为儒学发展的一种新形态，原本就是包括佛学在内的不同理论视域相互融合的结果，即便在朱熹那里，我们亦能找到佛学的清晰印记。原于这一考虑，我们似乎不应该要求将佛学的因素从儒学思想的发展史中剔除出去，亦不应由于杨简一类的思想家融入了佛学便对其大加批评。思想史表明，不同思想因子的相互融会与整合，往往便是思想创新的契机。儒释两家在理论上以及在思想境界的相互贯通与兼融，以及由此而产生的思想结果，作为体现于中国传统文化之整体的历史运动中的一种基本事实，无疑应引起足够的关注。”①吸收借鉴前人思想来建立新的学说，乃是思想史发展的常态。思想文化总不是凿空而造，必定吸收了前人的某些积极成果。所以，问题的关键不在于它继承了什么，而在于它发展、创造了什么。严守儒释之防，因援引佛学而非议杨简，其实是门户意识的反映。今天，我们大可不必从儒释之辨的角度来评价杨简，而应关注其心学的思想性、逻辑性。

①董平. 浙江思想学术史——从王充到王国维[M].北京：中国社会科学出版社，2005:185

杨简解《易》的特点,《四库全书总目》称:"简之学出于陆九渊,故其解《易》,惟以人心为主,而象数事物皆在所略。"这一评价是确当的。值得注意的是,"略"象数不等于"废"象数。通观《杨氏易传》可见,杨简不仅频繁使用中、应、当位失位等象数体例,偶尔也会引入"卦气"之说来解释相关经文。如《临》卦注曰:"'至乎八月有凶',指二阴长之月也。临二阳长,遁二阴长,相反也。凡一卦之变历数七,故复曰'七日来复'。今临曰'八月'者,自一阳之始而计之,复、临、泰、大壮、夬、乾、姤、遁,是为八也。阴言月,阳言日,阳为君子,人心欲其速至,故特促其期曰'七日'。阴为小人,人心恶之,故迟之曰'八月'。人心亦《易》之道也。二阴长,小人之道长,君子于是遁,故曰'有凶'。"(卷八《临》)此是以"十二消息"解"八月有凶"。当然,《杨氏易传》关乎象数学的内容很少,其注重的始终是心学义理的阐发。同时,杨简对训诂亦不甚看重。依他之见,义理之精微处非训诂之所能及,《杨氏易传》屡屡言此:"中者,无思无虑、无偏无倚之虚名,非训诂之所到。"(卷六《泰》)"彼章句训诂之士,往往窒泥。"(卷八《观》)

杨简注《易》不重训诂、象数而重阐发义理,是典型的义理派。其所讲之义理,又与王弼、程颐迥然有异。概言之,杨简以"人心即易道""《易》开吾心之明"为基点,打通心学与易学,一则以其心学注解《周易》,一则用《周易》阐论心学,从而令二者互诠互显。其《杨氏易传》在易学史上独树一帜,具有重要的开创意义:其一,该书首度以心学思想全面解释《周易》经传,为后世之以心解《易》提供了可资借鉴的范本,同时也为阐发心学提供了重要的经典依据;其二,相对象山点到为止的易学言论,杨简对其师提出且有待进一步论证的易学问题进行了更深入的探讨，做了更细微的论证；其三，杨简易学的建立是以判摄融通佛教思想为背景的，这既对三教对话互动的大环境作出了回应，同时也为易学建构提供了更宽阔的视野；其四，杨简提出的概念、论题为心学易的进一步发展提供了重要的资源。以阳明弟子王畿为例。王畿曰："易，心易也。以易为书则泥，是皆未明于大易之过也。善学者，能于一念入微求之，得其所谓虚明寂照一体之机。易不在书而在于我，可以外见羲皇，神游周孔之大庭，大丈夫尚友之志也。"（《王龙溪先生全集》卷八《易与天地准一章大旨》）显见，"易为心易""易不在书而在于我"等表述与杨简《已易》所言颇有共通之处。

从宋代的陆九渊、杨简到明代的王阳明、王畿、罗汝芳，"以心解易"都是心学家言《易》的共同思路。其主要任务，即在于建立《周易》与心学之间的沟通、连接，从而达到二者互诠互显的目的。从易学发展史的角度视之，心学易完成自身的建构，是在对以往的象数易和理学易进行反思、批判的基础上实现的。象数派历来重视卦爻符号，他们相信，圣人"观象系辞"是不容置疑的事实，注经的全部任务即是基于象辞相应的信念，逐字逐句地指示《易》辞背后的象数根据。与此不同，理学易并不过分探求卦爻象数，而是侧重以"天理"为终极根据来解释世界之所以然，探索《易》理与天理的共通处，从而通过注解《周易》建立一个充满丰富观念的形上之域。然而，在心学家看来，以往的象数易和义理易都没有对人的内心世界予以关注。有鉴于此，心学易的任务即在于探索《易》与心性主体、甚至心理感受之间的联系，并以人的心性主体、心理活动重新诠释《周易》。

然而，心学易将《周易》与主体心性相关联的尝试，虽然在理论上高扬了人的主体性，事实上却未能真正贯彻人的能动性。因为人的心理活动是千姿百态、纷繁多彩的，而心学易所能做到的，只是预设一个先定的“心”或“良知”。并且，这个“心”或“良知”已然剥离了一切心性活动及感受的多样性和个体性，只是一种抽象、先验的统一性。就此而言，心学易在《周易》与心性主体、心理感受之间建立联系的任务并未达成。在预设一个先验前提这一点上，心学与理学并无本质区别。[①]不仅如此，从解经技术来看，心学易总是不厌其烦地采取同一个策略：把易学命题收摄在“心”“己”“我”等心学范畴上，进而将易学问题转化为心学论述，这就使得心学易粗疏、单一的弊病暴露无遗。尤其是心学概念与易学范畴的连接，往往具有强烈的附会或独断色彩。比如，杨简对《系辞》“仰观俯察”章的否定并未出具任何文献、考证上的论据，仅凭其与自家心学识见不符，便认定《系辞》非圣人之言。正如明儒罗钦顺所言：“慈湖上自五经，旁及诸子，皆有论说。但与其所见合者，则以为是；与其所见不合者，虽明出于孔子，辄以为非孔子之言。”（《困知记》续卷下）这种做法，未免太过主观、独断。

众所周知，以北宋五子为代表的理学家都是以《周易》为根基生发出各自的理学体系，故其“即理学即易学”的理学易自由来处就有稳固的根基和生命力。心学易不然。心学并不由《周易》直接生发，也大多不具备严整的易学体系。毋宁说，心学易乃是心学建立之后的副产品。唯有在阐释心学的意义上，心学易才有存在的价值。因其易学论述着眼于阐发心学精蕴，是以虽言卦，却不以明象训辞为的；虽论《易》，然不以解《易》为归。一言以蔽之，以心解《易》虽有“心学易”之名，实则“心”有余而“易”不足。

---

① 傅荣贤．陆九渊易学的心学建构[J].周易研究，1999（3）

《杨氏易传》[1]提要

臣等谨案:《杨氏易传》二十卷。宋杨简撰，简字敬仲，慈谿人。乾道五年进士，官至宝谟阁学士、太中大夫。是书为明刘日升、陈道亨所校刻。案：朱彝尊《经义考》载《慈湖易解》十卷，又[2]《己易》一卷，书名、卷数皆与此本不合。所载《自序》一篇，与此本卷首题语相同而无其前数行，亦为小异。明人凡刻古书，多以私意窜乱之，万历以后尤甚。此或日升等所妄改欤？其书前十九卷皆解经文，第二十卷则皆泛论易学之语，亦间有与序文相复者。今既不睹简之原本，亦莫详其何故也。简之学出陆九渊，故其解《易》惟以人心为主，而象数事物皆在所略，甚至谓《系辞》中“近取诸身”一节为不知道者所伪作，非孔子之言。故明杨时乔作《传易考》竟斥为异端，而元董真卿论林栗《易解》，亦引《朱子语录》称“杨敬仲文字可毁”云云，岂非简之务谈高远有以致之乎？考自汉以来，以老庄说《易》始魏王弼，以心性说《易》始王宗传及简。宗传，淳熙中进士；简，乾道中进士，皆孝宗时人也。顾宗传人微言轻，其书仅存，不为学者所诵习。简则为象山弟子之冠，如朱门之有黄榦，又历官中外，政绩卓有可观，在南宋为名臣，尤足以笼罩一世，故至于明季，其说大行。紫溪苏濬

① 本书以四库全书所刊《杨氏易传》为底本，以四明丛书本为校本。以下简称四库本、四明本。

② 四库本误作“人”，今据四库提要改。

解《易》，遂以《冥冥篇》为名，而《易》全入禅矣。夫《易》之为书，广大悉备。圣人之为教，精粗本末兼该，心性之理未尝不蕴《易》中，特简等专明此义，遂流于恍惚虚无耳。昔朱子作《仪礼经传通解》，不删郑康成所引谶纬之说，谓存之正所以废之。盖其名既重，不存其说，人无由知其失也。今录简及宗传之《易》，亦犹是意云。

乾隆四十四年六月 恭校上

《杨氏易传》原序

昨秋，余入南铨选部，陈君以所刻苏长公《易传》相示，余读而卒业，已谓奇矣。顷之，封司刘君、功司陈君复刻杨敬仲《易传》成，属余叙，余读之，又一奇也。独斯传也，明所学也。余不学，其何敢叙？然学不可以终弃，则传言学者不敢不致意也，叙何可已？夫易道大矣，自周孔而后微言绝，而程朱传行，谓可以尽易，而易有所不可尽也。今观苏氏传，虽未必尽合《易》旨，然借《易》以发其自有之奇，其识隽，其文雄，往往道人所未经道，其卒传，宜也。杨氏因《易》之理，以发摅其所学，精深融贯，要在一而能通示人，专事内而不外，非直探本原者能之乎？要之，苏即事以明理，杨溯源以该流。譬之，苏如楂梨橘柚杂陈而皆适于口，杨则即一楂梨橘柚，而凡为楂梨橘柚之类者，皆可推而味之也。是二氏俱深于《易》，求其有补于学，杨视苏为要焉。抑杨氏始因象山先生举扇柄而得其本心，遂悟所学，乃发为《易传》。于《乾》有曰："君子自强不息者，即天行之健也，非天行之健在彼，而君子效之于此也。"又曰："子思不曰诚者自诚，而曰自成，是于诚实之外复起自成之意，失其诚矣。"斯语也，亦犹是心也。唯是健不必效，而诚不必成。或疑，允若兹，是人皆天也，不必复益以人力也，不几于溺人以虚乎？然善语道者必反其本，善察言者必抉其要。慈湖先生尝云：少读《易大传》，唯爱"无思也，无为也，寂然不动，感而遂通天下之故”。故其传《益》则以善之不能为、过之难改“皆始于意，意本于我”，知我本无体，复何迁而何改？传《震》又曰：人唯知恐惧修省，学者事耳。谓易道精微不在是。持是见者，不惟不知易，亦不知恐惧修省。夫曰“不能为”、曰“难改”、曰“恐惧修省”，则何尝不责人之致力？特其所以致者，在何思何虑而不失其寂然者耳。盖用力于其本而不泛用者也。譬之操舟者然，顺流帆风，楫櫂随之，瞬息千里，是不操之操，操更力耳。庸可以无操之迹，遂谓其不操舟也？审然者不惟益《易》，且益学者哉。吁！此与苏《传》，均《易》之羽翼也，顾湮没久矣，待三君而始传，信大宝之显晦有时哉！然一时并显，而三君与诸同官之志于《易》及易道之益明，可觇矣。独愧余莫为倡，其独无入山舍玉之惧乎？兹叙也，并以自勖云。蔡国珍序①

①“序”，四明本作“书”。

《杨氏易传》卷一

宋 杨简 撰

今《易经》乃汉费氏所传古文而不立于学者，刘向以中古文《易》校施、孟、梁丘经，或脱去“无咎”“悔亡”，惟费氏经与古文同。汉《艺文志》“《易经》十二篇”谓《上经》《下经》《彖》《大象》《小象》《乾文言》《坤文言》《上系》《下系》《说卦》《序卦》《杂卦》。晁氏云：“老儒谓费直专以《彖》《象》《文言》参解《易》爻。以《彖》《象》《文言》杂入卦中者，自费氏始。不然，则其徒陈元、郑康成之为欤？”孔颖达谓辅嗣之意，《象》本释《经》，宜相附近，分爻之《象》辞各附当爻，则费氏初变乱古制时，犹今乾卦《彖》《象》系卦之末欤？夏后氏之易曰《连山》，《连山》者，以重艮为首；商人之易曰《归藏》，《归藏》者，以重坤为首；周人之易曰《周易》，以重乾为首。《周礼》大卜之官曰“其经卦皆八，其别皆六十有四”，则卦之重也久矣。先儒谓文王重之，非也。孔子之时，《归藏》之易犹存，故曰“之宋而得坤乾焉”。于戏，至哉！合三《易》而观之，而后八卦之妙，大易之用，混然一贯之道，昭昭于天下矣。而诸儒言易，率以乾为大，坤次之，震、坎、艮、巽、离、兑又次之。噫嘻，末矣！易者，一也。一者，易之一也。[1]其纯—者名之曰乾，其纯--者名之曰坤，其—--杂者名之

① 四明本作“—者，《易》之—也。--者，《易》之--也”。

曰震、坎、艮、巽、离、兑，其实皆易之异名。初无本末、精粗[1]、大小之殊也。故孔子曰“吾道一以贯之”，子思亦曰“天地之道，其为物不二”。八卦者，易道之变也，而六十四卦者，又变化中之变化也。物有大小，道无大小；德有优劣，道无优劣。其心通者，洞见天地人物尽在吾性量之中，而天地人物之变化，皆吾性之变化，尚何本末、精粗、大小之间？虽《说卦》有父母六子之称，其道未尝不一。《大传》曰“百姓日用而不知”，君子小人之所日用者，亦一也，惟有知、不知之分[2]。

䷀乾下乾上

乾，元亨利贞。

初九，潜龙勿用。

九二，见龙在田，利见大人。

九三，君子终日乾乾，夕惕若，厉，无咎。

九四，或跃在渊，无咎。

九五，飞龙在天，利见大人。

上九，亢龙有悔。

用九，见群龙无首，吉。

夫道，一而已矣。三才一，万物一，万事一，万理一。唐虞之三事，曰“正德”，曰“利用”，曰“厚生”。“厚生”者，养生之事；“利用”者，器用于人为利，是二者皆有正德焉，故《大禹谟》曰“正德、利用、厚生，惟和”。和，同也。卜筮者，民之利用，圣人系之辞，因

①“粗”，四明本作“麤”，异体字。下同。

②四明本下有“尔”字。

明人之道心，是谓“正德”。人心即道，故舜曰“道心”，孔子曰：“夫《易》，圣人所以崇德而广业也。知崇礼卑，崇效天，卑法地，天地设位，而易行乎其中矣。”明三才皆易之道，崇广效法，盖以人心未能皆悟本一之妙，姑因情立言曰“效法”，而进至于果与天地相似无间，则自信其本一矣。此心人所同有，故易之道亦人所日用。《上系》曰“百姓日用而不知”，惟其不知，故背吉趋凶。大哉！《易》乎？天之所以高明者此，地之所以博厚者此，人之所以位乎两者之间与夫万物之所以生生而不穷者又此，三才中万变万化至于不可胜纪无非此。某之所以听者此，某之所以说讲与今在堂之人所以听者亦此。所以事亲者此，所以事君者此，所以事长者此，所以临下、所以使民、所以应酬万端，皆此。谁能出不由户，何莫由乎此？包牺氏深明乎此，既不能言，又欲以明示斯世与万世，而无以形容之，乃画而为一。于戏，庶几乎近似之矣！是可画而不可言，可言而不可议，但觉其一而不二，一而能通。夫孰得而测识，又孰得而穷究？必三画而成卦者，明乎所以为天者此也，所以为人者此也，所以为地者此也，是为三也。圣人又欲以发明其道，系之以辞曰“乾”，言乎此至健至刚，亘万古而未尝息也。然则坤何以一？清浊未分，混然而已，迨乎重浊严凝而后清浊始分而为二。然所以为清者此也，所以为浊者亦此也。坤者两画之乾，乾者一画之坤也。子思曰“天地之道，其为物不二”，《乾·彖》曰“大哉乾元，万物资始，乃统天”，继言“品物流形”“各正性命”，则地之所以发生万物者，尽在其中矣。今为浑天之说者，地在天中，则合天地一体而已矣，但因重浊故言地，因卑故言妻、言臣，有尊有卑，有清有浊，清阳浊阴。君臣夫妇，未尝不两，故坤必一。坤者两画之乾，非乾道之外复有坤道也，故曰：“明此以南面，尧之所以为君也；明此以北面，舜之所以为臣也。”难者曰：乾坤之道果一，则《彖》何以有“大哉”“至哉”之分？应之曰：“大哉”“至哉”，所以致君臣之辨，所以辨上下之分。而坤爻又曰“直方大”，又曰“以大终也”，是坤亦未尝不大，于以明乾坤之实未始不一也。不然，则孔子何以曰“予一以贯之”？《中庸》何以曰“天地之道，其为物不二”？天地与人貌象不同而无二道也，五行万化变态不同而无二道也。坤者，乾之耦者也；震、坎、艮、巽、离、兑，乾之变错者也，无二乾也。一言之谓之乾，两言之谓之坤，八言之谓八卦，又别而言之谓之六十四卦，又谓之三百八十四爻，又谓之万有一千五百二十，又谓之无穷，皆此物也。三画之卦何以重为六？天有阴阳，地有刚柔，人有仁义，未尝不两也，皆此道之变化也。变化云为清明有常谓之仁，其间咸得其宜谓之义，其节谓之礼，其和谓之乐，其知谓之智，言乎其健谓之乾，言乎其动谓之震，言乎其入谓之巽，言乎其陷谓之坎，言乎其丽谓之离，言乎其止谓之艮，言乎其说谓之兑，言乎其迍邅谓之屯，[①]言乎其始生而蒙谓之蒙。其变无穷，其言一无穷，[②]皆此一也。言乎此不可以加毫发焉，不可以损毫发焉，谓之中；言乎此不可以人为参焉，谓之天；言乎其变化不可测度，谓之神。其得谓之吉，其失谓之凶，其补过谓之无咎，其始谓之元，其通谓之亨，其利谓之利，其正谓之贞，其在乾之爻则谓之九，其在坤之爻则谓之六。乾何以九？坤何以六？一二三四五，三天数之，一三五是为九；两地数之，二四是为六也。是五行之生数也，天地之本数也。五行者，此一之变化见于水火木金土者也，无二道也，故所以用九者此道也，所以用六者此道也。九为阳为刚，六为阴为

① “迍邅”，四明本作“屯邅”。
② “一”，四明本作“亦”。

柔，阴阳刚柔虽不同而用则一也。能用九而不为九所用，故在下则能“潜”，不为阳刚所使，不为才智所使，而能“勿用”。能用九而不为九所用，故在二则能“见”，不过而跃，又不固而潜，能善乎世而人皆“利见”之。能用九而不为九所用，故在三则“乾乾”能“惕”，故虽危“厉”而“无咎”。能用九而不为九所用，故在四“或跃”而不敢必于进，“或”之者疑之也，“渊”者退处之所也，故“无咎”。能用九而不为九所用，故在五则能“飞”，能使天下“利见”而致“大人”之德业。惟上九不能用九而为九所用，为阳刚所使，故以贵高自居而不通下情，故动则“有悔”。若大有之上九，亦上九也，而能用九，不为九所用，故“自天祐之，吉无不利”。大有之上九，乃取超然乎万物之上之象，所谓舜禹有天下而不与焉，故吉。乾之上九则取刚过之象，故“亢”而“有悔”。龙，神物，变化不测，濡泽博施，有圣王之象。孔子曰“古之治天下者必圣人”，而后足以君天下，故乾爻皆取龙象。大人即圣人，故二、五咸言天下之利见，其有居二、五之位而天下有不利见之者，非大人也，皆尊仰之之谓见，皆蒙其泽之谓利。周公系爻辞，孔子作《象》辞，而或曰“大”或曰“至”，一也。用九之道，虽发见于诸爻诸阳而不见其为首。不见其为首者，己私不形，意虑不作，洞然自然，不见其首也。意虑微作，则为私为己，好刚好进，安得不为首？所谓用九，凡百九十二爻之九皆同此用也。举一而知百九十一也，举一而知万也，坤之用六亦同此也。乾坤之名不同而用则无二也，故曰“通乎一,万事毕”。右释卦爻，虽则云然，所筮事情不可胜纪，其应万变不可执一，厥后卦爻皆然，神应切中，占者自知。

《彖》曰：大哉乾元！万物资始，乃统天。云行雨施，品物流形。大明终始，六位时成，时乘六龙以御天。乾道变化，各正性命，保合

大和，乃利贞。首出庶物，万国咸宁。

筮而得乾之卦者，君也，父也，夫也，圣人也，或进于圣人之道者。孔子作《乾·彖》，虽多言天，然孔子专意明人之道心。使专言天而不及人，则何以明道垂教，为无益之辞矣。当先明孔子斯旨。孔子欲使为君为父为夫者或进于圣人之道者观之，曰："吾得斯卦，果大乎？果元乎？果万物之所资始乎？果能统天乎？""云行雨施，品物流形"，果吾之道乎？终始六位，乘龙变化，物物皆正性命，合大和，果吾之所有乎？天乾即吾之刚健中正者也，岂独天有之，吾无之？孔子"欲无言"，以"天何言哉？四时行焉，百物生焉"为比，《上系》曰"与天地相似"，又曰"范围天地""曲成万物"，《中庸》曰"圣人之道""发育万物"，三才一，万理一。自孔子曰"乾坤，其易之门邪"，学者遂谓易大而乾坤小，误矣。《周易》乾坤为首，有天地然后万物生焉，易道于是乎出生无穷，故曰"门"。非谓易与乾坤异体也，名称不同尔。自其统括无外、运行无息言之故曰"乾"，自其势专而博厚、承天而发生言之故曰"坤"，推穷其本始故曰"元"，又言其亨通故曰"亨"，又言其安利故曰"利"，又言其正非邪故曰"贞"，总言变化而无穷故曰"易"。非乾自乾、坤自坤、元自元、亨自亨、利自利、贞自贞也，一体而殊称也，一物而殊名也。夫三才混然一而已矣。何为乎必推言其本始也？民生蚩蚩，安知易道？气虽即道，人惟知气而不知道；形虽即道，人惟睹形而不睹道；事虽即道，人惟见事而不见道。圣人于是乎不得不推穷其始而有元之名，且天行之所以刚健运化而无息者，其行其化，何从而始乎？始吾不得而知也，始吾不得而思也，无声无臭，不识不知，无思无为，我自有之，其曰"大哉乾元"，所以指学者明道之路也。知始则知终矣，知本则知末矣。始终一物也，本末一致也，事理一贯也，非事外有理也，非理外有事也。曰事曰理，曰本曰末，曰始曰终，皆常人自分裂之，自立是名，君子不得而骤违之，亦姑从而为是言也。明者自以为本一也，不明者自以为实不可一也，人自不一。易之道，本无方无体，无限量，无所穷尽，谓之曰“大哉”，是宜曰“大哉”，是故万物之所资之以始者也，是固足以统括乎天者也。物即乾元，而曰物之元以始者，以人滞于物，导人思其所始，于是而忽觉焉，则乾在我矣，无所不通矣。天即乾元，统乎天者，亦以人执乎天，故导人使因天而思其所以统之者，于是而忽觉焉，则天在我矣。云之所以行者我也，雨之所以施者我也，而人不自知，是亦可言亨也。而贯之曰“乾元”者，元即亨之始，亨即元之发，一体而殊名，曰元曰亨，无不可者，贯之曰“乾元”，所以明四德之一致也。有乾则有事，物有终始，亦有始终。初，始也。上，终也。天道之始，阳气潜藏。天道之终，至于六阳，与时偕极。人道之始，潜而勿用。人道之终，亢而有悔则昏，不亢无悔则明。六位于是随时而成，是为六爻。乾道天象，变化曰龙，六爻曰六龙。乾元乘气，不为气所乘。龙阳物君体，能用阳刚，所用乘时变化，非思非为，各正性命，物物皆妙，感者自离，不离为合，为保为和，为利为贞。使其本不一，何以能和？使其本不一，何以能合？物各得其时，事各得其宜，用得其利。气致其和，是谓利。是道至正，是道非邪，是为真。道之正者无不利，用之利者无不正，故利即贞，贞即利，利贞即元亨。夫道一而已矣，是道超出乎万物之表，故曰“首出庶物”，是道能致万国咸安宁，故曰“万国咸宁”。“首出庶物”，似言天，“万国咸宁”，似言人。学者观之，疑不可联言，合而言之，所以明天人一致，使学者不得而两之。知天人之本一，则知乾矣。《彖》既释卦辞，又特发此旨，圣人之致教深也。屯之“天造草昧，宜建侯”言人，合而一之，亦明天人之一致。

《象》曰：天行健，君子以自强不息。

君子之所以自强不息者，即天行之健也，非天行之健在彼而君子做之于此也，天人未始不一也。孔子发愤忘食，学而不厌，孔子非取之外也。发愤乃孔子自发愤，学乃孔子自学，忘食、不厌即孔子之自强不息，此不可以言语解也，不可以思虑得也。故孔子曰“天下何思何虑”，孟子亦曰“人之所不学而能者其良能也，所不虑而知者其良知也。孩提之童无不知爱其亲者，及其长也，无不知敬其兄者”。今夫人之良心，爱亲敬兄，事君事长，恻隐羞恶，恭敬是非，仁义礼智，迭出互用，变化云为，此岂学而能、虑而知哉？子思曰“诚者自成也，而道自道也”，亦颇得此旨，然犹未得其真。何以知其未得其真？不曰“诚者自诚”而曰“自成”，是犹有成之意，是于诚实之外复起自成之意，失其诚矣。故子思之《中庸》篇多“至诚”。于“诚”之上加“至”一言，亦复其意，不如孔子曰“主忠信”。忠信即人主本，《大戴记》孔子之言谓“忠信”。大道何深何浅，何精何粗，微起思虑，即失其忠信矣，即失其本心矣。子思盖习闻孔子之训而差者也。大道简易，人心即道，人不自明其心，不明其心而外求焉，故失之。孔子曰“为仁由己，而由人乎哉”，又曰“克己复礼为仁”，能己复固有之礼则仁矣，皆非求之外者。孔子又尝告子思“心之精神是谓圣”，明乎此心未始不善，[①]未始不神，未始或息，则乾道在我矣。不曰“乾”而曰“健”者，所以破人心之定见，使人知夫乾者特一时始为之名，而初未尝有定名也，故又曰“健”。八卦皆然，六十四卦亦然，即一可以知百也。

①四明本作“心之未始不善”。

“潜龙勿用”，阳在下也。

人之所以不能安于下而多有进用之意者，动于意而失其本心也。人之本心，至神至明，与天地为一。方阳气在下，阳气寂然安于下，未尝动也。人能如阳气之在下，寂然无进动之意，则与天地为一，不失其心矣，是之谓得易之道；不能安于潜而有欲用之意者，必获咎厉，必凶，是谓失易之道。

“见龙在田”，德施普也。

九二居下卦之中，亦得位矣，虽非尊位，亦可以见诸施行，可以及物。然人心于此，逐乎物而扰扰者多矣，其能发于德者有几？有德之施，安止而自应，如天地之施生，四时之变化，斯为德之施，斯“普”是谓龙德，是谓得乎易之道。

“终日乾乾”，反覆道也。

乾乾皆道，反覆皆道也。君子终日乾乾，至于夕而犹然，亦皆道也。喜怒哀惧皆道心之妙用，彼“百姓日用而不知”者，因物有迁，则其恐惧必至于交摄，上下反覆必至于扰扰，岂能如四时之错行，如日月之代明？未可谓之得易之道。

“或跃在渊”，进无咎也。

人皆欲进，惟得道者未尝有欲进之心。人之本心，是谓“道心”，道心无体，非血气，澄然如太虚，随感而应，如四时之变化，故当跃斯跃，当疑斯疑，无必进之心，故虽跃而未离于渊。故舜之历试也，已为众望之所归，已为帝心之所属，而舜从容于其间，鼓琴二女侍，若固有之，舜心未尝动毫发意念也，故“让于德，弗嗣”，未尝有必进之心，此非为让也。如此而往，何咎之有？故曰“进无咎”。“或跃在渊”，非道心之已明者不能，苟为不然，[1]其心微动，人已不服，触物违道，凶咎立至。

“飞龙在天”，大人造也。

孔子曰：“古人有天下者必圣。”盖天地之间，凡血气心知之属，群分类聚，各有所欲，其势必至于争，争而不已，必至于相伤，其甚者至于相杀相乱，其势必相与为公以求决于公明之人，所是所至，各有所主长。至于其所主长者，又不能无彼此之争，疆理之讼，于是又求决于尤公尤明之人，于是乎有国君。而诸是君苟未至于圣，则亦莫能相尚，其久也不能无事，其继世不能皆贤。以不能皆贤不能无争之君而相与比邻，其势必至于争不已而相争相伐，于是又相与为公推其有大圣之德者，共尊事之为大君，立为天子，然则非圣人则不足以当此位。曰“大人造”者，言此大人之所造为，非大人则不足以有为。“大人”者，圣人之异名。

“亢龙有悔”，盈不可久也。

大道正中，无过不及，亢龙过之，焉可久也？月盈则食，寒暑则衰，天道不能违，而况人乎？

用九，天德不可为首也。

九阳刚之物也，崇高之位，阳刚之才，皆九也。人皆为位势所移，为资才所使，是为九所用、不能用九者。是为天德能用九者，中虚无我，何思何虑，是谓本心，是谓“天德”。意动则为首，则有我，是谓人而非天，非易之道。

《文言》曰：元者，善之长也；亨者，嘉之会也；利者，义之和也；贞者，事之干也。君子体仁足以长人，嘉会足以合礼，利物足以

① “为”，四明本作“惟”。

和义，贞固足以干事。君子行此四德者，故曰“乾，元亨利贞”。

欧阳子谓此鲁穆姜之言，遂谓《文言》皆非圣人之言，则过矣。穆姜虽大恶，而其言之或合乎道，则圣人不以人废言，今惟当以正道断之。谓元为善则无害，谓为善之长则害道，道一而已矣，元亨利贞，虽四而实一。圣人患人之昏昏，无从启之，姑使究原本始，使知变化云为之所自出，则知无所不通之道矣，故《彖》举其大体曰“乾元”，非谓元异乎亨与利与贞也。今谓元为善之本则可，枝叶皆生乎根本，今谓之长，则截然与次少异体，即害道矣，故当如下言“乾元者，始而亨者也”，此得于圣人之诲乎！会通而嘉则善矣，与物会而不善，焉何能亨？利者义之和合，失义则害随之矣，何以能利？贞正也，事以正成，故曰“事之干”。孟子曰：“仁，人心也。”君子觉此心思之所自出，则乾元在我矣。彼百姓日用而不知尔，不必言“体仁”。“长人”之病生于善长，君子先觉我心之所同然，君子先觉，众人后觉尔。君子所以与物会通者，无非此心之诚，故诚敬之有节文者，世谓之礼，故曰“合礼”。自与礼文合，非求合也。求合者伪而已矣，非吾心之礼也。君子致利，利物而已，利物而公无非义。贞而不固，事未必济，贞固不变，斯足干事。言其不邪谓之正，言其和义谓之利，言其嘉会谓之亨，推其本始谓之元，名四而实一。此言四德，辞旨分裂，至于言“君子行此四德，故曰乾元亨利贞”，则天人一道，此一得诸圣人者欤？

初九曰“潜龙勿用”，何谓也？子曰：“龙德而隐者也。不易乎世，不成乎名，遁世无闷，不见是而无闷，乐则行之，忧则违之，确乎其不可拔，潜龙也。”

龙德，君德也。有君德而在隐，是谓“潜龙”。身在乎潜，是天命在潜，则义当潜而不当见也。虽大乱不为世所变易，而轻动其心以出，不使名学之着。虽遁世屏处而无闷心，虽不见是于世亦无闷心。“乐则行之”，时忽变而可行则行，可以行道及物，乐矣，非私乐也。“忧则违之”，于时终不可行，终不见是，不见知，则与世相违。道不可行，世乱可忧，非私忧也。“确乎其不可拔”，非作意固守也，义不可行而止，而人以为不可拔也，苟作意而守，其守必不固，不作意而惟意之从则可拔，贞不可拔矣。夫是之谓易之道，夫是之谓“潜龙”之道。

九二曰“见龙在田，利见大人”，何谓也？子曰：“龙德而正中者也。庸言之信，庸行之谨，闲邪存其诚，善世而不伐，德博而化。《易》曰‘见龙在田，利见大人’，君德也。”

龙德一也，在初则言其隐，在二则言其正中，随爻象所着而言之，非谓潜龙无正中之德也。二言其记录之差欤？孜古志记同而微异者，见记者之一得一失，屡验之。此二居下卦之中，于是乎发正中之义。正不邪，中不偏，乃道之异名。天道甚迩，不离乎庸常日用之间，庸言而不至于失信，庸行而不至于失谨。起意皆为邪，邪不作是为闲邪。诚，信也，忠信之心即道心，人心即道，惟日用或有邪思乱之，故足以败其诚心，邪闲则诚存矣。九二既出而见于世，故有善世之功。不伐者，私意不作故也，有功而伐，皆因意念之动，动斯思邪矣，斯伐矣。德博斯化，不博不化。德性未始不博，何思何虑，何际何畔？意动则窒则蔽，则不博矣，意动则伐矣，人将不服，何以能化？“德博而化”，君德斯着，于是申言之，非谓潜龙无君德也。庸行不必作去声，凡平常微有行动即谓之庸行，如此则无斯须放逸矣。

九三曰“君子终日乾乾，夕惕若厉，无咎”，何谓也？子曰：“君子进德修业。忠信，所以进德也。脩辞立其诚，所以居业也。知至至之，

可与几也。知终终之，可与存义也。是故居上位而不骄，在下位而不忧。故乾乾因其时而惕，虽危无咎矣。”

九三居下卦之上，进之象焉，故发“进德”之义。已有德矣，自此而往当何如？忠信而已，不可复有所加也。忠信者，本心之常，即道心也。孔子曰“主忠信”，明乎忠信即主本，苟于忠信诚实之中而微动其意焉，则为支为离，为陷为溺，为昏为乱，诚能不失本心之忠信，如文王之“不识不知，无非帝则”，如孔子之“无知也”而万善自备。今人乍见孺子将入井，自然有恻隐之心；其见非义，自然有羞恶之心；其事尊上与宾客，自然有恭敬之心；其不敢侮鳏寡，不敢失于臣妾，亦自然有敬心；其余应酬万物，自然知某为是为非。是是非非是为智，恭敬是为礼，羞恶是为义，恻隐是为仁。与夫动静云为，变化万端，无非万善，不学而能，不虑而知。进德如此，皆忠信而已矣。何者？忠信者道心也，道心无所不通，无所不有。德之见于应物行事者谓之业，应酬交错，无情万变，相刃相靡。君子居其间，顺物徇情，造次发语，往往随世随流，不无文饰私曲，不无失信。世俗习以为常，以为不得不如此，不如此将取祸。若此情伪，古今同情，不知其斮蠹忠信，君子于是有修辞，使不至于忤物，又不至于失信，于交错应酬、扰扰万变之中，而忠信纯一，无间无杂，则无非德业，不至于隳败矣，故曰“居业”。居有安居不动之义。若出入情伪，岂不岌岌？不保其不败也。“进德修业”，此万世之通患，不可不讲，《表记》曰“君子不以口誉人，则民作忠”，又曰“口惠而实不至，怨菑及其身”，《小雅》曰“盗言孔甘”。九三下卦之极，上下之际，乾德居之，卦三犹臣体，四则有君体矣。方其在三，知其可至而至之，名曰知“几”，知其可终而终之，名曰“存义”，一也，惟义所在。君子无适莫也，至则尧、舜、禹，终则伊、周，舜视天下如敝屣，颜子箪食瓢饮而乐。以崇高富贵微动其心者，君子耻之，是故“居上位而不骄，在下位而不忧”。其乾乾乃其未始有荒怠，其惕乃其因时之危而惕，皆应酬变化，如四时之错行，如日月之代明，如此则虽处危疑之地，何咎厉之有？

九四曰“或跃在渊，无咎”，何谓也？子曰：“上下无常，非为邪也。进退无恒，非离群也。君子进德脩业，欲及时也，故无咎。”

以为上则非君，以为下则非臣，故曰“上下无常”。此非常之位也，然而未尝有邪心。恒，久也。进退不久，此非久处之地。其进其退，亦无离群之心，无思无为，寂然不动，感而遂通。苟有离群而进之心，是动于思为，为邪为咎。“君子进德修业”，应时而动，当进而不进，是为失时，亦为失道。如四时之错行，如日月之代明，斯为乾道，斯为易道。

九五曰“飞龙在天，利见大人”，何谓也？子曰：“同声相应，同气相求。水流湿，火就燥，云从龙，风从虎，圣人作而万物睹。本乎天者亲上，本乎地者亲下，则各从其类也。”

三才虽同体，而其同类者相应无违。日月星辰，此天之类，故常亲附乎天。山川草木，此地之类，故常亲附于地。人居天地之间，凡血气生之属，皆其同类者，所患圣人不作耳。圣人作则万物感应，作而物不应者，非圣人故也。故君子不可求诸外，当反求诸已，其身正而天下归之矣。衰世之君，往往率求诸人，多方设术以治之，而人愈不服。孔子深察斯情，故谆谆设喻重复言之，所以明圣人作则物无不应。人君必求诸已，不可求诸外也，不可罪民之顽而不可化也，不可叹当世之乏才共理也。有圣贤之臣，何世不生才？惟圣知圣，惟贤知圣。

上九曰“亢龙有悔”，何谓也？子曰：“贵而无位，高而无民。贤人在下位而无辅，是以动而有悔也。”

亢龙，君德之失也。“惟圣罔念作狂”，圣狂之分，一念之间耳。唐虞之际，君臣相与警戒规正，何尝敢有自足自圣之意？恃其聪明睿知而自以为足，不复询谋于众，忽略愚贱，则动必有悔。孔子推言至于无位、无民、无辅，欲其无忽也。末章虽言“知进不知退，知存不知亡”，犹以圣人为言，则知此爻所以明圣贤之过，所以止言有悔。

“潜龙勿用”，下也。“见龙在田”，时舍也。“终日乾乾”，行事也。“或跃在渊”，自试也。“飞龙在天”，上治也。“亢龙有悔”，穷之灾也。乾元用九，天下治也。

“潜龙勿用”，“见龙在田”，随在而有所安舍也，时在下之位故也。“飞龙在天”，在上而治天下也。曰“下”、曰“时舍”、曰“行事”、[①]曰“自试”、曰“上治”，静观辞气，无非随时泛应，虚中无我，五爻之辞不同而一旨也。“亢龙有悔，穷之灾也”，亢，亦无非道者，此易道之灾者也。“乾元用九，天下治也”，非乾元则岂能用九而不为九所用？能用九则无思无为，如日月之照临，如水鉴之烛物，随时而应，各当其所，在初而潜，在二而见，在三而惕，在四而跃，在五而治，在上而不亢，故曰“天下治也”。

“潜龙勿用”，阳气潜藏。“见龙在田”，天下文明。“终日乾乾”，与时偕行。“或跃在渊”，乾道乃革。“飞龙在天”，乃位乎天德。“亢龙有悔”，与时偕极。乾元“用九”，乃见天则。

前皆言人事，此多言天道。阳气之潜藏，即人之潜隐勿用也。天下文明，万物化生，即君德之见也。或者拘于配十二月之说，或以

① “行事”，四明本作“行”。

九二为丑月，或以九二为寅月。丑月则断无文明之状，寅则稍有文明之渐矣。善读《易》者，正不必如此拘执配之于月。乾道无所不统，无所不通，惟以天下文明，明见龙之类尔。“与时偕行”，此言天人之合，时者天也，九三之乾乾行事，亦随其时而已矣，亦不必配月，配月则牵强拘执。“乾道乃革”，四升君体，变之大者。然不以此为人事而非天道，故曰“乾道乃革”，谓乾道之变革也。知天人之无二，则可以与言易矣。凡天道之有变，即九四之或跃。裂德与位而为二，则位非天位，德非天德，一以贯之曰“位乎天德”，斯为大易之道，斯为“飞龙在天”，此非训诂之所能解也，非智思之所能道也。三才一体，万物一体，悟曾子之皜皜，则渐窥之矣，悟孔子风雨霜露之无非教，则知之矣。“与时偕极”，则虽处乎上之位而不亢矣。一以贯之，则人即时，时即人。随时立言，欲使读者稍可晓，则曰“与时偕极”“与时偕行”，果能造此，则自一矣。凡此，皆所以明乾元用九之道。潜、见、飞、跃，皆有其则，不可乱也，故曰“乃见天则”。非人为故曰“天则”，苟曰人之所为者，必非天则。

乾元者，始而亨者也。利贞者，性情也。乾始能以美利利天下，不言所利，大矣哉！大哉乾乎！刚健中正，纯粹精也！六爻发挥，旁通情也。“时乘六龙”，以御天也。“云行雨施”，天下平也。

至哉圣言！非圣人岂能道此？元亨利贞，前既裂而四之矣，今又合而一之，与夫《彖》言乾元以统亨利贞之旨同也。夫天地间安得有二道哉？苟分元亨利贞以为是四者而非一，则亦安能知元亨利贞哉？“元”[①]曰“亨”曰“利”曰“贞”，如言金，曰黄曰刚曰从革曰扣之有声也，岂有二金哉！又如言玉，曰白曰莹曰润曰扣之有声也，岂有二

①“元”，四明本作“曰元”。

玉哉！人能反求诸己，默省神心之无体无方，无所不通，则曰“元”曰“亨”曰“利”曰“贞”，曰一曰四，皆所以发挥此心之妙用，不知其为四也。欧阳子方疑其前后异同，非出于一人之言，正吾之所叹息，以为纵横皆妙者也。性情者，乾元之性情也，元亨利贞，皆性情也，故又曰“乾始能以美利利天下”。变元而曰“始”，又通之于利，则贞可知矣。是道也何所不利？傥曰利于此不利于彼，利于一不利于十百千万，则何以谓之乾？何以谓之易？乾者易之异名，元亨利贞亦易之异名，故又云元始，与独曰乾无不可者。“大哉乾乎！刚健中正，纯粹精也”，此七德者，非果有七体，亦犹言玉之白莹润，言金之黄刚革。乾无体，无则不可得而屈，故曰“刚”。有体则有息，无体则无息，无息故曰“健”。今夫行之所以健而无息，惟见日星之运转尔。初无天体之可执，设有气象，亦无其形，设有其形，不睹其机。天行若可睹，其所以运不可睹。此不睹者何所偏倚，故曰“中”。人惟动于意欲，故有不正，此不可睹者无思无为，故无不正，故曰“正”。人惟动于意欲，故不纯不粹不精。此不可睹者无思无为，安得而不纯不粹不精？六爻皆所以发挥潜、见、飞、跃之正情也。至于上之亢则情之邪者，若夫正则与时皆极不为亢矣，使亢者能内省亢情之无体，则乾元在我，何亢之有？“时乘六龙，以御天也”，龙与天若可睹，乘而御之者何形之可睹？“云行雨施，天下平也”，此孰非乾道之变化也？此孰非圣人之所发育也？《易》曰“范围天地之化”，《中庸》曰“圣人之道，发育万物”，此非空言也，实说也。

君子以成德为行，日可见之行也。潜之为言也，隐而未见，行而未成，是以君子弗用也。

潜有二义，有己德已盛，时未可行而潜者；有德未成，未可以推而及人而潜者。此言“成德为行，日可见之行也”，德性虽内明而未能见之于行者有之。日至月至，皆有德者，日至则寂然不动，能行之一日，一日之外，不能无违；月至则寂然不动，行之一月，一月之外，不能无违。不能无违，则犹未足以尽精一之至，则发诸容体，见诸行事，不无阙失，未能动容周旋，无不中礼。凡此皆德隐而未着，行而未成，是以君子不敢遽用于世也。

君子学以聚之，问以辩之，宽以居之，仁以行之。《易》曰“见龙在田，利见大人”，君德也。

学不可以不博，不博则偏则孤。伯夷惟不博学，故后虽至于圣而偏于清。柳下惠惟不博学，故后虽至于圣而偏于和。“学以聚之”，无所不学也，大畜曰“君子以多识前言往行”，《语》曰“君子博学于文”。学必有疑，疑必问，欲辩明其实也。辩而果得其实，则何患不宽？何患不仁？然圣人垂训，所以启后人。后人问辩，未得其实而自以为实者多矣，故谆复而诲之。诲之以宽，则凡梏于己私、执于小道者，庶其有警。孟子曰“养而无害，则塞乎天地之间”，此犹未足以尽宽之至。《大传》曰“范围天地之化”，庶乎其宽矣，然此犹可以言而及。可以言而及者，犹有涯畔，未足以尽宽之至。孔子曰“言不尽意”，孔子谆谆告门弟子曰“毋意”，又自谓“吾有知乎哉？无知也”，此非训诂之所能解，非心思之所及。然则宽即仁、仁即宽，而圣人复言仁者，人之学道，固有造广大之境，未尽其妙而辄止，溺于静虚，无发用之仁。故子曰“仁以行之”，如四时之错行，如雷电风雨之震动变化，而后可以言仁，未至于此，则犹未可以言仁也。九二正言君德，故于此复详言。

九三，重刚而不中，上不在天，下不在田。故乾乾因其时而惕，

虽危无咎矣。九四，重刚而不中，上不在天，下不在田，中不在人，故或之。或之者，疑之也，故无咎。

在他卦重刚而不中必有凶，而此则虽危疑而无咎者，乾乃圣人之德，重刚则刚健之至德，他[①]人之重刚则为刚过，此之不中乃谓所居之位不中，他人之不中为德之不中，随卦象而见也。“上不在天，下不在田”，皆非龙之正位，故危之。九四则升之上体，故又曰“中不在人，故或之。或之者，疑之也”，惟其疑，“故无咎”，如不复疑而必于进，则天下事固有不可必者。方舜既历试，犹让于德。舜心如天地，如太虚，诚无意无必，故天下咸服而无咎。九三因其时而知之，圣人于此，亦未尝曰吾如是而动也，如四时之错行，如雷电之震动，如水鉴之照物，故曰“因时而惕”，非心思之所及，非训诂之所解。

夫大人者，与天地合其德，与日月合其明，与四时合其序，与鬼神合其吉凶。先天而天弗违，后天而奉天时。天且弗违，而况于人乎？况于鬼神乎？

九二，在下之大人。九五，在上之大人。大人者，圣人之异名，天下咸利见之。何独此二爻？乾者，圣人之象，余爻亦以乾欲明他义，故不及之。世皆睹大人之形，不睹大人之神；世皆知大人之思为，不知大人之思为之神。孔子曰“心之精神是谓圣”，曰“心”曰“精神”，虽有其名，初无其体，故曰“神无方，易无体”。非神自神、易自易、心自心也，是三名皆有名而无体，莫究厥始，莫执厥中，莫穷厥终。天，吾之高；地，吾之厚；日月，吾之明；四时，吾之序；鬼神，吾之吉凶。其谓之合也固宜，其谓之弗违也又何疑？故《大传》亦曰“范围天地之化而不过，曲成万物而不遗”。

---

① “他”，四明本作“也”。

“亢”之为言也，知进而不知退，知存而不知亡，知得而不知丧。其唯圣王肃本作愚，然以此句属下文则亦通。人乎！知进退存亡而不失其正者，其唯圣人乎！

爻《象》曰“盈不可久”，其过尚小，此所言其过大矣。日月至明，云气翳之，即失其明。惟圣罔念，即可作狂，故禹戒舜以“无若丹朱傲”。西旅献獒，大保作书以戒武王，深知圣狂不过一念之间。禹曰“安汝止”，深明微不安不止，则动而逐物，物蔽之而昏，遂至于“知进而不知退，知存而不知亡，知得而不知丧”。故古之圣人恐惧兢业，常以克艰相规，不敢怠荒也。其有虽晓达事情，亦或知进退存亡，而不本于道心，则不保其不流而入于邪。惟圣明白四达，道心不动，故常不失正，故两言“其惟圣人乎”以发明之。右所释卦爻之义亦详矣，而子曰“书不尽言”，箎者事情无穷，卦爻所应，亦随事而变，六十四卦、三百八十四爻皆不可执。

《杨氏易传》卷二

宋 杨简 撰

䷁坤下坤上

坤，元亨，利牝马之贞。君子有攸往，先迷后得主，利西南得朋，东北丧朋。安贞吉。《彖》曰：至哉坤元！万物资生，乃顺承天。坤厚载物，德合无疆。含弘光大，品物咸亨。牝马地类，行地无疆。柔顺利贞，君子攸行。先迷失道，后顺得常。“西南得朋”，乃与类行。“东北丧朋”，乃终有庆。“安贞”之吉，应地无疆。

乾坤之道一也，分阴阳而言之，则乾为天、为君、为父、为夫，坤为地、为臣、为母、为妻，《传》曰“明此以南面，尧之所以为君也；明此以北面，舜之所以为臣也”。天地一气，乾坤一道，推本而言谓之元，即乾元也，而有“至哉”“大哉”之异称者，姑以此著君臣夫妇之辨，其实一也。坤画即乾画之两者耳，未见其为异也。所谓乾之一画，亦非乾果有此象，象也者，象也。姑以象夫易道混沦一贯之妙而已。所谓乾者如此，所谓坤者亦如此。“至哉”者，极至之称，乾亦可以言至，坤亦可以言大，《彖》曰“含弘光大”，六二“直方大”，用六“永贞，以大终也”。《中庸》曰：“天地之道，其为物不贰。”万物自何而生？虽曰因地而生，未芽未甲，物安在哉？是谓“元”。物生于地，既于地矣，地形在下，其势承天，“乃顺承天”。“乃”者，有所因之辞。乾坤虽一，天体至大，无所不统，故《乾·彖》曰“乃统天”。

地在天中，势卑而承天，因其卑而承天，故《彖》曰“乃顺承天”。于以明乾坤之道一，因形发用，是谓并行而不相悖。“坤厚载物”，地厚载物也，惟坤以道言，地以形言，其实一也。道即形，形即道，无疆之形，即无疆之德，惟坤以德言，地以形言，人言有二，易道则一，故曰“德合无疆”。地广无疆，万物化生，妙不可言。孔子曰：“地载神气，神气风霆，风霆流行，庶物露生，无非教也。”孔子以此教学者，故其言精。《易》之彖辞，孔子以教筮者，故其言显。因人心以为二，故合之。教亦多术矣，《易》本占筮之书，古神圣之设教，知空言难以告人，因民生之所利用，因致其教，因以发神明之德，因以通万物之情。《书》曰“水、火、金、木、土、谷，惟修；正德、利用、厚生，惟和”，是谓“六府三事”。所谓“利用”，即范金、合土、剞木、剡木之类。所谓“厚生”，即水、火、谷足以养生之类。凡皆生民之所日用，圣人因其日用而致正德之教，使五十者衣帛、七十者食肉之类，皆因厚生而教以正德，器有常制、不苟不侈之类，皆因利用而教以正德。至于《易》，筮而教以正德，五帝三王所以教[①]化之速者，因民生日用教之也。周衰，此教隳矣，而况于秦汉而下乎？坤元无所不含藏，岂不甚弘，万化广生？“光”言其如日月之光，凡光虽及物而无所思为，此言坤德以明人心一贯之妙。《易》多言“光”，曰“辉光”，曰“不习无不利，地道光也”，曰“光亨”，曰“光明”，皆所以明道。“品物咸亨”，无非妙者，林林皆妙，职职皆元。“牝马地类，行地无疆”，牝则乖矣，虽强必疆。臣道妻道，顺正而行，柔顺而贞，其利无疆，柔而不贞，为回为邪，为谀为懦，君子不行。君先臣后，夫先妻后，当后而先为迷，迷为失道。君为臣之主，夫为妻之主，后而得主，利

① “教”，四明本作“致”。

莫大焉。君臣之分、夫妇之序是为天秩，是为天常。坤后为顺，是为得常。得常则利，失常则害。是常非粗，是常即道，万世攸行。“西南得朋，乃与类行。”巽离坤兑，皆阴卦也，是为阴类。东北之卦，乾坎艮震，皆阳类也，故曰“丧朋”，女舍其阴类而从夫之阳，臣舍其私朋而从君之阳，虽失其朋，“乃终有庆”。安正则吉，失正则凶，无非道者，正则为利为吉，邪则为凶，得此道则安则正，正而不安，于道犹失，禹曰“安汝止”。人之本心，是谓“道心”，本正，正无实体，以不动名，动斯不安，必至失正。妻不安正必凶，臣不安正必凶。地之所以博厚无疆者，以其安正也，寂然不动，非安乎？不动而顺，非正乎？惟其安正，是以无疆，即其无疆，知其安正。大抵道之正者，自然广大，自然无疆，故曰“安贞之吉，应地无疆”。人之安贞，即地之安贞；地之无疆，即人之无疆。三才之名之形不同，三才之道之实同。人之自视其安正，未能与地为一者，犹未可以言安正也；自视未能与地之无疆相应为一者，亦未可以言安正也。安贞之吉似言人，应地无疆似言地，而圣人合而言之，正以明三才之一致，亦犹《乾·彖》言“首出庶物，万国咸宁”也。（楼尚书曰：“牝马最贞，既从牝矣，他牝欲犯之，辄蹄啮不可近，盖得之牧者云。”）

《象》曰：地势坤，君子以厚德载物。

地势在下，其势卑顺，故曰“地势坤”。君子以德博厚无疆，无所不载，为物所动者，不足以言载物，不足以言厚德。君子之载物，非作意勉强以顺承之也，非作意勉强为是不动也，君子中虚，心实无疆，无疆则何所不容，何所不载？彼为物所动者，妄立已私，妄守块然之意，是块然者与物为伍。既已与物为伍矣，则安得不动？无以顺适吾意则动，有以拂乱吾意则动，恐慑疑惑，胶扰阻郁，千态万状，且将为物所载矣，尚安得而载物乎？君子之厚德，即坤之厚德，有毫发之异者，终不足以言厚德。

初六，履霜，坚冰至。《象》曰：“履霜坚冰”（或曰衍此“坚冰”字），阴始凝也。驯致其道，至“坚冰”也。

阳为君子，阴为小人；阳为善，阴为恶。恶之始萌，戒不可长。涓涓不塞，将成江河。纤纤不伐，将寻斧柯。禹曰“安汝止”，安止则不动，则不萌矣。皋陶曰：“兢兢业业，一日二日万几。”几，微也，念虑之始也。或者谓万几万物，后世多事，尚不至于一二日而有万事，而况于唐虞之际乎？念虑则有之矣，兢兢业业是为笃敬，几有善恶，敬则几善，不敬则几恶。智者于履霜而知坚冰之将至，故兢业，愚者则曰未必至此，故卒罹其祸。君子以此治己，以此治人。

六二，直方大，不习无不利。《象》曰：六二之动，直以方也。“不习无不利”，地道光也。

直者，直而已，不曲而已，不必求之远也。方者，如物之方，不可转移而已，不必求之远也。曰“直”曰“方”，皆所以形容道心之言，非有二理也。此道甚大，故曰“直方大”。此道乃人心之所自有，不假修习而得。人之本心，惟有虚名，初无实体，自神自明，自中自正，自直自方，自广自大，变化云为，随处皆妙。《象》辞以动为言者，惟动乃验其实。彼学者独居凈处，为得静止之味者，未足以验得道之实也，于应酬交错而自得其妙焉，斯足以验其实；于应酬万变而未尝不直不方者，斯为得坤之道矣。然则此岂循习之所能到？虽然，道则然矣，不至于得至动之妙，固不足以言得道矣。而有学焉，道虽已明，动虽已妙，虽已着不习之实，而犹有故习，未克顿释。故孔子十五志学，至三十方立，至四十不惑，五十方知天命，六十方耳顺，尚须学习。习者，习此不习之道也。习未精纯，虽善未备；精而忘习，斯无不利，至于此则地道在我矣。神用发光，如四时之错行，如日月之代明，无思无为，变化皆妙，地道之光如此，人道之光如此。六二正居下卦之中，于是发明坤道之正。

六三，含章可贞，或从王事，无成有终。《象》曰："含章可贞"，以时发也。"或从王事"，知光大也。

三为阳，阳有"章"之象。六为阴，阴有含藏之象。爻着此象，圣人于是发此义。臣之尽言于君，含章疑其非道，然臣不可以自用，用之者君尔。用臣之言，取臣之章，皆自其君，匪由乎臣，是故，臣道当尽其终，不当专其事。君不可辅则当去，可辅则当顺事。虽有忠臣，怀不能自已之心，至于专成犯礼，非易之道也。道心中虚，无体无我，无适无莫，惟义之从。不能含章而喜于出己之长者，己私实作之也，道心不如是也。或者往往疑含章非正，故圣人教之曰"可贞"，贞正也。可者，通上下之辞。含章而尽道，即正矣，其有未尽者，故以"可"为言，此立言之法也。含章亦非专于含藏，时可发则发，未可发则含藏，无意无必无我。"或"之为言，无必之辞也。无成无终，亦不可也，"无成有终"，臣之道也。天始地终，君始臣终，道之常也。彼己私之不能忘，好自以为功，自以为能，往往以"或从无成"为慑慑卑小，故圣人正之曰此乃所以为"智光大也"，圣人所以明易之道也。圣人每言"光"，曰尧"光宅天下"，曰文王"耿光"，周公"光于上下"，《易》曰"光大"，曰"光明"，曰"辉光"，曰"君子之光"，皆所以明乎道心，不作乎意，无思无为，而万理自昭也。苟失乎此，动乎意，必昏必差。

六四，括囊，无咎无誉。《象》曰："括囊无咎"，慎不害也。

含章已为人情之所难矣，而况于括囊乎？括囊则谨，括而不发，其中未能无己私者，往往多不括，虽知所括，往往不谨，己私中潜，时一突发。易道不如此，道心清明，无体无我。发则发，括则括，何适何莫？时不可发而必欲其取咎也。必括则不发，不发则无誉，此事理之常。彼未能无私意者，往往耻于名誉之不闻，此意一动，又不能括，故圣人又教之曰“无誉”，言乎自无誉也。圣人谆谆，凡以消人之私意，使之从道，使之免祸尔。人之私意殊难克，故教之曰“慎不害也”。上无阳明之君，以六居四，阴而又阴，又无应，括囊之象著矣。

六五，黄裳元吉。《象》曰：“黄裳元吉”，文在中也。

黄，中央之土色，故取以明中。衣上裳下，故取裳以明下。五上卦之中，有中象。六阴体，坤体，有下象。中者，道之异名，无偏无倚，非道而何？尧、舜、禹之相传，惟曰“执中”。明此以南面，尧之所以为君也；明此以北面，舜、禹、伊、周之所以为臣也。伊尹、周公知终而终守臣位，道在臣位也。君上臣下，下者臣位也，臣体也。能黄则能裳矣，能中则能下矣。既得中道，心安臣位。然必曰黄曰裳者，合此二字，以明道为详也，其吉大矣。大不足以尽之，为其得道焉，故曰“元吉”。五在他卦有君象，在六四则视五为非阳明之君，而此六五自发大臣之义。《易》之为书也屡迁，取象非一，不可执固。《象》曰“文在中也”者，于以明君子之黄裳，非作于外者，由中而发，[①]动静云为，自得中道，自安臣体，皆中心之所为，无毫发强勉饰外之意，言文在中而不在外。文者自然而生，文非可以作而就也。“巧言、令色、足恭”，作也，非文也。曾子与子贡俱入厩，修容。子贡先入，阍者曰：“已告矣。”及曾子入，卿大夫皆避位，公降一等而揖之。曾子之

① “发”，四明本作“法”。

文自中而子贡之文自外也，虽极其恭敬之意而亦外而非中也，此非训诂之所能解也，非思为之所能及也。圣人能启其端尔，其昏其明，在学者也。

上六，龙战于野，其血玄黄。《象》曰："龙战于野"，其道穷也。

《文言》曰："阴疑于阳必战，为其嫌于无阳也，故称龙焉。犹未离其类也，故称血焉。夫玄黄者，天地之杂也。天玄而地黄。"盖谓阴而至于上六，极其势，盖举天下纯终为阴，几于不复有阳矣。然阳虽甚微，名分则贵，人心所不可磨灭者犹在也。为阴者致疑于阳，虑其有变，故战。当是时，人知有上六而已，复知有阳哉？圣人嫌恶其无阳也，故特称龙，以着其犹有龙在，以明其犹有君在。人心终不忘其君不可侮也。血，阴物也，又称血以明上六犹未离于臣类。天色玄，地色黄。曰天曰玄，亦嫌于无阳，故称天称玄，明其犹有阳也。曰野曰地曰黄，亦以明未离其类，故称野。曰血，兼著阳阴之俱伤，不独阳伤也。凡此数义，已明已著，故《文言》不复赘释。圣人为此，皆所以折天下无君之心，所以明天下之大道。君君臣臣，道之正也。龙战之祸，道之穷也。

用六，利永贞。《象》曰：用六"永贞"，以大终也。

坤之用六，即乾之用九。是道也，在乾则用九，在坤则用六，一也。居九而为九所用，不能用九，故至于亢；居六而为六所用，不能用六，故至于战。然则易之道岂可一日不明于天下哉？道心无体，何物验之？为臣之失道者必至于失正。贞，正也。知为正者有矣，未必能永于贞也，不永于正，[①]亦失道也。能贞能永，是为得道。道心无体，清明永贞，微生己私，即失之矣。得道则利，失道则害。是道也大矣，

① "正"，四明本作"贞"。

坤虽位利贞之道，以大终也。止以乾道为天，不知坤道之即乾者，不足以与此。

《文言》曰：**坤至柔而动也刚，至静而德方，后得主而有常，含万物而化光。坤道其顺乎？承天而时行。**

坤之为言，乃道之至顺之名。非乾自有乾之道，坤自有坤之道，非六十四卦各自有其道也，一道而殊名，故六十四卦，卦卦皆妙，卦卦皆易。惟其该易之道，故有柔有刚，不偏于一隅。至静而无所为，而其德方而不可转易也。有时乎动，动而莫御，其刚可验；厚重疑止，不可转移，其方可验。晓愚喻昏，始止此证，亦犹《谦·彖》曰“天道亏盈而益谦，地道变盈而流谦”。智者通达乾坤一道，虽于坤曰“刚健中正，纯粹精也”，亦无不可，何必指事为验？乾坤之道，为臣为妻，不得此至柔动刚、至静德方之道，则为臣不尽忠，为妻不尽正。道心无体，无体可执，非至柔乎？立己私焉，则不柔矣。有体之柔，柔则不刚。无体之刚，刚不可屈，义不可夺，非动刚乎？有体之静，未为至静，暂静复动；无体之静，斯为至静，真不动矣。有体之方，亦可摇动；无体之方，不可摇也，真为方矣。道心无体，随体而着。“后得主而有常，含万物而化光。坤道其顺乎？承天而时行”，如四时之错行，如日月之代明。万物未生，乃含藏于坤道之中。万物既生，非离于坤也，万物乃坤之化，物者坤之物，万者坤之万也。坤之顺即乾之健，坤之承天即乾之统天。坤之生物于春，长物于夏，成物于秋，藏物于冬，时行也，即乾之生物、之长物、之成物、之藏物、之时行也，名殊形殊，阴阳之气殊，而实一也。惟其实一，故阳气发于地而雪霜降于天，故曰“天地之道，其为物不二”，故“其生物不测”，又曰

“道并行而不相悖”。譬犹人之目视、耳听、手执、足行、心思而一人[①]也。苟惟不知一，不惟不知乾，亦不知坤。

积善之家，必有余庆。积不善之家，必有余殃。臣弑其君，子弑其父，非一朝一夕之故，其所由来者渐矣，由辨之不早辨也。《易》曰“履霜坚冰至”，盖言顺也。

人性至善，无不善者。“孩提之童，无不知爱其亲；及其长也，无不知敬其兄”，“乍见孺子将入于井，皆有怵惕恻隐之心。”其见宾客，孰不举手致敬？人性之善，于此著验。然而亦有所谓天恶者，何也？其端甚微，始于一念之作尔。禹曰“安汝止，惟几惟康”，皋陶曰“一日二日万几”。“几者，动之微”，心动之始也。心实无体，常安常止，安止而动，其几必康；不安止而动，其几不详。不安止之动，如水挠浊，不复清明，为昏为扰，顺流而下，遂至于“恶积而不可掩，罪大而不可解”。然则安得不辨之于早？早者，未动之初也。未动则自清自明，自安自止，无体而发光，至虚而用神，皋陶之所谓“兢兢业业”，孔子之所以“发愤忘食”，颜子之所谓“好学”，皆所以蒙养保护乎此，而非思虑之所及也。其次则“不远复”，又次则“牵复”，亦危矣，“频复”大危，亦圣贤之所诫。不克频复，代日而放，坚冰至矣。

直，其正也；方，其义也。君子敬以直内，义以方外，敬义立而德不孤。“直方大，不习无不利”，则不疑其所行也。

爻辞曰“直”，本无亏欠，圣人虑学者直心以往，率意而行，为无忌惮之中庸，故曰“直其正也”，则不入于邪，非直之外又有正也。爻辞曰“方”，本无亏欠，圣人虑学者直方不合宜，故曰“方其义也”，明方非执方而合宜，非执方之外又有义也。直方正义，皆发明此道之

① “一人”，四明本作“人一”。

异名，非有四者也。圣人又虑学者虽欲直而未能直，故教之以敬，敬则心不放逸自直矣。直者本心，未始不直，未始或曲，惟起意故曲尔。曰“内”曰“外”，姑随庸众常情言之。方非直之外复有所谓方也，直心之发，与外物接，应酬交错，其直不改，故曰“方”也。直心而达于外，不为事物所转移，应酬交错，变化云为，无非义者，故曰“义以方外”。学者固有道心清明，既直内矣。及乎应物，不无转移，此犹为德之未全，故《文言》深明乎方外之义。义者，处事之名。“敬义立”，内外应酬交错，如四时之错行，如日月之代明，斯为盛德，故曰“德不孤”。“直方大”，虽然义不可夺，足以明方，而义又有随宜中节之理，此孔子所以发挥前言之所未尽。伯夷、柳下惠皆能直内方外矣，能敬能义矣，而于义之中节，犹有未尽，犹未为盛德也，犹未足以尽大人之至也。此直此方，此敬此义，非由外铄我也，皆我之所固有，不习而能，不虑而知。习而能、虑而知者，所行必疑阻，终不通达。所行不疑者，如天地之变化，雷霆交作，风雨散施，天地何疑之有？吾亦何疑之有？六通四辟，变化皆妙。疑起于意，有意则有疑，无意则无疑。无疑之妙，非言语之所及，非心思之所到。或者不察，往往以为穷高极妙，不可俄而至，此不自知不自信者之所见，不知圣人未尝强人之所无也。圣言千万，皆以明人心之所自有也。

阴虽有美，含之以从王事，弗敢成也。地道也，妻道也，臣道也。地道无成而代有终也。

“无成而代有终”，地道之常也。事理甚明，而有不安于此，越位犯分者，已私主之于中也。大道甚明，私意乱之。

天地变化，草木蕃，天地闭，贤人隐。《易》曰“括囊，无咎无誉”，盖言谨也。

天地一气也，一数也，一道也。言时泰通，草木蕃芜，贤人在位。及时否塞，饥馑荐臻，草木衰减，贤人在隐，括囊不发。凡此皆大易之变，不可以为此事且姑避祸耳，非易之道也。事即道，避祸即道，其曰“谨”云者亦道。孔子曰：“谁能出不由户？何莫由斯道也？”

君子黄中通理，正位居体，美在其中，而畅于四支，发于事业，美之至也。

中以释黄之义也，虑斯义未明，故又曰“通理”。下者臣之正，位下者臣之体。“正位居体”，皆所以释裳。惟其通理，故能居体，非通理自通理、居体自居体也。道心一而已矣，道心无体，姑立虚名，曰“美”曰“中”，亦皆虚名。微起意，则意有倚，倚则偏，非黄中矣；微起意，则意已动，已在外，非其中矣。中心无他，惟诚惟实，非意自中自正，自卑自恭，自有粹然温然之容。“畅于四支，发于事业”，自有黄裳之实矣，夫然后为美之至也。作意则伪，是故，古之论礼者曰“着诚去伪”。卑恭不出于中诚者，终不足以致吉免咎。

阴疑于阳必战，为其嫌于无阳也，故称“龙”焉。犹未离其类也，故称“血”焉。夫“玄黄”者，天地之杂也。天玄而地黄。

《坤文言》略者，前已详，余可通也。

《杨氏易传》卷三

宋 杨简 撰

䷂震下坎上

屯，元亨利贞。勿用有攸往，利建侯。《彖》曰：屯，刚柔始交而难生，动乎险中，大亨贞。雷雨之动满盈，天造草昧，宜建侯而不宁。

首乾次坤，反对之序也，其又次之屯者何也？六十四卦，错而置之，如《连山》，如《归藏》，无不可者。今就《周易》之序而言之，则刚柔始交而尚屯，此其义也。又曰："有天地，然后万物生焉。盈天地之间者惟万物，故受之以屯。屯者，盈也。"此又其义也，无不可者。固执其一者，不足以与论夫易之道。孔子曰"五行四时十二月，还相为本也"，言其时时皆本也。"五声六律十二管，还相为宫也"，言其律律皆宫也。孟子习闻左右皆原之说，而赘曰"逢其原"，则求原于彼。以"逢"为言，犹未达孔子之旨，犹未达三《易》之旨也。屯者，《易》之屯也。乾坤不必专言小，乾坤不必专言先，屯蒙不必专言后，既济未济即乾坤也，分本与末者陋。学者为启愚昏，或推本而言，圣言之变化也。刚者乾阳也，柔者坤阴也，震者阴阳刚柔之始交，其象甚著也。坎为险，险为难。下震上坎，其始交而未通，有屯难焉，又震为动，动乎险中，犹屯塞而未通，六画之中，斯象著见，孔子于是发之于《彖》辞。呜呼！此易之道也，此《易》之屯也。昧者徒见其为屯难而已，不知其为易之道也，则何以读《屯》之卦？“元亨利贞”，与乾等也。心思之始，屯之元也。心思之始，非思也。子曰“天下何思何虑”，谓此也，不复谆谆于此，故不言也。妙哉屯元！以此处屯则屯通，非亨乎？以此处屯则无不利，非利乎？斯元斯亨斯利，有不贞乎？四言之可也，三言之曰“大亨贞”亦可也。元为始，为大，为善，为仁，通而言之曰“亨利贞”，皆可也。震雷、坎雨交动而满盈，大亨贞之时也。大亨非推本始之言也，夫言岂一端而已？乾坤已详言之，此则略焉。或者此心之偶昏，不能明照。屯时之未可遽往而攸焉，益屯之道也。圣人作《易》，为未明者作也，故戒之曰“勿用有攸往”，“建侯”是矣。夫事之所以不济、物情之所以不通者，未得其人以理之也。得贤人而建为侯，何事不济？何屯不亨？苟惟徒理其事，不任其贤，弃本从末，失其道矣。理屯如理丝，固自有其绪，“建侯”其理之绪也，不得其绪，徒扰益乱。“不宁”者，不遑康宁也。尧舜之世，君臣相戒，犹谆谆曰“克艰”、曰“儆戒”、曰“无怠无荒”、曰“兢兢业业”，而况于屯之时乎？此乃孔子发卦辞之所未言。其言“天造草昧”，似言天，继言“宜建侯而不宁”，似言人，合而言之，亦犹乾言“首出庶物，万国咸宁”、坤言“安正之吉，应地无疆”，皆所以明天人之一体、三才之一体。“草”言未齐，“昧”言未明。人情居屯，往往动心，堕于人为，其造于[①]天，则无思无为，而自通天下之故，此元亨利贞之道，此易之道。虽不宁，兢兢业业而不动乎意，如天地四时之变化，如日月之光照。

《象》曰：云雷屯，君子以经纶。

云方布于上，雷方作于下，故有屯滞之象。君子之济屯也有道焉，

① “于”，四明本作“如”。

经而纶之，舒徐而理之，不理之不可，急亦不可。曰“经纶”，正理屯之道也。是道也，即云雷之道，其有毫发未与云雷为一者，终未能尽经纶之妙也，终未尽乎易之道也。然则何以能与云雷为一？云雷、君子自是一体，三才一体。《大传》曰“范围天地”，《中庸》曰“圣人之道，发育万物”。人心无体，至善至神，至明至广大。其曰“范围天地”“发育万物”，非圣人独有之而众人无之也，圣人先觉我心之所同然耳。

初九，盘桓，利居贞，利建侯。《象》曰：虽“盘桓”，志行正也。以贵下贱，大得民也。

初九有盘桓不进之象。昧者盘桓，往往怠忽。初九阳明非昧者，故其志未尝不正，苟惟不正，取祸之道也，何以济屯？“居贞”者，言止可静而居正，未可动而行正。《象》曰“志行正”者，明持志可行正，而事未可行正也。事虽未可遽行，而亦利建侯焉，恐人谓一切不可行，故曰“利建侯”。卦爻辞重复者，于此不可已也。阳为贵，阴为贱。初九居群阴之下，有“以贵下贱”之象。以贵下贱，大得民心。屯之初，虽未可遽有所为，而建侯之外，又利于以贵下贱，孔子于是发文辞之所未言。

六二，**屯如邅如，乘马班如。匪寇婚媾。女子贞，不字，十年乃字。**《象》曰：**六二之难，乘刚也。“十年乃字”，反常也。**

诸爻皆屯，惟六二屯而屯者，乘初九之刚也。乘马班如而不进，不得行也。阴阳之物，往往多合。初、二相比，初有求二之想，而六二守正，视为初寇，不与寇为婚媾。虽九五之正应，屯塞未合，终不与寇而失正。如子女[1]终守贞节，不肯妄从人自育，虽十年之久，不变焉。然天下无终屯之理，数之极必变，屯之极必通，故曰“十年乃

---

① “子女”，四明本作“女子”。现文意，应以“女子”为是。

字”，言其终得九五正应合也。“反常”者，女子二十而嫁，常也，无更待十年之理。今也有难义，当反常虑，或者执二十之常礼，惑六二之贞心，故孔子明反常之义，以破后人之疑。圣人立言垂训，凡以解人心之惑尔。人心无惑，则易道自在人心。千变万化，无可言者。《易》书取象，初无定论。初九本爻自善，自六二观之则初有寇象。

六三，即鹿无虞，惟入于林中。君子几，不如舍，往吝。《象》曰："即鹿无虞"，以从禽也。君子舍之，往吝穷也。

大抵初与四为应，二与五为应，三与上为应。何为乎相应也？重卦故也。初八卦而已，卦三画而已，及其重之，则上卦之四即下卦之初也，上卦之五即下卦之二也，上卦之上即下卦之上也，惟类同故有应之象。然一阴一阳则相应，两阴不相应，两阳不相应。此六三与上六，两阴也，故无相应之象，而有“即鹿无虞”之象。古者山泽有虞，得虞人则可以即禽。今即鹿而无虞，则惟入于林中而已，不能获禽也。君子于此，不如舍之而不即。不舍而往，致吝之道也，不得鹿而已，未为凶也，故止于吝。无虞则心知其难矣，而漫往，有不改过之吝。《象》曰“以从禽”者，夫无虞而即鹿者，心在乎禽，为禽所蔽，虽无虞犹漫往，不省其不可也。动于利禄，不由道而漫往求者如之，君子则舍之，往则吝则穷也。将以求通，反得穷焉，所以破人心之惑也。三为阳，动又不中，有动必失道之象。毛义夫云：“谩从言，无去音，欺谩从水，汗谩谩然。”

六四，乘马班如，求婚媾，往吉，无不利。《象》曰：求而往，明也。

“乘马班如”，如班列然不行，屯之象也。曰“往”，言六四不可不决于此而先往焉。夫初九之求我为婚媾也，然后往则吉无不利矣。俟求而后往者，惟明者能之。人心之急于婚媾者，多不待求而先往，故孔子于此赞言求而往之为明，所以诱掖人之良心，使之自贵而无轻动也。以六居四皆阴，有至静不先动之象。

九五，屯其膏，小贞吉，大贞凶。《象》曰："屯其膏"，施未光也。

九五而屯，为"屯其膏"之象焉。膏泽欲其博大，不欲其屯啬。若其居位卑小者行之，如有司出纳之吝，则义当屯吝，故正故吉。若大人者行之，如人君之施泽而乃屯焉，虽其事出于正，犹为凶也。谓如今时颁赐军赏从厚，无功而厚赏，甚无谓也，若减削之，不为不正，然不可行也，行之必凶。若此类，是谓大者虽贞亦凶。大者之施，不可不光，不光不足以尽大者之道，故曰"施未光也"。夫天下事理，惟其称而已矣，当大而小与当小而大，皆非。

上六，乘马班如，泣血涟如。《象》曰："泣血涟如"，何可长也？

上六重阴不中，为屯之极，有阴暗失道之象，故至于泣血涟如。天下有不可处之事，《易》"穷则变，变则通"，自有道焉，岂可忧愁无聊赖如此其甚？颜子居陋巷而乐，孔子遭厄而弦歌不辍，亦终于脱难。如文王之囚于羑理[①]，文王亦岂无聊至于此极哉？虽不幸而至于死，痛裂惨极，亦气血之变化尔，亦何至于泣血涟如？彼昏者因物有迁，执物深固，故至此也。"何可长"者，言何可长如此也。非告语之所可及，惟深悯之，亦觊其变也，变则庶乎通矣。

䷃ 坎下艮上

蒙，亨。匪我求童蒙，童蒙求我。初筮告，再三渎，渎则不告。利贞。《象》曰：蒙，山下有险，险而止，蒙。蒙"亨"，以亨行，时中也。"匪我求童蒙，童蒙求我"，志应也。"初筮告"，以刚中也。"再

①"理"，四明本作"里"。

三渎，渎则不告”，渎蒙也。蒙以养正，圣功也。

艮为山为止，坎为险。此卦上艮下坎，是谓上[1]下有险。因险而止，不知所之，是谓“蒙”。孰知夫山非山，险非险？何阻之有？何蒙之有？所谓不蒙者，非能高举遐遁，不寄天地之间，离处事物之外也。明者知其无非道，蒙者见其无非物，无非蔽。物非蔽我，我自蔽物尔。孔子曰“无声之乐，日闻四方”，达于此则不蒙矣。又曰“天有四时，春秋冬夏，风雨霜露，无非教也”，达于此则不蒙矣。又曰“哀乐相生，正明目视之，不可得而见也，倾耳而听之，不可得而闻也”，夫哀乐必有声必有状，而孔子曰不可见不可闻，何也？达于此则不蒙矣。何必此？虽近之事亲事长、忠信孝弟、视听言动、起居饮食，达于此则不蒙矣。忠信孝弟，若至易晓也，起居饮食，若无可言者，而必曰达乎此则不蒙者，盖人之知此者寡矣。终年说是说非，说昼说夜，而其实不然者，往往所至而是。然则何以谓之不蒙？孔子曰：“二三子以我为隐乎？吾无隐乎尔。吾无行而不与二三子者，是丘也。”孔子如此明白以示矣，信此者谓之不蒙。而尚谓孔子不明告者，是之谓“蒙”。盖亨则行无不通，通是亨，不可以言论，不可以意推，不可加一毫，不可损一毫，无所倚、无所党，平平荡荡，不学而能，不虑而知，动容周旋，喜怒心思，变化云为，不可度思，是谓“时中”。无时而不中，中不可能。自神自明，自信自觉，不可以语人。非不可以与[2]人，言之不尽，语之莫知。明者深念蒙者之性，至善至灵至神，特不自觉自信，致此蔽塞，甚念启告之也。然亦不敢无故而强告之，必待蒙者求我而后告者，欲其志应也，志不相向，虽明告之不听。童有顺

① “上”，应为“山”。
② “与”，四明本作“语”。现上下文意，应以“语”为是。

听之象。筮者如卜筮然，竭精尽诚而听，而况于初乎？如此而求于我者，则当告之。盖以初筮之心，刚坚中诚，诚确无他，澄然不动，无偏无畔。是刚中之心，即道心也。特未明尔，易于启发，故当告。一告即发则善，告而不问，发之再三，其机已失，其意已乱，违道远矣，非刚中之心也，烦渎而已，故不当告。若又告之，是又告者反渎蒙者，益乱益昏，无济也。其曰"利贞"，何也？至哉圣言！所以启佑万世，何其妙也，盖曰蒙无所利，独利于贞。贞，正也。正者，夫人之所知，初不高远，初不幽深，事亲而已，事长而已，忠信与物而已，视听言动而已。人不自觉，虽习闻其说，习学其事，终未足以尽正之实者，非说之可解，非意之所习。不习不知，变化云为。不习不知之谓蒙，以不习不知养之，是谓作圣人功。蒙不言元，非不可以言元也，圣言偶不及之尔。蒙即元也，余卦皆通，通乎一也。

《象》曰：山下出泉，蒙。君子以果行育德。

蒙有昏蒙之义，有无思无虑养正之义，有蒙稚之义。上艮下坎，"出泉"之象，于是发蒙微，使达之。德性之所自有，不假复求，顺而达之，无不善者。有行实焉，则德性得所养矣。果者实之谓，是谓行得，是谓德行，行亏则亦能使德昏。德性无体，本无所动，本不磨灭，如夜光之珠，泥沙混之，失其明矣。如水然，不混浊之，则水性不失矣。顺本正之性而达，是谓"果行"，果所以育德。

初六，发蒙，利用刑人，用说桎梏，以往吝。《象》曰："利用刑人"，以正法也。

发蒙之初，即宜刑人以脱其桎梏。在足曰桎，在手曰梏。人之昏蒙，自囚自束，意状切类之，盖亦自无如之何矣。傥不于发蒙之始，痛扫除之，则厥后桎梏愈固，不复能改，故曰"以往吝"，有不改过之意。《象》曰“以正法也”者，以，用也，用正法以刑之也。有正法而后知人之不善而刑之。如我无正法，我犹未免于桎梏，安能脱人之桎梏？天下之以桎梏为美而好之者，多矣。使皆知桎梏之为桎梏，则亦岂肯自囚自束？则举天下皆不蒙矣，皆聪明睿智矣。惟其不知故蒙，故误认非为是，误认恶为美，自处桎梏之中。惟明者深知人之性本善本明，因何以蔽，因何而蒙，蔽在某处，病在某处。因其蔽处病所而刑之，则桎梏可脱，是谓以正法刑人，每叹以邪法刑人、益人之桎梏者多矣。为人上者，以不正之法刑人而欲人之正；为人师者，以不正之法教人而欲人之明。是谓“以其昏昏，使人昭昭”。盖有人心自正而反阻之遏之，人心不正而反进之导之。自三代衰，正法不行，以蒙治蒙，以乱治乱，往往而是。所赖人有常性，终不磨灭也。

九二，包蒙吉，纳妇吉，子克家。《象》曰：“子克家”，刚柔接也。

九二阳明，六五阴蒙。以下发上，体为不顺。而九二居下卦之中。中，道也。有得道之象焉，则能包蒙者也。包藏其用，不露其迹，如孟子之事君，顺而启之，如此者吉。若直攻君之蒙，后世称忠，古道无取。“纳妇”者，所以详明包蒙、顺协之意，如纳妇焉则吉。妇蒙子明，故子克家。父子分，虽严而不为甚严，又情亲，故子可以克家。《象》曰“刚柔接”者，言乎必情亲至协则可，不然则亦难也。凡下明上蒙者，必其情如父子之亲，亦皆有信其父子之诚而后可。

六三，勿用取女。见金夫，不有躬，无攸利。《象》曰：“勿用取女”，行不顺也。

金夫，九二之象。女，六三之象。以六居三，三为阳，动又不中，不中为失道之象。三与二非正应，而坎水就下，故有“见金夫，不有躬”之象。以阴求阳，以昏求明，其心虽求亲于我，而失其道焉，我不可受。夫天下惟有此道而已矣，得则吉，失则凶，得则利，失则害。彼以蒙求，则其事虽善，而其间有以非道而来，君子犹不可受，故不曰以蒙求，而取以女求夫、不有躬之义，盖谓以蒙求明则正，以女求夫则不正。孟子不答滕更，其求不以其道也。《象》曰“行不顺也”，凡以罪其不顺而已。

六四，困蒙，吝。《象》曰：“困蒙”之吝，独远实也。

六阴，四又阴，蒙暗之甚，自以为是，不应乎阳明，故为“困蒙”为“吝”。夫蒙暗者之自安于蒙，不以蒙为美也，惟以蔽焉。安于所好，溺于所嗜，自以所[①]好嗜者为实，不知其不实也。何谓实？惟道为实，万物皆变，惟道不变。祸福毁誉靡定，然则惟道为实，明者得道。四远乎二，远乎实也。圣人悯之故云。诸阴皆应阳，独四不应，故曰“独”。

六五，童蒙，吉。《象》曰：“童蒙”之吉，顺以巽也。

六五虽阴而未明，而能应九二阳明之至，柔顺而听，如童然，故吉。

上九，击蒙。不利为寇，利御寇。《象》曰：利用御寇，上下顺也。

昏蒙之甚，至于此极，则惟有击而已矣。夫不得已而至于击，则岂动于私意而治之大过哉？击者，击其蒙而已矣。彼为蒙为寇，悖道大甚，则治之亦不得不甚。然治之虽甚，不过御其为寇者而已，去其悖道之心而已。苟因其击蒙，因其御寇而击之，又至于大甚，而我反失乎道，是击之者又为寇也，故戒之曰“不利为寇，利御寇”。自其昏蒙之极、悖道之甚，我不得已，以道击之，则不过私，上下当靡然顺服，不惟舆论咸顺，而蒙者当亦顺听而心服。夫由道而行，其效如此。

① “所”，四明本作“为”。

《杨氏易传》卷四

宋 杨简 撰

䷄ 乾下坎上

需，有孚，光亨，贞吉。利涉大川。《彖》曰：需，须也。险在前也，刚健而不陷，其义不困穷矣。需，“有孚，光亨，贞吉”，位乎天位，以正中也。“利涉大川”，往有功也。

坎险在前，健刚而能需待，不陷乎涂中，其义不困穷矣。刚健者多不能需而遽往，则陷乎险。刚健而能需者，得乎道故也。曰“有孚光亨贞吉”者，其象著乎九五之一爻。五为天位，又正中也。孔子曰：“天之所助者顺也，人之所助者信也。”人非不助顺，大抵人情以诚信为切，需待乎彼，正与人情交，故首言“有孚”。我有需待乎彼，而彼孚信乎我，则得所需矣，则亨矣。其亨也光，如日月之光，无思无为，自无所不照。人情于需待，于得所需，能不动心，今如光焉，寂然不动，如是而亨，是为“光亨”，圣人善于明道如此。需而孚，光亨而不失其正，故吉，亦有人情相孚，其亨通如光之无所思为，而或不出乎正者，亦未为全吉。需而有孚光亨，必得位乃孚乃亨。乾，天也。下卦乾而有天象。人咸谓位者，人之位，不知其为天位也。知其皆天道而非人，则无思无为而光亨矣。曰“正”，曰“中”，曰“孚”，曰“光亨”，皆所以共明斯道，非有异义也，一也。“利涉大川”，言有孚、光亨、正吉，则虽大险可济矣，往必有功也。此承上文，非利涉大川别有义也。需者《易》之需也，险者《易》之险也，刚健而不陷，《易》之刚健不陷也，有孚、光亨、贞吉而利涉，又《易》之有孚、光亨、贞吉、利涉也。曰屯，曰蒙，曰需，苟曰此人事物情而已，非易道之至也，则不足以读《易》。

《象》曰：云上于天，需。君子以饮食宴乐。

云者，坎水之升。云上于天而未雨，有需待之象焉。君子所以饮食宴乐者，宴非自饮食也，与众人共之也。人情之所需者，饮食为急，朝夕之所需，未及此，故《大象》发之。夫饮食之微，何圣人作《易》而取此？呜呼大哉！易道何所不在？何所不通？何精何粗？何大何小？学者其无谓饮食至微，非易之道。达之者，群羞盛味，献酬厌饫，如天地之变化，如四时之错行，不可度思，矧可射思。

初九，需于郊，利用恒，无咎。《象》曰："需于郊"，不犯难行也。"利用恒，无咎"，未失常也。

初九远于险矣。"郊"者，远之为言也。"需于郊"，不犯险难而行矣。能恒久于此则无咎，恒久于此，或疑久固，恐失常道，故圣人未失常也。人情喜动而恶静，能暂不能久，此皆放逸之常态。易道不在远，在乎人心不放逸而已矣。

九二，需于沙，小有言，终吉。《象》曰："需于沙"，衍在中也。虽"小有言"，以吉终也。

九二稍近于险矣，故曰"于沙"。言九二居中，有得其道之象，故亦未尝进而需焉。偶其所处稍近险，非好进而近险也，故虽"小有言"而"终吉"。"衍在中"者，言九二胸中，宽衍平夷。初不以进动其心，亦不以小言动其心，夫如是终吉，终吉[1]以九二得其道故也。

九三，需于泥，致寇至。《象》曰："需于泥"，灾在外也。自我"致寇"，敬慎不败也。

坎险在前故需，诸爻以远险为善。初于郊"无咎"，二于沙"小有言"，三于泥则迫险矣，故曰"致寇至"。虽然，三犹未入险中，灾犹在外。"自我致寇"则寇至，我不致之则寇亦不至，故曰"敬慎不败也"。甚矣夫人心之神也，虽处迫险之地，致寇则寇至，不致寇则寇不至。诗曰"自东自西，自南自北，无思不服"，服其心也。心为善则祥至，为不善则殃至。慢藏则盗至，冶容则淫至。谚云"祸不入慎者之门"，正谓此。

六四，需于血，出自穴。《象》曰："需于血"，顺以听也。

人皆欲进，三阳自下而进，而六四以一阴当其前，其伤必矣。血，阴物，伤象。六四入险而伤，然不言吉凶，何也？能需而退听，出自穴故也。《易》之为道，无所不通，虽如四之入险而伤，其处之亦有道。六与四皆柔，故有顺听之象。

九五，需于酒食，贞吉。《象》曰："酒食贞吉"，以中正也。

酒食，自养之象也。爻辞多取象。《大象》"君子以饮食宴乐"，则直言其事，非取象。九五，君象。人君之治天下，不在求之他求之外，惟求诸已而已矣。自养，求诸己也。贞，正也。自养正德以需之，庶政咸熙矣。中正，道之异名也，即正德也，《象》曰"以正中"，一也。学者或巧致其辨而通乎道，内明心通之士无取焉。

上六，入于穴，有不速之客三人来，敬之，终吉。《象》曰：不速

① 四明本无"终吉"二字。

之客来，“敬之终吉”，虽不当位，未大失[1]也。

大抵天下之事，理极则变。需之极则得所需之变，故不曰需而曰“入于穴”。六阴，穴有小之象。三阳需于下，势终必进，故有“不速之客三人来”之象。阳，君子之象。上六入于穴，已得所去，而三阳又至，非上六之所欲也，犹不召而客自至。速，犹召也，《礼》或作“宿”，谓于一宿之前致请也，或作“肃”，谓起敬以延之使入也，此作“速”，谓导之使速入也，音同义亦略同。圣人于此知小人之势已安不可去，因以教小人，使其敬君子，则小人亦终吉。如恃其势之已安，不敬君子，则小人悖道大甚，必有凶矣。小人位当居下，今居上，德不当位，若能敬君子，亦未为大失也。然筮者事情无穷，亦不可执一论。六十四卦、三百八十四爻，皆不可执一论。又曰“穴”者所安也，泛言事情，不必专指君子、小人。我已得所安而有不速之客至，不速自至，虽不当宾客之位，未大失也，敬之终吉。若责其小过，或致忿争之祸。爝火不息，或至燎原。或实有客，或比象生义，皆不可执一论。

䷅坎下乾上

讼，有孚，窒惕。中吉，终凶。利见大人。不利涉大川。《彖》曰：讼，上刚下险，险而健，讼。讼，“有孚，窒惕，中吉”，刚来而得中也。“终凶”，讼不可成也。“利见大人”，尚中正也。“不利涉大川”，入于渊也。

讼之为卦，上乾刚，下坎险。在上者其势自可以行，故用刚，而下则无势之可行，不得以用夫刚，故用险。讼之本乾，亦为健。险而不健，未必成讼。既险又健，讼于是成。夫人惟自信其直而人不信之

① “大失”，四明本作“失大”。

也，而有窒焉，故或可讼。如以诈而已矣，则安可讼也？讼非善者，惟惕惟惧，勿过而中则吉。《彖》曰刚实而来险中，刚实，孚信也。二阴揜其外，窒也。居下卦之中，得中也。讼而能中，必惕必惧。“终凶”者，讼不可终成也。讼非君子之事，有变通不得已而讼，勿终焉可也。得已而不已，终凶之道也。“利见大人，尚中正也”，中正，讼者之所求也，不遇大人，则中正者祸，险诈者胜，乱之道也。履正道而后可济险难也，不以正道而欲以讼济之，愈险愈陷之道也。“入于渊”，言其入险愈深，不可出也。

《象》曰：**天与水违行，讼。君子以作事谋始。**

天行乎上，水流乎下，其行相违，讼之象也。君子深念夫讼之不韪也，作事谋谨其始焉。兴讼之端，其始甚微，始之不谋，轻愠遽怒，施报滋甚，故成于讼。于其始谋之，微也已之，则不难矣。

初六，不永所事，小有言，终吉。《象》曰：**“不永所事”，讼不可长也。虽“小有言”，其辩明也。**

讼之初不深也，有“不永所事”之象。讼之初未深，小有言而已。既不永其事，故终吉。能不永所事，终足致吉，虽小有言，其是非之辨已明，人皆知之，不必与竞也。人之所以讼者，为其己直而见屈于彼也。今曰是非之辨自明，则可以不讼矣。圣人善解人心之蔽如此。

九二，不克讼，归而逋，其邑人三百户，无眚。《象》曰：**“不克讼”，归逋窜也。自下讼上，患至掇也。**

爻发九二之善义，《象》发九二之不善义，唯圣人之所发明。二五皆刚，其所以不克讼者，自下讼上，大不顺也，势不能也，故归而逋窜。致患如掇取，言其至易也。归逋之邑，惟三百之邑，小矣，故可免眚。如其邑大，则彼将不释。古皆国邑，非如后世郡县。二为阴退，有“归”之象。

六三，食旧德，贞厉，终吉。或从王事，无成。《象》曰：“食旧德”，从上吉也。

三应于上，以柔从刚，非讼者也，故不讼。讼之时，君臣之际，尤宜慎谨。“食旧德”，旧禄也，度德受禄，故曰“旧德”，言食则知为禄。退食旧禄，不敢进也。此在他时则非正，在讼时则正，故曰“贞”。何为乎不去？已在中势未可去，亦在其义尚可留也。然居讼之时终为厉，六三处之有道，故终吉。亦非无所为也，“或从王事”，不敢专成。若夫《临》九三[①]未顺君命，则亦可以专成。易之道惟其时而已矣，无定论也，《讼》之六三，以从为吉。易之为道，岂执方之士所能学哉！

九四，不克讼，复即命，渝安贞，吉。《象》曰：“复即命，渝安贞”，不失也。

九四与初六应，虽在讼时，无终讼之象。九刚四柔，有始讼终退之象。人惟不安于命，故欲以人力争讼，今不讼而即于命，变而安于贞，吉之道也。渝，变也。始讼，始不即命不安正，虽为失道，今不克讼，复即命，变而安贞，则今不失也。道不远人，人以私意行之，故失，去其私意，则道在我矣，何远之有？何难之有？

九五，讼，元吉。《象》曰：“讼元吉”，以中正也。

讼诚不美，然天下之事变，不可得而必，如舜之诛四凶，禹之征有苗，汤、武之征伐，周公之诛管、蔡，孔子之诛少正卯，皆讼之元吉。圣人行之，无非道者。元即乾元、坤元之道也，其为吉大矣。《象》曰“以中正也”，中正，道之异名。或曰五为听讼之大人，既安

①考《临》卦九二爻《象》辞，“九三”应为“九二”。

增“听”字。又卦《象》已发其义矣，乃赘乎？

上九，或锡之鞶带，终朝三褫之。《象》曰：以讼受服，亦不足敬也。

六三以柔应之，有锡鞶带之象。讼不可终，上九过中失道，终讼而胜，获鞶带之锡焉。人心不服也，故终朝三褫。圣人虑讼胜者以受助其私意，故言三褫，着人心之不服，又曰“以讼受服，亦不足敬”，皆所以遏人欲，明正道也。

䷆坎下坤上

师，贞，丈人吉，无咎。《象》曰：师，众也。贞，正也。能以众正，可以王矣。刚中而应，行险而顺，以此毒天下，而民从之，吉又何咎矣。

“师，众也。贞，正也”，用众之道，正而已矣。正者，易之道。天地之道，日月四时之道，鬼神之道，人之道，其名不同，其实则一。于《师卦》曰“贞”，贞则人心服，失此则人心离以困也。能用众而皆正，可以王矣。天下皆归之，何者？天下无二道故也。正道，丈人之道也。丈人，尊者之称，天下之所尊敬之人也。《诗》云“自西自东，自南自北，无思不服”，服其正也，合乎天下之所同然者故也。不得天下之所同然者，何以用其众？何以致吉与无咎？吉则成功，无咎则人不怨咎。虽成功而有怨咎者，周衰秦汉而下往往而是。《象》详言丈人之道，曰“刚中而应”，发九二之象也，“行险而顺”，发上下二卦之象也。刚则物莫能动，中则[①]无偏无党，刚中二言，皆所以明此道，非有二物也。此道合乎人心，故人咸应之。用师征伐，非平夷之事，故曰

①“则”，四明本作“德”。

"行险"，非奸险之险也。"行险而顺"，行乎险中而得其道故也。行险而顺之道，即刚中而应之道也，发明之言不同，而道无不同，以此毒天下而民咸从之矣，吉矣，无咎矣。丈人强力而兼行乎此，丈人行人心之所同然而无不应也，是以谓大易之道。

《象》曰：地中有水，师。君子以容民畜众。

水行地中，有以容之则聚。凿一井则水聚一井，凿十井则水聚十井，一井不凿焉，则一井之水亦不聚，此无他，无以容之，无由而聚也，是以君子容民畜众。师，众也。不特行师，其临民亦然，民亦众也，岂有居上不宽，量不容众，而人心悦而服之者乎？此又易之道也。卦《彖》未发此义，于《大象》发之。

初六，师出以律，否臧凶。《象》曰："师出以律"，失律凶也。

行师之道，用律为急，臧，善也，苟不善于用则凶，此古今行师之定论，断不可易。以是知圣人聪明睿智，无所不通，至于兵法，亦深识其要。自古善用兵者，惟得此不败，不得此，虽善用兵，亦有时乎败。如李广，如薛万彻，非不善用兵，以其失律，故终于败。《书》云"不愆于四伐、五伐、六伐、七伐，乃止齐焉"，所以用律也，兵家常谈，惟整者胜，此断断不易之论，此易之道也。庄子曰"顺为臧，逆为否"，盖谓逆则不臧矣。否臧，不臧也。用律而不善，与无律同。

九二，在师中，吉，无咎，王三锡命。《象》曰："在师中吉"，承天宠也。"王三锡命"，怀万邦也。

一阳五阴，则五阴归一阳，一阳为主，《师》《比》是也。一阴五阳，则五阳归一阴，一阴为主，《同人》《大有》是也。大抵阴与阳其情相得，《革》之"二女同居"而"不相得"者，皆阴故也。今五阴尽应九二之一阳，则九二为主。九二，臣也，而人心咸归之，殊非人臣之所宜，惟在《师》之中为将帅则吉。群阴咸应者，士咸应也，何不可之有？“王三锡命”，所以推诚尽礼于将臣也。君心不笃，将亦难于受命，奸谮一行，首领不保，何以成功？《象》曰“在师中吉，承天宠”者，言行师不出于私，出于公，有大恶乱伦虐民，众心共怒，是谓[①]天命殛之，是谓“承天宠”，此明众咸应之道也。《象》辞亦有补爻辞之所未言者，此之谓也。“王三锡命，怀万邦也”者，此亦补爻辞之所未言。王者之所以三锡命于将臣者，志不在杀也，所以怀受万邦也。彼恶大焉，或乱伦焉，或虐民焉，屡谕莫从，故命将征之。征者，正其不正。锄剗乱弱，所以安众也，故曰“怀万邦也”。虑或者不明“三锡”之义，疑其志于杀也，故特明之。

六三，师或舆尸，凶。《象》曰："师或舆尸"，大无功也。

舆，众也。尸，主也。行师之法，权归一将。使众主之，凶之道也。《象》曰“大无功也”，甚言其不可。众所不一，必无成功。九二既作帅，六三居二之上，有权不归一之象。

六四，师左次，无咎。《象》曰："左次无咎"，未失常也。

六阴，四又所处偏，有“左次”之象。无知者以前进为快、为荣，以左次为耻、为辱。知者不然，惟其宜而已矣。杀人非君子之心，则左次固其所安也，未为失常道也。齐桓伐楚而次于陉，《春秋》之所与也。

六五，田有禽，利执言，无咎。长子帅师，弟子舆尸，贞凶。《象》曰：长子帅师，以中行也。"弟子舆尸"，使不当也。

田所以养人也，而有禽焉害稼，则义当去其害稼之禽。“执言”，执其害稼之罪以为言，声罪而征之，使天下之不正者咸惧。若无辞可

① “谓”，四明本作“为”。

执，徒以私意欲征之，则不惟敌国怨咎，举天下皆怨咎之矣。义理所在，人心之所同也。“长子帅师”，非独指长子，凡任而为帅者，即长子之谓也。行师事权，必出于一而后可济，若使弟子众主之，虽所任弟子贤亦不可，故曰“贞凶”，言虽正亦凶。此义六三已发之，而又言于此，行师大利害，自古通患，故特重复言之。《象》又曰“长子帅师，以中行也”，中者，道之异名，言权统于帅，乃由中正之道而行也。“弟子舆尸”，是人不当也，非《易》之道也。

上六，大君有命，开国承家，小人勿用。《象》曰：“大君有命”，以正功也。“小人勿用”，必乱邦也。

师之终功成，“大君有命”，所以赏功也。“正功”，言赏必当功，不可差失也。“开国”，封之为诸侯，“承家”，以为卿大夫也。开国承家之始，其初不可用小人也。于此始言“勿用”者，因此赏功原其始也。用小人为将帅，幸而成功，则难于不赏，使之开国承家，则害及民，必乱邦也，岂圣人君国子民之大道。去一害民者，又用一害民者，以乱易乱，必不可。后世杂霸之说兴，逆取顺守之说兴，有曰用得其道则天下徂诈咸作使，此非君子之言也。用一诈者，天下之诈心咸兴；用一小人，天下小人心咸肆。“行一不义、杀一不辜而得天下”，君子断不为也。用师而用诈，取胜于目前，贻祸于后日，其应如向。自有正兵之法可用，诸葛亮以正兵，李靖以正兵，二子之善用兵，诸将无及。后世之为将者，胡不用此而独以诈欤？二子之用正不用诈，君子之所与也，易之道也。

《杨氏易传》卷五

宋 杨简 撰

䷇坤下坎上

比，吉。原筮，元永贞，无咎。不宁方来，后夫凶。《彖》曰：比，吉也；比，辅也，下顺从也。“原筮，元永贞，无咎”，以刚中也。“不宁方来”，上下应也。“后夫凶”，其道穷也。

比即吉，何以知比之即吉也？比，辅也，人相比辅，何为乎不吉？下情顺从，何为乎不吉？比道常谨其初。原，初也。筮者精诚而求之，其初竭诚而求元善永正之主而比之，则他日必无怨咎。不正而求，不可亲也，未有不正而祸不及之者。“元永贞”之德，刚中之德也。刚足以立，物莫之迁，中无所偏，静正不动，非元善乎？元，大也，非大乎？中正如此，非贞乎？夫惟以人欲为正，故莫能永兹正也，非作于人欲，静正无我，物莫迁动，有不永乎？有元永正之德，则不宁者皆以方来。自东自西，自南自北，无不咸来，其独后而不服者凶矣，神之所共恶。彼有道而我不服之，是违道也。众咸服乎彼而我独不服，是违众也。违众反道，是谓之“道穷”。

《象》曰：**地上有水，比。先王以建万国，亲诸侯。**

水由地中行，则各得其所，水在地上，则散漫无统。先王虽圣智，不能以一人兼治四海之民，故必属而理之，万国于是乎建，是王者亲比诸侯，侯各亲比其民，民各附其所统属矣。后世之郡县，亦古之万国，惟不择贤久任，故治苟且，民失其安，风俗益坏，藩篱不固。遵易道而行，无一夫不被尧舜之泽矣。自古先已建万国，故称“先王”。

初六，有孚比之，无咎。有孚盈缶，终来有他，吉。《象》曰：比之初六，有他吉也。

天下万事，惟初心为正，相比之道亦然，人心未始不正，人心未始不忠信，则此忠信之心，未始不明，贞其初发，自然忠信。忠信谓之有孚，即此初心，孚信而比之，自无不明，必无咎。苟不自其初心，转而迁之，委曲不直，则不忠不信，以此比人，安能免咎？恕尤信矣。“有孚比之，无咎”，此言其大略也。有能即此初心之孚，纯一无间，无少亏阙，如盈缶然，则不止于无咎而已。“终来有他，吉”，虽不可预定其为何吉，而其必致吉也昭昭矣，即初可以占终，即本可以知末。道在迩，即此未起意。象之初，正而无失，虽圣人之道，无能外此，其吉可胜言哉？《象》曰“比之初六，有他吉也”，惟初有之，失其初则否。

六二，比之自内，贞吉。《象》曰：“比之自内”，不自失也。

人情多比近而违远。近未必正，不可以其近而加亲。正虽在远，不可以其远而不亲。孔子曰：“爱众而亲仁。”所亲比者，不可不于正。六比近皆阴邪，不可与比，二居中，中正之人也。中正之人，不与阴邪合，近舍阴邪，内心自上，亲于九五，自比于贞正，故吉。人心自明，逐外则昏。乾曰“自强”，谦曰“自牧”，复曰“自知”，颐曰“自养”，晋曰“自昭明德”，比曰“不自失”，皆所以明人心之自灵自明也。二居内卦之中，故有内象。上卦亦曰外卦，下卦亦曰内卦。

六三，比之匪人。《象》曰：“比之匪人”，不亦伤乎。

六三所比，上下皆阴，阴为小人，阳为君子，故有“比之匪人”之象。《象》曰“比之匪人，不亦伤乎”，岂有亲比非其人而不及于祸者乎？亲正人必吉，亲匪人必凶，此万古不易之道。《象》辞要其终而言之，知其必伤也。

六四，外比之，贞吉。《象》曰：外比于贤，以从上也。

四与初同类，今不应乎初，而外比乎九五之贤，贞也，故吉。夫天下之道，惟其正而已矣。由乎正者吉，失乎正者凶。舍其私党，从乎公正，易之道也。上，明其惟九五也，五居四上。

九五，显比，王用三驱，失前禽。邑人不诫，吉。《象》曰：显比之吉，位正中也。[①]舍逆取顺，“失前禽”也。“邑人不诫”，上使中也。

人群处于天地之间，势不容不相比。彼此之相比，上下之相比，皆为有道焉。九五为比主，显著相比之道。如何而显之也？君臣也，父子也，长幼也，夫妇也，朋友之交也，此其大伦也。而其显比之道，不可胜穷，不可胜言，一言以蔽之，曰中正而已矣。凡中正之道，皆相比之道也。有一不于中正，人心即离，即失其心。而九五又得尊位以行之，此其所以能显比也。王用三面驱禽，阙其一面。顺我者取之，逆我者舍之。前禽虽失，不强取也。止于三驱，不敢强人之必我从也。中正之道，固人心之所同。其有奸宄颇僻不比于我，亦不强，亦中正之道也。禹征有苗，因[②]伯益至諴感神之言而遽班师，失前禽也，卒之七旬有苗格者，中正之道，自足以感之也。致邑人初不待谆谆诫谕而自化于中正之道者，上之人行中正之道，自能使邑人中正也。中即正，上已言中正，此省文也。中与正皆道之异名，言中亦可，言正亦可，

① “正中”，四明本作“中正”。
② “因”，四明本作“闻”。

并言中正亦可，随宜而言。

上六，比之无首，凶。《象》曰："比之无首"，无所终也。

由初而比之，其比也诚。比不于其初，及终而始求比，不忠不信，人所不与，凶之道也。首，初也。有始则有终，无始何以能终？故曰"无所终也"。卦已言"后夫凶"，《象》又明之，此又言之者，比之无首，实人道之大祸。占筮观六爻之变，故上六复发此义。

☴乾下巽上

小畜，亨。密云不雨，自我西郊。《彖》曰：小畜，柔得位而上下应之，曰小畜。健而巽，刚中而志行，乃"亨"。"密云不雨"，尚往也。"自我西郊"，施未行也。

畜有包畜之义。昔者齐景公问于晏子，晏子正言而忠告之，至巽顺也，景公大悦，召大师作君臣相悦之乐，其诗曰"畜君何尤"，则知畜有包畜之义尔，经传亦多此义。《易》有《大畜》《小畜》。阳为大，阴为小。今《小畜》之卦，六四以柔得近君之位，而上下诸阳皆应之，是以小畜大，以臣畜君，故曰"小畜"。《小畜》之卦，有亨之道焉。何以知其能亨也？下乾上巽，有"健而巽"之象。二五皆刚中，四得位而上下皆应，故志行，故有刚中志行之象。惟健巽刚中而又志行，故能亨也。不健则不能有为，不巽则犯难以行，刚以明其有实德，实德至刚而未尝动，中亦明其实德，实德无偏无倚。曰"健"、曰"巽"、曰"刚"、曰"中"，皆道德之殊名，非果有四者之殊体也，犹曰白、曰莹、曰温润，皆言一玉；曰黄、曰坚、曰声，皆言一金。合健巽刚中之四言，而小畜之道始明，而后小可以畜大，臣可以畜君，而又必得位而志行而后能亨。古者固有虽备圣人之德而不得位，虽得位而君臣之间未深相知，则志亦难行。如伊尹之于太甲，其始不可谓之亨，及太甲翻然而悟，诚然改过，则伊尹之志于是方行，故为亨。天未大雷电以风成，王未执书以泣，则周公之志终不可谓之行，终不可谓小畜之亨。夫阴阳之气相包畜，絪縕和畅而为雨。今“密云不雨”，是畜犹未通。曰“尚往也”者。往，犹去也，犹过去也，言其未通也。密云不雨而徒自在乎西郊。西，阴方，臣之象也。阴阳未通和，未雨，则泽未施于下。

《象》曰：风行天上，小畜。君子以懿文德。

天可谓尊高矣，而风行其上者，风无形而至柔也。刚为大，柔为小。天下之以小畜大者，惟以柔德。文为柔德，武为刚德，懿者尤其尽善尽美之称。柔胜刚，弱胜强，而况于用柔德而又尽善尽美乎？此易道之见于《小畜》者然也。

初九，复自道，何其咎，吉。《象》曰：“复自道”，其义吉也。

人之本心即道，故曰“道心”。孔子曰：“心之精神是谓圣。”孟子曰：“仁，人心也。”某年三十有二而省此心之即道，至此爻益验。大人以道事君，于其初也而复之，是于思虑未作之初而安也。禹曰“安汝止”。人之本心，自神自明，自不动，自即道，故曰“复自道”。此虽有复之名，初无复之实，是谓不复之复。《复》卦谓之“敦复”，不动之复也。如此则何咎之有？又有吉焉，象吉矣，何患吉之不至？此甚言此义之善。

九二，牵复，吉。《象》曰：“牵复”在中，亦不自失也。

不能复君于初，至于过失已形，牵而复之，不可谓自道矣。牵有难复之象，然已复矣，亦吉。《象》“牵复在中，亦不自失也”，不独君臣，凡小畜大同。

九三，舆说辐，夫妻反目。《象》曰："夫妻反目"，不能正室也。

大畜九二"舆说辐"者，特不行耳，未害也，此说辐则车坏矣。复之不于其初，次又不能牵复，至于过失益深而力谏，上不能堪，为乖为离。是夫妻反目，不复能正室矣。

六四，有孚，血去惕出，无咎。《象》曰：有孚惕出，上合志也。

六四至柔，又巽体，畜君而柔巽，故君臣相信而和，无伤无惕无咎。阴阳自有相得之象，六四九五，志合心同，六四畜之得其道也。夫人臣进言于君，所以至于乖忤者，往往由臣未能无私，或好名好己胜，不与上合志，故乖忤也。《书》云："尔有嘉谋嘉猷，则入告尔后于内，尔乃顺之于外，曰斯谋斯猷，惟我后之德。"臣畜君如此，何乖忤之有？《象》曰"上合志也"者，旨哉言乎！

九五，有孚挛如，富以其邻。《象》曰："有孚挛如"，不独富也。

此爻九五，乃人臣居大臣之位，知六四之贤，与之同心协力以畜其君者，故曰"有孚挛如"。大臣居权势，靡好爵，与四共天位，食天禄，以事其上，是犹富而能用其邻者，以能推财于邻，"不独富"也。

上九，既雨既处，尚德载，妇贞厉。月几望，君子征凶。《象》曰："既雨既处"，德积载也。"君子征凶"，有所疑也。

上九居卦之终，有畜而终通之象。通则和而成雨，既通既和，则当止处，不可更进，惟尚以德承载其上。臣有畜君之道，妇无[①]畜夫之礼。以妇畜夫，虽正亦厉。牝鸡之晨，终焉家索，终不顺，恐生别祸，故曰"厉"。以小畜大，至于上九，如"月几望"，阴气之盛，复加则凶，虽以君子而征亦凶。征者，往也。《象》曰"德积载"者，明畜通之后，虽不可复至其畜，尚以德承载其上，而德载不可以少怠，平居

①"无"，四明本作"有"。

事至，是人臣以道事君，复君于道之时，当积累致德，不可已也。人臣惟平居不能以道事君，故至于“牵复”“说辐”“反目”也。又曰“君子征凶，有所疑也”者，既畜而通矣，而又往致其畜，则犯矣，非其道也。“有所疑”，疑其不顺也。坤上六曰“阴疑于阳”，亦此疑也，凶道也。

☰兑下乾上

履虎尾，不咥人，亨。《彖》曰：履，柔履刚也。说而应乎乾，是以“履虎尾，不咥人，亨。”刚中正，履帝位而不疚，光明也。

履之为言行也。人行乎世，得其道则无往不利，失其道则无往而利。得其道，则“履虎尾，不咥人”也；不得其道，虽履平地，犹伤其足。履之道，何道也？柔而已。世之言柔者多矣，而能柔者寡。何为乎寡也？有己私焉，立我于中，不能柔也。虽知柔为善而行之，及物触之己私突发，柔变而为刚矣。夫天下之难制者唯刚，而柔履之，惟得道者为能柔也。以一卦观之，则六三以一阴柔而五阳咸应，柔履刚之象也。以上下卦观之，兑说而应上之乾刚，“履虎尾，不咥人”象也。和说亦柔道也，履乾刚而不见咥伤，亦可谓妙矣，可谓亨矣，乃一本乎和柔。柔胜刚，弱胜强，天下莫柔弱于水，而反坚强者莫之能先；又莫柔乎风，风无形而发大屋、折大木，柔之卒胜其刚如此。熟观天下万事，惟柔为胜。若夫用刚，则必中而无所偏倚，必正而不入于邪。又履帝位君体则为宜，斯能无疚病，惟光明者乃能之。光明者内心光明，是为道心，是为聪明睿智。然则用刚之难如此，虽然，夫道一而已矣。道心无体，本无刚柔。即此本有无体之心而行之，而旁观者自曰柔曰刚，是谓“不识不知，顺帝之则”；无体无方，神不可测。刚柔异名，其道则一。得其一者，自无不宜，如日月之光，无所思为而万物毕照。道心光明，不动乎意，知柔知刚。舜光天之下，文王耿光于上下，《易》曰“光大”、曰“明”、曰“辉光”、曰“君子之光”，《诗》曰“昭明有融”，皆所以发明大道。此惟道心内明者自觉自信，未觉者必疑，通者自知。

《象》曰：上天下泽，履。君子以辩上下、定民志。

人之行皆欲前进，其能静退者有几？圣人于是发上天下泽之象，发辨上下、定民志之道。上下有章，贵贱有等，天秩之序也。致其辨焉，使上者安于上，下者安于下，则民志定矣。彼老氏谓礼为“忠信之薄，乱之首”，则安能治天下国家？老氏窥本见根，不睹枝叶，不见宗庙之美、百官之富。习乎道家之学，未学乎《易》者也。孔子大圣，犹曰“五十而后学《易》，可以无大过”，易道之未易遽学如此。盖天下之变化无穷，情伪万状，而欲动中机会，变化云为，无非典礼，诚非一于清虚净寂者之所能尽识也。楼尚书曰：“地在下矣，泽又下于地，故天下之最下者莫如泽。”

初九，素履，往无咎。《象》曰：“素履”之往，独行愿也。

素履，贫贱之所履也。以素履往，由贫贱而行，不愿乎其外，故曰“独行愿也”，此得乎易之道也。人心即大易之道，自神自明，私欲蔽之，始昏始乱。“独行愿”者，自行其心也。孔子曰“心之精神是谓圣”，深明此心之即道也。明此心者自寂然，自变化，自无外慕。素有质义、有本义。人无生而贵者，则其本初固在下也，固未有华饰也。

九二，履道坦坦，幽人贞吉。《象》曰：“幽人贞吉”，中不自乱也。

九二居中为道，于是乎明履道。人行乎世，道甚坦坦，无疑无阻，而人自乱者，因物有迁，作好作恶，自昏自乱。胸中扰扰矣，岂能幽哉？“幽人贞吉”，幽人之心无以异于扰扰者之心。心自无体，自清明，自寂然不动，视听言动心思，皆其变化。彼昏者自不明，自扰扰，自为缪乱尔。幽人不昏，故中不自乱。不自乱由己，非外取其道也。其曰“贞”者，正也。正者，道之异名，又足以明非“小人无忌惮”之中庸也。彼无忌惮之中庸，晋人近之矣。晋人不能自明贞正之旨，故入于无忌惮。孔子七十而从心所欲不踰矩，幽人之贞也。

六三，眇能视，跛能履。履虎尾，咥人凶。武人为于大君。《象》曰：“眇能视”，不足以有明也。“跛能履”，不足以与行也。“咥人之凶”，位不当也。“武人为于大君”，志刚也。

六三以阴暗小弱之资，而居下卦之上，才德不足以当位而强有为焉，是眇而视，实不足以有明；跛而履，实不足以有行。不量力妄进如此，是履虎尾，其致咥人之凶也可必。虽然，使武人用此以为于大君，则不为凶。何则？战阵必勇，已质虽不堪，奋而进乃合正道。“大君”，天子也。征伐当自天子出，武人用之则正，他人用之则非，是谓变易之道。

九四，履虎尾，愬愬，终吉。《象》曰：“愬愬终吉”，志行也。

九四居近君之位而体刚焉，“履虎尾”之象也。而四有柔之象也，有能惧愬愬之象，故终吉。愬愬非志也，终吉则志行矣。大抵天下之理，欲者不得，不欲者得。六三欲志行，故不得志行。九四志不行，故终于志行。六三柔而好刚，九四刚而能柔，此吉凶之所以相反。

九五，夬履，贞厉。《象》曰：“夬履，贞厉”，位正当也。

君体虽刚，而有用刚之道。乾曰用九，言其必有以用夫九，不可为九所用。用九，用刚也。徒以居崇高之位，为势位所转移，谓天下莫己若，与夺自我，威福自我，自用自专，以夬决为履，虽不失正，危厉也。以尧舜大圣而舍己从人，以神禹而拜昌言，苟胸中未能洞然无我，必偏必蔽，而况于夬决为履乎？此无他，以位为己之位。正当其位，故不虚也，岂中正光明之道邪？黄屋非尧心，舜视弃天下如敝屣，禹有天下而不与，岂以位为己有！

上九，视履考祥，其旋元吉。《象》曰："元吉在上"，大有庆也。

上九爻凶吉未定，故圣人发其义，曰："视其所履而考吉凶之祥，则其能旋反者获元吉。"上九应六三，亦有旋反之象。但乾体居上，未必果能旋反。何谓旋？人心逐逐乎外，惟能旋者则复此心矣，岂不大哉？孔子曰："心之精神是谓圣。"孟子曰："仁，人心也。"某自弱冠而闻先训，启道德之端，自是静思力索者十余年，至三十有二而闻象山先生之言，忽省此心之清明，神用变化，不可度思，始信此心之即道，深念人多外驰，不一反观，一反观，忽识此心即道在我矣。《象》曰"元吉在上，有大庆"者，盖谓上者履之极盛，居卦之外，扰扰万物，不胜其多，今也能于极上扰扰之中，而自得旋反之妙。舜禹有天下，劳勤万物而曰不与焉者，在上而旋也。孔子十五志学，三十而立，四十而不惑，五十而知天命，而曰"吾有知乎哉？无知也"，是在上而旋也。是旋非心思之所及，非上行之可到，非进退之可言，如四时之错行，如日月之代明，岂小者之道哉？故《象》曰"元吉在上，大有庆也"。

《杨氏易传》卷六

宋 杨简 撰

䷊ 乾下坤上

泰，小往大来，吉，亨。《彖》曰：**泰，"小往大来，吉，亨"，则是天地交而万物通也，上下交而其志同也。内阳而外阴，内健而外顺，内君子而外小人。君子道长，小人道消也。**

阳为大为君子，阴为小为小人。三阴往而居外，三阳来而居内，道之正也。道之正者，为和、为同、为宜、为治、为泰、为吉亨；道之不正者，为不和、为不同、为失宜、为乱、为否、为凶蹇。故夫天气下降，地气上腾，二气交和而万物泰通，此道之正者。内阳外阴，于时为生育；于气血为安和；于德为内健外顺而宜，内健中不可屈，外顺无忤于物，与色厉内荏之小人异矣；于政为内君子外小人而治，内君子，君子道长，外小人，小人道消。圣人不能使天下无小人，不使居内乱正，其道消而已。凡此无非道之正者，此特言其大略耳。若夫详言，凡正之类奚胜穷？大抵正无不利，邪无不害，人道谨诸此而已矣。

《象》曰：**天地交，泰。后以财成天地之道，辅相天地之宜，以左右民。**

当天地交和泰通之时，元后亦何所为哉！财成辅相以左右斯民而已。财，裁也。裁成天地之道。若置闰定时、掘地决川、烈焚山泽之类，加人力以裁成之也。辅相天地之宜，若宾日饯月顺四时之序而平秩之、顺十有二土之宜而蕃毓之之类，顺其所宜而辅相之也。裁成辅相，则三才之气顺正协叙；顺正协叙，则和育蕃昌。故夫财成辅相，皆所以左右民，使得其所。民性自善自中，惟左右之，使飢寒不切其身，不拂乱其性，又以五礼防其伪而导之中，以五刑防其过而协于中，凡此皆所以左之、右之。尧"匡之直之，辅之翼之"，知民性之本善，故左右而养之。后世不知民性之本善，无礼乐刑政以左右之，三才之气，乖乱凶灾，饥馑洊臻，民困穷无告，又立法以利，导民之私欲，以乱法导乱民，及民抵冒肆犯，则又曰民顽不可训，遂伤残之，又轻重不当，为善者未必免，为恶者未必刑，罪重者得轻刑，罪轻者得重刑，民益乱不知所为，尽胥而为恶，皆由不知民性本善，不左右之而困之，又直扰害之故也。

初九，拔茅茹以其汇，征吉。《象》曰："拔茅""征吉"，志在外也。

善人自有善人之类，恶人自有恶人之类。为善不同，同归于治；为恶不同，同归于乱。善与善亲，恶与恶亲，不假纳约，不召而应，何也？善人知善人[①]必我与，恶人知善人[②]必不我与。"水流湿，火就燥"，"同声相应，同气相求"，故君子小人率不相能。君子之不与小人，非私乎已也，小人为不正，为利为乱，义不得不远之也。小人之不与君子，非心恶之也，知其非吾类，必不我与，非已之利，故必去之也。彙，类也。拔茅连茹，牵连而至，三阳以类而进之象。初九，君子之类也。泰之时，天下有道，君子之类当进。征，进也。《象》曰

①四明本"人"后有"之"字。
②同上。

“志在外”，志于出，不于处也。孔子曰“邦有道，贫且贱焉，耻也”，此道之正也。君子由正道而行，无私乎己之心也。以私乎己之心而往者，小人也。

九二，包荒，用冯河，不遐遗，朋亡。得尚于中行。《象》曰：“包荒”，“得尚于中行”，以光大也。

大哉！九二之道也。惟贤知贤，拔茅茹在九二不必言，九二大贤，学之荒者，疑在所弃，今九二则包之。何以包之也？人有常性，本善本正，因物有迁，斯昏斯乱。荒者不协于极而已，犹未罹于咎，君子当包受之，宽以教养之，则天下之善心无不兴起，可以使人皆有士君子之行。“冯河”者，勇进直前、无所畏懦之象。谨畏不敢发，君子之常德。然而泰之时，上下交而其志同，君子居内而道长，小人居外而道消，三阳并进，群贤毕集，九二又得位，于斯时也，苟犹畏懦不敢轻发，则斯民何所赖？至治何由致哉？用冯河所以发，破君子畏懦之蔽，启以变通，大有为之道也。遐，远也。远者人情易以遗忘，才力之所不逮。今九二不遗遐远，舟车所至，人力所通，睿智周之，光被无外。朋者，所亲也。朋亡，则不止于所亲，虽所不知，凡一言之善，一事之能，尚皆用之，而况于以贤人吉士称者乎？“包荒，用冯河，不遐遗，朋亡”，九二备此四德，得道之上。尚，上也。得乎道之全，非其小者也，然此亦非于常性之外复有所进也。虽大圣与下愚，其常性则同，贤者智者，自过之而失其中；不肖者愚者，自不及而失其中。九二之道，自小贤小智观，则谓之大；自道观之，则中行而已矣，中无实体。贤者智者，未能忘意，不意乎彼，则意乎此，不彼不此，又意乎中，皆有所倚，非中也。中者，无思无虑、无偏无倚之虚名，非训诂之所到。曰“光大”者，乃言其道心光明，如日月之光，无所思为而万物毕照。道心无我，虚明洞照万理，苟未至于如日月之光明，必有私有意有我，必有蔽惑。惟曰中而不曰正者，中正虽无二道，而世之秉正者，未必能中虚无我也。

九三，无平不陂，无往不复，艰贞无咎。勿恤其孚，于食有福。《象》曰："无往不复"，天地际也。

有平必有陂，有往必有复，无有平而不陂者，无有往而不复者。小者虽往，他日将复，今虽治平，后将陷陂，消息盈虚，势不可止，然亦有道焉，克艰克正，亦可无咎。勿用忧恤，此理之可信者。"于食有福"，禄之可保也。食，禄食之谓。所患在我之失道尔，道以放逸而失，以艰正而得，未有得乎道而致祸者。《象》曰"无往不复，天地际也"，天地阴阳消长之际则然。不言人道，明亦可以艰贞致福也。《大传》曰："天地设位，圣人成能。"盖道可以通乎造化，消祸败，补天地之不足，有如此之神用，于是爻见之。

六四，翩翩，不富以其邻，不戒以孚。《象》曰："翩翩不富"，皆失实也。"不戒以孚"，中心愿也。

翩翩，群众皆来之象。夫惟富乃能用其邻，六四阴虚不富，而乃能以其邻者，小人同类，皆失势位，皆欲复来，以其中心之所愿，故不待约而自孚应。圣人于此，明著小人之情以教君子。又因"不富"之辞而发之曰"皆失实也"。谓富为实，小人之情也，圣人不然。小人昏迷，自不知本性之善，为失实也。此圣人之微旨，惟明者知之也。

六五，帝乙归妹，以祉，元吉。《象》曰："以祉元吉"，中以行愿也。

帝王之女，不嫁公侯，自古有之。曰"帝乙"者，岂归妹之礼至帝乙而明备乎？六五谦柔中虚，以用九二之大贤，亦犹帝女下嫁。谦虚用贤，必获元吉。言“祉”明吉之盛象。曰“中以行愿”者，明六五非利于此而勉为谦降也。六五得道焉，中者道之异名，盖其心所愿，自尔谦虚，所谓谦虚者即道也，故曰“中以行愿也”。得道者非于心外得之，心即道也，孔子曰“心之精神是谓圣”。

上六，城复于隍，勿用师，自邑告命，贞吝。《象》曰：“城复于隍”，其命乱也。

城隍，堑也。城圮而复于隍，世乱至此，勿复用师，徒驱乱民置之死地，不然则前徒倒戈矣，用师适足以促其祸，至此已不可收拾。于大乱不可收拾之中，圣人亦略致其诲，庶其小支，曰姑“自邑告命”，言姑自近极之，虽出于贞正，犹终恐不免于吝。吝者，文过。乱亡之君，难于扶持。孟子曰：“不仁者可与言哉？安其危而利其灾，乐其所以亡者。不仁而可与言，则何亡国败家之有！”垂亡之君，有能翻然悔悟己过，不复文饰，暴白己过，诚心改更，则亦可感动国人。人之爱敬其君，天下之所同也。此以诚感，彼以诚应。所患乱亡之君，往往终于文过。天命无常，惟人所召。人道乱则天命乱，曰“其命乱也”。古书多以己所居邑曰“邑”，王率割邑，“商邑翼翼，四方之极”，盘庚“不常厥邑”，周公“作新大邑”，皆谓己邑。

䷋ 坤下乾上

否之匪人，不利君子贞，大往小来。《彖》曰：“否之匪人，不利君子贞，大往小来”，则是天地不交而万物不通也，上下不交而天下无邦也，内阴而外阳，内柔而外刚，内小人而外君子，小人道长，君子道消也。

《泰》不曰匪人，而《否》匪人者，时进匪人，既已否矣，故“不利君子贞”。然则君子当退，而忧世不已之君子，犹进说不已，是谓强聒，必取乾时之祸。圣人诲之曰“否之匪人，不利君子贞”，欲使君子知否之自天而非人，则君子无所用其力。孔子曰：“天下有道则见，无道则隐。”彼强聒不已之君子，虽忠而非义。大易之道不然，道必无我，如太虚，如天地，如四时之错行，“可以仕则仕，可以止则止，可以久则久，可以速则速”，穷则行于家，达则行于天下，一也。阳为大、为君子，当居内，今乃往而居外；阴为小、为小人，当居外，今乃来而居内，非上下交之道。故凡不正之类，为不交，为不通，为无邦。人君生长乎富贵崇高之中，难乎尽知治乱之情状，圣人于是告之曰上下不交即为无邦，庶乎因上下之情不交，知所警而图也。中德宜刚而不屈，今乃外刚以忤物；外礼宜柔而与物，今乃内柔而慑懦，失道之正，皆此类也。余已见《泰》卦。

《象》曰：天地不交，否。君子以俭德辟难，不可荣以禄。

君子退处无禄而不俭，则无以供其用，势必至于求禄，困穷迫之，其志乱矣。卦辞已明“不利君子贞”，《象》又言“君子道消”，此又言“俭德辟难”，又曰“不可荣以禄”者，人情好进恶退，好奢恶俭，意之难忘也，故圣人谆复言之。

初六，拔茅茹以其汇，贞吉，亨。《象》曰：“拔茅”“贞吉”，志在君也。

《泰》初曰“征”，此曰“贞”，则知此不当征当退，泰当征不当退，其道一也。《象》曰“志在君”者，明君子之志，非怨而忘乎君也，志未尝不在君，君不见用，故退尔。常情居否多忧郁，惟有道者，其心未尝不亨通。言“亨”明道，于二亦言“亨”。

六二，包承，小人吉，大人否，亨。《象》曰：“大人否亨”，不乱

群也。

否则君子当去，而此犹曰“包承，小人吉”者，事亦有势，未得遽去，则当包承。小人者之事其上也，包而不敢露，承而不敢拂，故吉。此亦君子处否之道，若夫大人则于否而能亨，盖大人之道大，睿智无方，自有变化之妙，不包承而能亨，包承则乱群矣。大人否亨，则不乱群。

六三，包羞。**《象》曰：“包羞”，位不当也**。

君子中亦有小人。六二得中，君子也，故曰“包承”。至于六三，德不如六二而位益高，舍正而从邪，羞有愧于中，故曰“包羞”。《象》曰“位不当”者，德不足以当位故也，是谓君子中之小人，自古此类良多。

九四，有命，无咎。畴离祉。**《象》曰：“有命无咎”，志行也**。

日中则昃，天下事理，过中则变。《乾》四曰“乃革”，《泰》四曰“翩翩”，言小人之类，至《否》四又言大者复来、“畴离祉”者，内外上下之际，皆附离其祉，言可连茹而来也。《象》曰“志行也”，言志已行则可，苟先时而乾进，君未有命而遽出，必有志未行而强欲行。咎者，君子尤之，小人怨之。

九五，休否，大人吉。其亡其亡，系于苞桑。**《象》曰：“大人”之“吉”，位正当也**。

休息否祸，惟大人则吉，非大人则否，亦未易休。大人得道大全，每发皆中，故能止乱，不然则“休否”者未能皆中乎道，则乱难止。“其亡其亡”，恐惧惑虑之言。桑根最盛，苞桑，从生之桑，其根愈盛愈固。“系于苞桑”，慎固之象。使君臣皆若是，则可使永无否。《象》曰“大人之吉，位正当也”者，言有大人之道而不居正当之位，则权不自已，亦无大功。

上九，倾否，先否后喜。《象》曰：否终则倾，何可长也？

此疑有阙，《程传》《本义》亦有余旨。

☰ **离下乾上**

同人于野，亨，利涉大川，利君子贞。《彖》曰：同人，柔得位得中而应乎乾，曰同人。同人曰“同人于野，亨，利涉大川”，乾行也。文明以健，中正而应，君子正也。唯君子为能通天下之志。

与人和同之道，必以柔行之，则和同矣。柔而不得位，则无势，亦不能行。既柔又得位而不得中焉，为不得道，则人心亦不服。中者，道之异名也。柔矣，得位矣，得中矣，而又应乎乾。乾者，刚健之势，或刚健之德，犹相应而和同可知矣，故曰“同人”。至于“同人曰‘同人于野，亨，利涉大川’”，则乾行矣。人君之事，人臣不得而与，故首特异其辞曰“同人曰”。“野”者，广莫之象。“同人于野”，则无所不同。始为亨通，始可以涉大川，济险难，此乃乾体之所行，非人臣之事，人臣岂能致如此广大之事业？何谓君子之贞？言乎文为条理、光辉着见之谓文，言乎辨析洞照无蔽之谓明，言乎日应万变、不屈不息之谓健，言乎无思无为、无偏无倚之谓中，言乎正而无邪之谓正，言乎交际泛应之谓应。道心无体，神用无方，文、明、健、中、正、应，非实有此六者之殊，形容君子之正道，有此六者之言，其实一也，亦犹曰白曰莹曰润，皆言一玉，曰黄曰刚曰声，皆言一金。“惟君子为能通天下之志”者，人心一而已矣。心即道，孔子曰：“心之精神是谓圣。”圣人先觉，众人不觉尔。以明照昏，以一知万，如水鉴中之万象。不劳思虑而毫发无遁者，此心自明自神，自无所不通故也。庸人非不能通，惟昏故不通尔。柔得位得中应乾，六二上应乾卦之象，离文明，乾健，二五中正而应。观乎卦之六画，而卦辞《彖》辞可睹矣，六十四卦皆然。

《象》曰：天与火，同人。君子以类族辨物。

天与火同于阳，同于上，而“君子以类族辨物”者，异中之同也，使一于混同，族不复类，则婚姻无别，物不复辨，则上下无章，名分大乱。得其道者，虽异而同；失其道者，虽同而异。

初九，同人于门，无咎。《象》曰：出门同人，又谁咎也？

初九，初出门之象。同人于门，不偏不私，故人无咎之者。

六二，同人于宗，吝。《象》曰：“同人于宗”，吝道也。

同人之道，恶其偏私。六二正应九五，有“于宗”之象。止同其宗人，亦不广矣，故吝。吝有小狭之义。孔子曰：“谁能出不由户，何莫由斯道？”坤上六曰“其道穷也”，此曰“吝道也”。百姓日用而不知，故昏故乱故吝，一日觉之则广矣大矣。六十四卦、三百八十四爻，一也。

九三，伏戎于莽，升其高陵，三岁不兴。《象》曰：“伏戎于莽”，敌刚也。“三岁不兴”，安行也。

阴阳自有相亲之象。九三之情在六二，欲有之，恐九四之来也，故敌之。莽之地卑下，三之象。九四在上，“高陵”之象。九三与六二，非正应也，非正应而私之，非其道矣。失道而又敌刚，未有能济者。“三岁不兴”，安能行也？六二不必谓果有其人，但言九三之所欲者是已。

九四，乘其墉，弗克攻，吉。《象》曰：“乘其墉”，义弗克也。其吉，则困而反则也。

九四之阳，志亦在乎六二之阴，而亦非正应，又九三间之，故乘墉而攻。四居三上，有乘墉攻下之象。然以九居四，始刚终柔，故有“弗克攻”之象。其弗克攻，乃以非正应，非义而往，人心不从，鬼神不祐，自弗克也。虽非本心，然既弗攻矣，其事反于典则矣，亦吉。“困而反则”者尚能获吉，而况于诚心反则者乎？六二不必谓果有其人，但言九四之所欲者是已。三与四皆以私欲失同人之道。

九五，同人，先号咷而后笑，大师克相遇。《象》曰：同人之先，以中直也。“大师”“相遇”，言相克也。

九五、六二为正应，三而与四间之，故“先号咷”。九五之中心，自以义直，故“号咷”也。义之直者，天下之所与，人之所助，而况于以九五之利势行之乎？三、四为间，必用大师克之，方能与六二相遇，故“后笑”，此亦理势之自然也。九三“三岁不兴”，九四义“弗克攻”，唯九五能用兵师克之而卒获相遇者，九五之义正直故也。大师而后相遇，言必相克而后遇也。得正直之道者，其莫能遏抑如此。

上九，同人于郊，无悔。《象》曰：“同人于郊”，志未得也。

郊者，远外之地。上九处一卦之外，“同人于郊”，虽无三、四之争，亦无九五号咷相克之难，亦无悔尤，志亦未为得也。盖道心之神，虽与万众应酬，如天地之变化，风雨散润，日月照临，四时错行，自得亨通之道，斯为得矣。居远外，避悔咎，未为同人之大道。

䷍ 乾下离上

大有，元亨。《彖》曰：大有，柔得尊位大中而上下应之，曰大有。其德刚健而文明，应乎天而时行，是以“元亨”。

《大有》《同人》，皆五阳一阴。《同人》柔得位得中而应，而《大有》则得尊位大中而上下皆应之。夫与人必柔，刚则忤物，此古今之常情，不可违者，故二卦皆用柔尊位，则势之所行者广。中，一也，安得有大小之异？而《同人》止曰“得中”，《大有》则曰“大中”，何也？中无大小，人有大小。贤人之中，无作好，无作恶，无偏无陂，无反无侧。圣人之中，亦无以异于贤人之中，而刚健如天，文明如天，如日月之代明，如四时之错行，变化正大，则非贤人之所及也，是谓“大中”。贤非无刚健文明之德，不为事物所迁移，即刚健也，发诸文为条理不乱，缉熙光明，物莫之蔽，即文明也，惟圣人尽之，贤者未尽，故大中之道，惟圣人可以当之。孔子曰：“古之有天下者必圣人。”六五柔得尊位，王者之事，圣人之事，故曰“大中”。以圣人之道，居至人之位，又以其道行之，其上下无不心悦[①]诚服而应之矣，故曰“大有”。人君之有天下，非有其土而已，有其人也。有其人者，有其心也。有刚健文明之德，而有毫发不与天为一，是为不应乎天。应乎天矣，而文为举措，有一不能随时而适宜，则犹未尽大中之道。曰“刚健”、曰“文明”、曰“应乎天”、曰“时行”，非果有若是不同之实也。人心自善，人心自灵，人心自明，人心自神，人心自备众德万善，自与天地无二，自有变化随时中节之妙，特圣人不失其全，贤者犹未精一未全，故不同。圣人尽此大中之全，故“元亨”。元者，大中之本。亨者，大中之亨通。

《象》曰：火在天上，大有。君子以遏恶扬善，顺天休命。

“柔得尊位大中而上下应之”，可谓天之休命矣。君子何以顺之？善者天之心也，恶者非天之心也。恶不遏则乱，则民被其毒；善不扬则正道不行，民不被其泽。治乱安危之机，在善恶扬遏之间而已。火

① “悦”，四明本作“说”。

在天上，明照万物，有别白善恶之象，以是知遏恶扬善；天道也，卦中自着此象。

初九，无交害。匪咎，艰则无咎。《象》曰：**大有初九，“无交害”也。**

大有之时，圣君在上，四方咸仰。初九虽在下，亦当出而交。当出而交而不交则害者，害道也，害吾之德也。当入而出为疏动，当出而入为固避，皆非正道，圣人诲之曰出而交匪为咎也，克谨艰则无咎。《象》曰“大有初九，无交害也”，谓在大有之时则害，在初时则未必害也。《乾》初则贵“潜”，《需》初则贵其“不犯难”，《履》初则贵其“独行”，惟《大有》之初则贵其“交”也。

九二，大车以载，有攸往，无咎。《象》曰：**“大车以载”，积中不败也。**

此人臣之大有也。有人臣大有之德，方能成人臣大有之业。臣之事君，如车载物。大车则无所不载，岂惟无所不载而已，亦可载之而往，言车力之有余。德之大者，无所不备，无所不济，泛应曲当，通行而无碍，必无咎。九二阳刚中正，有“大车”之象。“积中不败”者，言厚积物于车中，车不败损，犹大德无所不堪任也。若德之小者，得其一，失其二，得其二三，失其六七，难乎免于人之咎尤矣。

九三，公用亨于天子，小人弗克。《象》曰：**“公用亨于天子”，小人害也。**

《左传》曰：“公用亨于[①]天子。”三居下卦之上，是人臣而居高位为公。公者道德全备之称，公则[②]能敬亨于天子。小人无德而居此，往

①四明本无“于”字。
②“则”，四明本作“即”。

往多为乱。

九四，匪其彭，无咎。《象》曰："匪其彭，无咎"，明辨晳也。

九四居近君之位，事谦柔之君而已，乃阳刚之体，殊不顺也，宜谨宜敬，无使彭大，见诸事状，则免咎矣。非明者岂能辨晳事宜如此，往往迷于势利，必取祸而后已。九四入离卦，有明象。

六五，厥孚交如，威如，吉。《象》曰："厥孚交如"，信以发志也。"威如"之吉，易而无备也。

六五谦柔任贤，诚信交孚，疑有太柔无制无威之象。而六五大中离明，自有"威如"之吉，是威非六五有意立威，以备防臣下之僭越也。六五大中之道心，无思无为，寂然不动，交如之孚，威如之吉，如鉴中之象，如日月之照临，如天地之变化，故曰"易而无备也"。坦坦平易，初无戒备之意，而自有道德之威也。

上九，自天祐之，吉无不利。《象》曰：大有上吉，"自天祐"也。

孔子尝举此爻，兼明人助，并发信顺[①]尚贤之义，非专释此爻也，举此致教于人，故推言及顺信尚贤。夫道一而已矣，纵横言之，无不可者，特以此爻无顺信尚贤之象，不必以顺信尚贤为言也。此爻爻辞并不言所以致祐之由，而遽曰"自天祐之，吉无不利"者，何也？无所为而天自祐之，天道无为故也。大有登大之世，上九超然一卦之外，不堕于有中，善有不有，善外非离，为无所为，"不可度思，矧可射思"，天人一道，故天祐之大有。大有之上，难乎具吉。大有上吉，惟天知之，故"天祐之"。孔子曰"知我者其天乎"，又曰"吾无知也"，惟其无知，人不知，惟天知，无知即无为。无知无为，照临不遗，顺亦在斯，信亦在斯，尚贤亦在斯。

① "信顺"，四明本作"顺信"。

《杨氏易传》卷七

宋 杨简 撰

䷎ 艮下坤上

谦，亨。君子有终。《彖》曰：谦，亨。天道下济而光明，地道卑而上行。天道亏盈而益谦，地道变盈而流谦，鬼神害盈而福谦，人道恶盈而好谦。谦尊而光，卑而不可踰，君子之终也。

谦损谦退，人疑不亨，智者观之，惟谦乃亨。愚者观近，智者知终。君子有终，谦之效也，是故《彖》详言谦亨之验。天气下济于地，谦矣，而天体光明，非亨乎？地道卑谦矣，而地气上行，非亨乎？月盈则亏，日中则昃，天道之亏盈益谦如此。山高而崩，水溢则决，至于卑坎则受众流，地道变盈流谦又如此。鬼神又害盈而福谦，人道又恶盈而好谦。谦似卑而实尊，似晦而实光，虽卑恭而实不可踰。所福也，所好也，尊而光也，不可踰也，此“君子之终也”。夫“谦亨”一言足矣，而圣人谆谆复复至于此者，何其辞费也。人生而私其已，乳曰已乳，少长而食曰已食，有夺之则争，爱则喜，有怒之则啼。又其长也，人誉之则喜，有言其失则不乐。大禹神圣，特以“不矜”“不伐”称，则人之好矜伐者众矣。圣人深知夫人情难克其已私如此，故详其言，指切其验，庶几其或省也，亦犹《乾·文言》水火云龙风虎之喻。使人之已私消尽，则道心虚明，无我无体，如天地，如日月，如变化自生。当刚则自刚，当柔则自柔，当谦则自谦，如四时之错行也。

《象》曰：地中有山，谦。君子以裒多益寡，称物平施。

地中有山，昭然有“裒多益寡、称物平施”之象。山崇高，今乃降而在地中；地卑下，乃在山之上。君子之治人，以其多者为盈，理宜裒之，不足为谦，理益宜[①]之。多者高盈之类，寡者卑谦之类，此道天地神人之所同也。继曰“称物平施”者，裒多益寡之谓。然所谓平，非一切平齐之也，称物而施之，得其平也。列爵惟五有五等，分土惟三有三等。贵贱、贫穷、大小、长幼各有其等，随其等称其物，有多焉则裒之，有少焉则益之，于义为平，于人心为平，是为“称物平施”。

初六，谦谦君子，用涉大川，吉。《象》曰：“谦谦君子”，卑以自牧也。

六柔而又居下，是谓“谦谦”，谦之至也。为人谦为君子，而况于“谦谦”乎？大川险难，殊为难济，今谦谦君子，乃能济之者，以谦为人之所好，鬼神之所福，而天道之所益者。险难有可济，而况于余乎？《象》曰“卑以自牧”者，非谓致力强勉，以自牧也。使犹假勉强致力，则谦不出于诚，人将不信，安能济险？人心自未始不谦，尝谓平时宾主交际，未尝不相敬，忽有面致推誉之辞，未尝不退然，继以谦抑不敢当之言为谢，此不待矫揉审处而施也，其应如响，此足以验人心之本谦，及其有犯于外，始作于忿而不谦。至于君子则无忿无私，其谦谦乃其常性所自有，自不敢自矜自伐，自不敢尚人，其发于容声，自卑自恭，自无有毫发强勉之意。其曰“自牧”，谓夫众人疑卑损之至，尽推其善美以与人，将不能自安养，故曰“虽卑而自足以牧

① “益宜”，四明本作“宜益”。

养”，自有“利用安身”之报。虽大险尚能济之，其无所不利，可不问而知也。

六二，鸣谦，贞吉。《象》曰：“鸣谦，贞吉”，中心得也。

谦多发于言，故曰“鸣谦”。鸣谦有发于中者，有发于外者，上六“鸣谦”发于外，六二“鸣谦”发于中。二居下卦之中，由中之象也。鸣谦虽中，而施之有正有不正，其心不必施而施，与夫施之有宜而过者，皆不正也，故贞正则吉。中有中心之象，又有中道之象。六二之“贞吉”，得中道故也。六二之贞，非外铄之，非取诸外也。鸣谦也，贞也，皆中心所自有。此心人皆有之，而自不知，自不信，是虽有此良心而犹失也。至于六二，可谓“中心得也”。

九三，劳谦，君子有终，吉。《象》曰：“劳谦君子”，万民服也。

谦诸爻，惟三犹阳，而居下卦之上，有功劳之象焉，是有“劳谦”者也。谦之有终，已见于《彖》辞之详。凡谦必有其终，而况于劳而谦乎？凡谦已为人之所好，而况于有劳而谦？万民之服也，万民咸服，其有终不言而可知。

六四，无不利，撝谦。《象》曰：“无不利，撝谦”，不违则也。

《易》之所以尚中正者，何也？人心本中本正，惟其动于意而微加焉则失其中正，微损焉则失其中正。箕子作《范》，所以谆谆复复乎“无作好，无作恶，无偏无党，无反无侧，王道荡荡，平平正直”，所以深明乎人心之本正，惧其昏而差，差而过，过而乱也。六柔四柔，坤体又阴，柔又不中，有过乎谦之象，故圣人教之撝去其谦。又恐其疑也，又曰“无不利，撝谦”。《象》曰“不违则”者，言虽撝去其谦，不至于违则也。多者裒取之始得中也，去其过焉，则本中本正之心，自昭明矣。

六五，不富以其邻，利用侵伐，无不利。《象》曰："利用侵伐"，征不服也。

"谦，德之柄也"，言谦之足以用人也。谦者，天地之所益，鬼神之所福，人之所好施。谦即能用人，人乐为之用，而况于六五居君位而谦。六柔，坤体又柔，而谦之至乎？故不必富而自能以其邻者。以，用也，惟富乃能用其人，今不富而能用邻者，以人君而至谦，足以深得人之心也。有君如此，天下所咸服，而有不服焉，天下之所共怒。以咸服之人，攻所共怒者，其利也孰御？若已服，徒以私怒贪地而征之，则适足致祸。

上六，鸣谦。利用行师，征邑国。《象》曰："鸣谦"，志未得也。可"用行师征邑国"也。

上六居一卦之外，有"鸣谦"于外，不由中之象。谦不由中，其"志未得也"，言其心志之有失也。人心即道，心志之得为道之得，心志之失为道之失。六二曰"中心得也"，同人之上九曰"志未得也"。夫不以中心与人而外为鸣谦，人所不服也，所不应也。志有之，"爱人不亲反其仁，礼人不答反其敬，治人不治反其知。行有不得者，皆反求诸己。其身正而天下归之"。可用行师，征邑国，请当自反，攻治其己也。邑国有己邑之象，夏王"率割夏邑"，"商邑翼翼，四方之极"，盘庚"不常厥邑"，武成"我大邑"，周公作"亲大邑"，皆谓己邑。又曰"归而逋其邑"，亦己邑。

☳☷ 坤下震上

豫，利建侯，行师。《彖》曰：豫，刚应而志行，顺以动，豫。豫，顺以动，故天地如之，而况"建侯行师"乎？天地以顺动，故日月不

过，而四时不忒。圣人以顺动，则刑罚清而民服，豫之时义大矣哉。

夫卦之所以为豫者，何也？九四有刚德，而五阴咸应之，位又近君，其志行矣，而下坤顺，上震动，有“顺以动”之象。有刚德足以立，又人心应之，四位近君而志行，又顺动不失其道，合是数者，此所以为致豫之道也。刚不足以立则非道，人心不应亦非道。世固有执正之道以令天下，而人心犹不应者，此必有其故也，必其有未尽道，是其应之一言，亦殊不可忽。刚矣不得近君之位，则志不行，亦弗克致豫，顺动正言豫道之本。道一而已矣，而乃有如是云云曲折之状者，道固有如是曲折万变也，此其所以名之曰易，易有变之道也。是道不离乎人心，人之道心自刚，自无不应，自能顺动。诸卦《彖》辞，多言曲折变异之状，圣人所以明大易之道也。或者往往溺诸人情事状，不悟其即“天下何思何虑”之妙也。“豫，利建侯，行师”，豫，悦也，建是侯而人悦则建之，行是师而人悦则行之。然则何以致人之悦豫？顺动其大旨也，顺动天地之道也。天地岂曰吾以顺动哉？自变自化，人自谓之顺动，日月自不过而有常度，四时自不忒而有常序。圣人之顺动即天之顺动，圣人虽曰顺动，而实不能自言顺动之状，故曰“言不尽意”，又曰“予欲无言”，又曰“吾有知乎哉？无知也”，又《诗》称文王“不识不知，顺帝之则”。使有知有识，则不足以言顺矣。而刑罚自清而不繁，民心自服而化。刑清民服，豫之时也，其义为如何？民服之时，亦豫之时也，其义为如何？民服之时，亦安知其所以为义哉！民服之时，尚不能自知，而况于日月不过之时，四时不忒之时哉？又曰“豫顺以动”，豫卦之义也。此尚德而言，至于民服之时，日月不过之时，四时不忒之时，诚莫得而索其义也。其义莫得而索者，岂不甚大矣哉！“大矣哉”之易义，大易之义也，六十四卦之义也，三才之义也，顺动之义也。顺动之义可言也，而亦不可索其状也，孰顺孰动，其机不可得而知也，其状不可得而执也。民之所以悦者，此也；日月之所以不过、四时之所以不忒者，此也；《易》卦之所以为六十四卦者，此也。而圣人不皆言之，何也？皆言之，则繁也，赘也，举一隅可以三隅反也，圣人亦已屡举之矣，他卦可以通也。

《象》曰：雷出地奋，豫。先王以作乐崇德，殷荐之上帝，以配祖考。

“雷出地奋”，有畅达之象。人乐畅达，达之于金、石、丝、竹、革、木、匏、土之声，即雷之声也，无二声。先王作乐，非以纵人之欲也。人生不能无乐，而其乐有邪正焉。其乐由德性而生者，虽永言之、嗟叹之，不知手之舞之，足之蹈之，无非德者、无非正者。其乐由放心而作者，则为淫靡之音、繁急之音、郑卫之音、朝歌北鄙之音。先王作中正之音、庄敬之音、和平之音，无非德性之乐，故先王之乐足以感人中正庄敬和平之心，是谓易直子谅之心，足以消人放逸淫靡繁急之心，故曰“移风移俗，莫善于乐”。盖声有无形之妙，足以深入乎人心。中正之心，人所自有，惟其无以感之。今中正之音感之于外，则其机自动，其化甚敏，故曰“作乐崇德”，不惟愚不肖赖乐以感动，而贤智亦以乐养德。殷，盛也。盛荐之上帝而配以祖考，即雷之自地而出，奋而达于上也。上帝之心、祖考之神、乐之德，一也。非先王取此象而作乐荐帝配祖考也，圣人取其象同者类而言之，所以渐明其道同也。人心之蔽，未易顿启，渐明其同者，则余不同者亦渐通矣。孔子曰“予一以贯之”，非止一二事比同而已，三才万状，自未始不一，而蔽者自纷纷也。庄周之学浅矣，亦曰“劳神明为一，而不知其同也”。

初六，鸣豫，凶。《象》曰："初六鸣豫"，志穷凶也。

居下位之道，当安静无动，今也悦于豫，遽鸣而超之，凶道也。夫位之在下，未为穷也。颜子陋巷箪瓢，何穷之有？今初六豫而鸣，其志穷矣。鸣则求，失道妄求，必致凶。初六不中，有失道之象。

六二，介于石，不终日，贞吉。《象》曰："不终日，贞吉"，以中正也。

水静则清，清则明，人静则清明。人心本清明，惟动故昏。六阴，二又阴。阴，静也，有至静不动之象。人之本心，自静自清明，惟因物有迁者多，故以不迁于物者为介、为如石，其实非致力作意而固执之也。作意固执非静也，非如石也。子曰："介如石焉，宁用终日，断可识矣。"盖不为悦豫所动，不为动所乱，则尤清明之至。性自无所不照，动虽几微，已知吉凶之报矣，何待终日？此谓贞正之道，此谓吉之道。中即正，一言之谓之正可也，两言之谓之中正亦可也。中正皆无实体，皆所以发明道心，言其不流于邪谓之正，言其无所偏倚谓之中。人心微动则流矣，流则有所倚，倚则有所偏，动流偏倚，无非邪者。此爻首发不动流之旨，故曰"贞"，而《象》则详明之，故又曰"中"。

六三，盱豫悔。迟有悔。《象》曰："盱豫"有悔，位不当也。

盱者，上视不直之貌。六三上比九四之阳，阳有豫悦之象，而六三上比之，有进以求豫之象，而三与四非正应，有非其道之象。四，震体。震，起也，无下豫之象。然则三进而求豫，致悔之道也。夫求而不获，有多悔。三为阳为动，有迟疑不欲进之象，故益增其悔。三居下卦之位，亦尚失其德如此。

九四，由豫，大有得。勿疑，朋盍簪。《象》曰："由豫，大有得"，

志大行也。

九四以阳明之大贤，五阴咸应之，天下皆由之而豫，况上承中正柔德之君，君臣道同志合，未见有毫发间之象，况象心并应，无可疑者。大抵贤者之心，克艰克谨，不患违道，兹乃恐其戒惧太过，失大有为之时，则亦于大易之道犹为未尽，而四海之内，必有不被尧舜之泽者矣。故曰“大有得”，言其无失也，勿用致疑，朋来感应，如万发合总于簪，无一发一人之不顺。《象》又曰“志大行也”，皆所以赞其大有为，启易道之大全也。

六五，贞疾，恒不死。《象》曰：六五“贞疾”，乘刚也。“恒不死”，中未亡也。

六五之象，不逮六二。六二于豫悦之中而寂然不动。六五阴爻，亦非逐逐乎豫悦者，惟其未能无我，其中未能尽亡，故为正道之疾。疾者，病之小者。大体非纷纷动者，特其中未能全无我者。“恒不死”，言其意终不死。《象》曰“乘刚”者，九四为刚，六五乘之。刚者坚物，人执义之坚如之，然此乃妄意，强立已私。此心中虚，实无我，其妄立我，乃外意尔，非虚中之所有，故《象》特发乘刚之象，以明其在外。六静也而有五，“恒不死”之象。学道孜孜，学不动心，而其中隐然未能脱然而虚者，往往而是，故圣人于此致其诲。

上六，冥豫成，有渝，无咎。《象》曰：“冥豫”在上，何可长也？

沈冥于豫乐至于此，可谓已成而难于救矣，而圣人教谓于此渝变，亦可无咎。人患不能改，改则无过。《象》曰“何可长也”，言其冥豫而又在上，祸至不久矣，何可长如此也？不仁而在高位，是播其恶于众，故其致祸速。

䷐震下兑上

随，元亨利贞，无咎。《彖》曰：随，刚来而下柔，动而说，随。大亨贞，无咎，而天下随时，随时之义大矣哉。

刚本居上，柔本居下，今也刚乘而居二阴之下。“动而说，随”者，以深得乎人之心也。《易》曰：“以贵下贱，大得民也。”元亨利贞之义也，《屯·彖》所释，言之详矣。六十四卦皆可以言元亨利贞也，有言焉，举一隅可以三隅反也，不必赘也。六十四卦皆易也，无大卦、小卦之异也，亦犹曰“大矣哉”，非独取此数卦而余卦不言可也，偶于此言之，可以通余卦也。元以始言可也，以大言亦可也，自心通内明者观之，纵言之可也，横言之可也，无不通也。大亨贞正，又无咎无尤，而随时之道尽矣。亨通之际，人多失正，至于大亨尤难，大亨而不失其贞正，则非得道者不能。大亨贞正矣，而亦未免于咎尤者，于道尤为未尽也。盖人情有曲折、时变、习俗之不同，惟道德之全者，睿智毕照，变化云为，靡不中节，故“大亨贞，无咎”，而于天下可以随时而无不通矣。时变之来无穷，时变之状无定，古无可稽之典，近无可法之则，事变忽生，人情忽变，而欲随时而应，举不失义，非得《易》道之大全，其孰能与于此？然则随时之义，岂勉强之所能？岂学习之所到？《易》曰“不习，无不利”，惟不习者得此义矣。《易》曰“天下何思何虑”，惟无思无虑者得此义矣。得此义如水鉴洞照万象，如日月徧照万物，自神自明，不可度思。自孔子尚不能详言其义，惟曰“大矣哉”，岂学习思虑之所至乎？以学习思虑而至者，必有所倚，必有所偏，必不能随时而皆中，此义与六十四卦之义同。

《象》曰：泽中有雷，随。君子以向晦入宴息。

泽中有雷，雷隐于阴晦之中也。其在君子，则当向晦昏暮之时而入内寝宴息也。学者毋曰宴息末也，易道不在焉。吾见一动一静，无非易道之妙者，顾百姓日用而不知，索之隐，即君子之息，道无二也。圣人姑取其类，使人心渐通，通乎一，则虽不一者，皆通皆一矣。

初九，官有渝，贞吉。出门交有功。《**象**》**曰：“官有渝”，从正吉也。“出门交有功”，不失也。**

官司各有所守，不可渝变也，今渝焉，随时之义也。其事可变也，其贞正[1]之义不可变也，故贞则吉，失正则凶。压于势变，辄失其正者多矣，凶道也。能正，吉也。若有能出门而交，无所私系，则人情咸应而有功，不止于吉而已。盖有所系则有所失，无所系则无所失。六二系小子则失丈夫，六三系丈夫则失小子。《象》曰“出门交有功，不失也”，初有“出门”之象。

六二，系小子，失丈夫。《**象**》**曰：“系小子”，弗兼与也。六三，系丈夫，失小子。随有求得，利居贞。**《**象**》**曰：“系丈夫”，志舍下也。**

阴与阴不相得，阳与阳不相得，惟阴与阳有相得之象。随时适变，不主故常，故六二虽与九五正应，九五有丈夫之象，人乃变其常近，系初九而相得，此变之不善者也，故曰“系小子，失丈夫”。虽六二与九五亦有阴阳相应之象，然既已近系于初九，则势无兼与之理，故《象》曰“弗兼与也”，言系一则失一，以为贪小失大之戒。六三虽与上六本正应，今也两阴本无相应之象，惟近虽九四之阳明，六三变常而随近，则六二亦近也，三乃不随六二而惟随于四，此变之善者也，故曰“系丈夫，失小子”，谓系九四之丈夫，而失六二之小子。《象》又曰“志舍下也”，言舍其阴下也，两阴无相得之象，故六三有舍六二之象。三系于四，得其所随，故随所求而皆得。此虽随时适变之善，

①“贞正”，四明本作“贞吉”。

然变者君子之所难，变常患乎失正，故戒之曰“利居贞”，居之为言，虽暂正而不能安也。

九四，随有获，贞凶。有孚在道，以明，何咎。《象》曰：“随有获”，其义凶也。“有孚在道”，明功也。

九四下有二阴，相随之象。九四得众心之随，而阳实自任，以为己之所获如此，则虽正亦凶也。夫人心之所以应者，固以我之正也，不正则人不服。而九四不可以为己有，当曰“斯谋斯猷，惟我后之德”，苟有毫发以为己能之心，则失其道矣，故虽正亦凶。夫有获之心，己私也。有私己者，虽人君不能免凶，而况于臣乎？而况于居近君之位，其可不敬惧乎？故曰“其义凶也”。其义凶矣，心不免。“有孚在道，以明”，则不以为己获矣。道心之中无己私，果无己私，则自足以取信于人，无己私则明，明无己私。然则孚也，道也，明也，一也，而《象》又专言之曰“明功也”者，何也？道心人人之所自有，己私人人之所本无，惟昏故私，惟不昏则吾即道，虚明无我，本无所私，故归功于明。又大臣近君，疑间易生，恐正人自信，自以为合道，而其实未明，至于祸已成而莫之见，此圣人所以由致诚告也。

九五，孚于嘉，吉。《象》曰：“孚于嘉吉”，位正中也。

孚，信也。嘉，吉美也。九五所信者善美，则所用者贤矣。用贤，人君之吉也。孚信亦有随之义也者，何也？惟圣知圣，惟贤知贤，惟有中正之德者，能知中正之人。九五所孚者嘉，则知九五之德亦嘉。惟尧知舜知禹、稷、契、皋陶，惟汤知伊尹，惟武王知十乱。至唐明皇，始正而信姚、宋，终邪而信李林甫，以一人之身而贤否异任，一视夫君心之正不正。然则九五之孚于嘉，一本乎德之正中。曰“位”者，言乎得专位而又有中正之德也。

上六，拘系之，乃从维之。王用享于西山。《象》曰："拘系之"，上穷也。

随之拘，天下靡不悦随，而犹有顽固，未之听从，则为之上者不可遂置之而不问，故"拘系之，乃从维之"。周伐商，四方无不心说诚服矣，及其久也，商顽民终未从，故周公迁之洛邑，即拘系之谓也。然周公亦非一于用威，其曰"维之"者，宽以养之也。《多方》《君陈》《毕命》三篇，备见宽维之意。山有阻隔不通之象。西者，阴幽昏塞之象。王者于此，必有道以亨通也。周之治卒于囹圄空虚四十年，人皆[①]士君子之行，此亨通之效也。《象》曰"拘系之，上穷也"者，谓事至于此穷极，不得不拘系之也。

䷑ 巽下艮上

蛊，元亨，利涉大川。先甲三日，后甲三日。《彖》曰：蛊，刚上而柔下，巽而止，蛊。"蛊，元亨"，而天下治也。"利涉大川"，往有事也。"先甲三日，后甲三日"，终则有始，天行也。

上九之刚，有自下而上之象。初六之阴，有自上而下之象。夫刚来而下柔则说随，上下不交则否。今刚自上，柔自下，刚柔不交，上刚而好自任，下柔而一于从，一于柔巽听从，不敢有所为而止，则事安得而不蛊坏？巽柔艮止，其象昭然。然则治蛊有道乎？有斯道也，何道也？六十四卦之道也，《易》之道也，一也。亦谓之元，乾元坤元，即此元也。此元非远，近在人心，念虑未动之始，其元乎？故曰"天下何思何虑"，孔子曰"吾有知乎哉？无知也"，文王"不识不知，顺帝之则"。人惟因物有迁而动于思虑，动于思虑而后流而不交，昏而

---

①四明本"皆"后有"有"字。

乱，则蛊益蛊，坏益坏矣，何能有所亨？何能致天下之治？元亨则可以涉大川矣。天下无事之时，则不一复有所事。今天下蛊弊，非有所事焉不能济，故利涉大川者，利乎往有所事也。《无妄》之“不可往”与《蛊》之“往有事”，一也，惟其时也，惟其一也。人情怒其蛊弊，其治之多失之刚，此非易之道也。天下事大抵当刚则刚，当柔则柔。蛊之时不患乎不刚，患不柔尔。甲属东方，仁柔故取焉。先三日后三日者，事不可忽易，不可不深虑远思。先事三日而图之，后事三日又虑之，虑其始而图其终，以消息盈虚，“终则有始，天行也”。泰极则否，治极则复蛊，不可不戒，戒则免。至于《巽》卦，则人情柔巽之时，患乎不刚，故曰“庚”。先庚三日，后庚三日，惟其当于道而已矣，一也。前曰“何思何虑”，此曰“远思深虑”者，何也？一也。惟无思无虑者，乃能远思深虑，即此思虑之时，实亦何思何虑。如水鉴之照万象，虽曲折万变，而水鉴无思无虑也，如天地之变化，虽风雨雷电霜雪之散动交错，而天地无思无虑也，必得乎此而后可以为得易之道。人心即道，觉则为得，得非外得，道心非思为，变化无始终。

《象》曰：山下有风，蛊。君子以振民育德。

山下有风，有振动育物之象。蛊弊必有以振作之，振作之者，所以救其弊坏不正之习害道者，以养育其德性耳。其作之不可过之，不可扰之，使勿伤其德也。《书》云：“惟皇上帝，降衷于下民。若有恒性，克绥厥猷惟后。”人君无他职，顺民常性，使安其道而已。凡其礼乐刑政，一出乎此。礼防民之伪，乐防民之情，刑协民于中，政率民以正。帝尧“匡之直之，辅之翼之，使自得之，又从而振德之”，自秦汉而下，不复知有此事。后世忿民之非僻蛊弊而振作之者，安知民有德性而育之哉？汉武遣绣衣直指之使，惟诛击之而已。

初六，干父之蛊，有子，考无咎，厉，终吉。《象》曰："干父之蛊"，意承考也。

蛊诸爻皆取干蛊之义。初六之应在六四，六与四皆阴，至阴而在上，有"考"之象。考有蛊而子干之，有子则考无过咎矣。考之蛊至于终考之身不能改，岂不危厉哉？有子能干，故"终吉"。《象》曰"意承"者，初六有柔顺之象，不得已而干父之蛊，其意未尝不顺承者也。其意则承，其事则不可得而承矣，承其事则蛊弊终不尽除，蛊不尽除，乃所以彰父之恶，非孝也。固有孝子不明其义，一于顺承，因乃蛊弊，殊为失义。

九二，干母之蛊，不可贞。《象》曰："干母之蛊"，得中道也。

二刚阳在下，六五以阴而居上，异乎六四之至阴。六为阴，五为阳，非纯阴者，故有"母"之象。不幸而有母之蛊，不可正以干之也，其干之当用其权焉。权者，虽用正而不过，故曰"得中道也"。二居下卦之中，有道之象。

九三，干父之蛊，小有悔，无大咎。《象》曰："干父之蛊"，终无咎也。

九刚，三又刚，虽巽体，然干父之蛊如此，亦过中矣，不能无悔。人心至灵，其有过差，亦自知之，故心亦悔之。心悔之曰"悔"，人尤之曰"咎"。所以人不大咎之者，既干父之蛊，则子为正矣，特过之，于道为未尽耳，故"终无咎"。

六四，裕父之蛊，往见吝。《象》曰："裕父之蛊"，往未得也。

六柔，四又柔，不能干而裕之者也，如此而往，则循父之蛊，有不改过之吝。《象》曰"往未得"者，言子之所以裕父之蛊，以此而往，不以为愧其心，盖以为孝也，以为得也。故孔子正之曰"往未得也"，言乎如此而往，未可以为得也。

六五，干父之蛊，用誉。《象》曰："干父用誉"，承以德也。

六五有中正之德，而又得尊位以行之，故有誉，无誉则无德可知矣。人君自不知其有德，故此以誉验之。又虑人误认其旨而求诸外也，故《象》曰"承以德也"。子干父蛊，未尝不承于父也，故每曰"承"。承亦德性之所自有，非动于外也。

上九，不事王侯，高尚其事。《象》曰："不事王侯"，志可则也。

君臣以义合，有道则见，无道则隐。蛊坏之世，故有不事王侯之义。若父子则是属与君臣之义不同，无不事之义，故此爻不言父子。在父子则父子，在君臣则君臣，其实一也。曰"高尚其事"者，非圣人之本心也。道心寂然，奚高奚卑？人情喜进而恶退，喜富贵而恶贫贱，以进而富贵为高，以退而贫贱为卑，故圣人不得已而晓之曰"不事王侯"，其事高尚也，所以破昏迷颠倒之见也。

《杨氏易传》卷八

宋 杨简 撰

䷒ 兑下坤上

临，元亨利贞。至于八月有凶。《彖》曰：临，刚浸而长，说而顺，刚中而应，大亨以正，天之道也。“至于八月有凶”，消不久也。

二刚浸而长，君子之道长，出而临小人，其与人未尝不和说也，未尝不柔顺也。虽说而顺，而刚德之不可移易者，自若也。一无所偏，一无所倚，未尝不中也。“应”云者，又以明人心之无不应也。人心之差，千状万态，自以为己之道长，其与人弗克和说者有之；能和说矣，而不能不拂逆者有之；说矣顺矣，未必有刚德；刚矣，又未必中；说顺刚中，其德备矣，而人情亦有未应者，此必其智有所不烛，明有所不及，故设施亦有未尽中乎人情。易道万变，诚非学者所能遽尽。孔子必曰“五十而后学《易》”，则知变易之道，非大圣大智、道立德备者，终有所未尽。然而说也、顺也、刚也、中也、应也，非既学说、又学顺、又学刚、又学中与应也。“行有不得者，皆反求诸己”，己者，心也。心者，五德之一也。圣人设教，合五者以明道心之全。道心之见，其可言者有五，使阙焉者，知己德之未备，知此道之未全，其道一也。曰白、曰莹、曰温润，皆所以明一玉。曰黄、曰刚、曰从革，皆所以明一金。曰说、曰顺、曰刚、曰中、曰应，皆所以明一道。

元，大也。“元亨利贞”，《彖》释之曰“大亨以正，天之道也”，非贬于乾也，《乾·彖》以“元”统之，《文言》又四之，后又一之，又不曰“元”而止曰“乾”，亦犹此曰“大”而不曰“元”，曰“以”而不曰“利”，一也，无不通也。物物皆元，事事皆元，念念皆元。“大亨”，非元乎？“以正”，非元乎？夫道一而已矣，或一言之，或两言之，或三四言之，或易而言之，皆是物也。惟民生厚，因物有迁。应酬交错，与物亨通，往往失正，而况于大亨乎？大亨而不失其正者，非人之所为也，天道也。大亨，人亨也；正，人正也，而曰“天之道”者，明其不加人为，不流入于人心。至动至变，无思无为，是谓天性之妙，是谓天之道也，是谓“道心”。道心，人人所自有。人之本心即道，自是至动至变，自是无思无为，自大亨而不失正，而人自知自信者寡。果自知自信，则易道在我矣，果不失其全，则于临自说、自顺、自刚、自中、自应矣。说顺刚中而应之道，即大亨以正之道，故圣人通而言之。孔子如四时之错行，如日月之代明，五十而学《易》，“七十而从心所欲不踰矩”，是大亨以正之妙，此诚非学者穷思竭虑之所能到，门弟子盖力索之而不获，力为之而不至。孔子尝叹曰“莫我知也夫”，又曰“知我者其天乎”，夫是之谓“天之道也”。

“至乎八月有凶”，指二阴长之月也。《临》二阳长，《遁》二阴长，相反也。凡一卦之变历数七，故《复》曰“七日来复”。今《临》曰“八月”者，自一阳之始而计之，《复》《临》《泰》《大壮》《夬》《乾》《姤》《遁》，是为八也。阴言月，阳言日，阳为君子，人心欲其速至，故特促其期曰“七日”。阴为小人，人心恶之，故迟之曰“八月”。人心亦易之道也。二阴长，小人之道长，君子于是遁，故曰“有凶”。凶者，明其处之尽道，容有无凶之理？君子之道终于消，不可玩忽也。

“不久”者，所以警之惧之，使君子毋忽毋玩也。盖人情慢忽，以为未遽至此者必至此也。泰“艰贞”亦可免咎，“休否”“包桑”致戒，皆以明警之足以持盈守成。盖消息盈虚，阴阳之气数也。警戒持守，道也。阴阳生乎道，故道可以转阴阳之气数。特以人之尽道者寡，而消息盈虚之数，鲜有能易之者。孔子曰：“圣人在上，日不食。”今历家谓日月之食，乃数之不可易者，而孔子云然，历家所算，亦不能尽验，于以知气数亦有以人道修明而潜弥其灾者，此易道变化无穷之妙，阴阳变化无一日不自道心而生者。善言足以退荧惑，孝妇可以旱东海。三才之机，一而已矣。

《象》曰：**泽上有地，临。君子以教思无穷，容保民无疆。**

卦已发君子临小人之义，《象》又发君临民之义，皆临也。泽上有地，则地临泽，有君临民之象，又有容保之象，又有深远无穷无疆之象，象义著明。《书》云：“民有恒性，克绥厥猷惟后。”君人者之职，如斯而已，故施教则思其无穷，不可苟也。居上当宽，宽以容之，亦非纵之；所以保之，非徒保其生，保其常性，思极于无疆。教可以行于今，不可以行于后，非无穷也；知其利，不知其害，不可也。帝尧曰：“劳之来之，匡之直之，辅之翼之，使自得之，又从而振德之。”其间曲折万状，诚非苟简率略之所能尽。既制产使之给足，又设庠序学校；既以礼教之，又以乐教之，礼又防其伪，乐又防其淫，又政以行其教以防其患，刑以辅其教以禁其非。精虑远念，弥缝周尽，皆所以顺民之常性而左右之容保之。一舜何为乎“塈谗说殄行”也？说之似高而实不正，行之诡异而殄绝不中，诚足以惑众乱常。天道，正而已矣。天地以此建立，日月以此照临，万物以此生成，君以此尊，臣以此卑，父以此慈，子以此孝，夫妇以此别，长幼以此序，朋友以此信。其有异学邪说，或作意而支之，或不及而纵之，苟以为是而安之，千岐万辙，人之意无穷，其有差亦无穷，故舜命龙“作纳言，夙夜出纳”，又命禹“出纳五言，女听”，深知人心易差，差则失正，则为乱为奸，其祸不可胜穷，故命官使之纳五方之言，又出言以正救之也。周衰，杂说蜂起，为权利，为乡原，为刑名，为任侠。比周之乱也，井田坏，学校废，教养之具亡，民无所容保，不胜大乱矣。

初九，咸临，贞吉。《象》曰："咸临贞吉"，志行正也。九二，咸临，吉，无不利。《象》曰："咸临，吉，无不利"，未顺命也。

卦辞言君子临小人，《大象》言君临民，六爻又发凡上下彼此相临之义。咸，感也。初与二位皆在下，皆以其德足以感人，而《临》之初曰“贞吉”，《象》又曰“志行正也”，言乎所以感临者，本乎志之行正而已，非有他也。然初之德不及九二之中，故《象》止曰“志行正”，志行正矣，而未至乎九二之得中道也。大抵《易》诸爻多以二、五为得道，所以得道者，以其中正也。中正虽皆道之异名，而天下亦有正士而未得乎道者，惟得中为得道。尧授舜，舜授禹，惟曰“执中”。故九二之“咸临，吉，无不利”，异乎初之“贞吉”矣。君臣感应相得之深，亦足以大有为矣。《象》曰“未顺命”者，君臣一德一心，咸感之至，亦有未顺君命、弼违补过者矣，此惟盛德之士，而又得圣哲之君而后可。

六三，甘临，无攸利。既忧之，无咎。《象》曰："甘临"，位不当也。"既忧之"，咎不长也。

兑为说，兑之成卦在三，不如初与二之以德感人，唯以甘说临人。小人之以甘说临人者多矣，人心终不服，终无所利。而以六居三，阴阳杂焉，有不安之象。不安则忧，忧则改矣，故“无咎”。六三，下之上，位稍高矣，而临人以甘，不以德，殊不当也。人自为咎，人心违也，既忧之则咎无，亦不长矣。

六四，至临，无咎。《象》曰："至临，无咎"，位当也。

四不得中，又无阳明之德，而亦不至于为六三之"甘临"，天下故多此等人物。既至四之位，其位则临乎下，无过尤之可指，故人亦不咎之，故曰"至临，无咎"，言其至此位而临，无尤之者。《象》曰"位当也"者，言其位当临人也，止言其位，则知其德不足称也，虽不足称，而过尤亦不着。

六五，知临，大君之宜，吉。《象》曰："大君之宜"，行中之谓也。

尧命舜曰"执中"，舜命禹曰"执中"，禹以是传之汤，汤以是传之文武。孔子曰"中庸之为德也，其至矣乎"，又曰"贤者过之，知者过之"。夫以贤者知者，犹不得之，则今六五之得中，岂不为大智矣乎？其不为大君之至乎？孔子曰"古之有天下者必圣人"，则大君宜得大中以临天下。夫大君所以临民之具，四而已。礼以教民之中，乐以教民之和。和，中之发也。刑以协民于中，政以正民，正犹中也。人君之职，若民之性，绥民之猷而已。自古圣王，未尝不以道化斯民，秦汉而下，不复知有此事矣，而况于得其道乎？三代而上，君臣虽知有此道，而实得之者诚鲜矣！商惟汤，周惟文王、武王，自武王以下不得而与焉。然则得中道者，不为知乎？以是临民，不为知临乎？《象》曰"行中之谓"者，礼乐刑政之行也。得中而未能行于天下者，容或有之，帝尧"匡之直之，辅之翼之，使自得之，又从而振德之"，尧之行中，如此其精也，其具则礼乐刑政四者也，不能行则无以临民。

上六，敦临，吉，无咎。《象》曰："敦临"之吉，志在内也。

敦有厚义[①]，又有不动意，厚则不动矣。《书》曰："惟民生厚，因物有迁。"厚则善，厚则不薄，薄则失其厚善之本性，则逐物以迁动矣。《中庸》曰"大德敦化，小德川流"，则敦有不动之义，于是可验。俗以堆阜之类谓之墩，亦见其不动，见其厚。今不失其本性，虽临民应物，泛然有为，而其心未尝迁动，是谓"敦临"，故"吉，无咎"。《象》曰"志在内也"者，以人多逐外，故圣人反而言之尔。然言不尽意，圣人非谓留其志于内也，有留犹未为内也，有内与外，犹非内也。孔子曰"清明在躬"，非实有所在也。此道不可以意度，不可以言尽，惟应变接物，如四时之错行、如日月之代明者自知之。此即九二之"咸临"，即六五之"智临"，而必异其辞者，随爻发挥。上居一卦之表，有不堕于事物之象。上与六皆阴，又有至静之象，故发"敦临"之义，非天下有二道也。

䷓ 坤下巽上

观，盥而不荐，有孚颙若。《彖》曰：大观在上，顺而巽，中正以观天下，观。"盥而不荐，有孚颙若"，下观而化也。观天之神道，而四时不忒。圣人以神道设教，而天下服矣。

二阳在上为下观，为下所观，谓之观。夫王者大观之道，岂小者之所能窥哉？其道甚大，何以明此？道顺而不拂，巽而不忤，中而无所偏倚，正而不入邪，以此观天下，故天下瞻之仰之，"自东自西，自南自北，无思不服"。人心不可强而服也，不可以巧而得也，举天下四海之内，同此心也。此心即道，不失此心，不以己私窒之，则此心无体无我，清明纯粹。夫有己私，则弗克顺巽。今无己私矣，如春如和

① "义"，四明本作"意"。

气，其顺其巽，乃其自然。有己私，则作好作恶，必有所倚，有所偏，偏则不中，则纵于欲，入于非僻，邪则不正。今无己私，则好恶不作，自无偏倚、自中，私欲不纵，自不入于邪，自正。曰“顺”曰“巽”曰“中”曰“正”，皆所以发明道心，非为巽又为顺为中为正也，圣人不失此道心，而天下同然之心，如响之应声，如影之随形矣，夫是之谓“大观”。

盥者，盥手为洁，祭之初也，未有所荐也。观之为道，如斯而已。盥洁之时，其心何如？非言之可道，非意之可度，姑名之曰诚，而其心中，初无此一语，有诚之意，已不诚矣，已不实直矣，已动矣，已伪矣，非诚也，惟曰：“如盥之时，不必曰荐，荐献则意或动，不足以明此旨，惟曰‘盥’，则贤愚皆知其纯诚，不可以意度言喻矣。圣人之设教也，切矣的矣。‘盥而不荐’，则下民自观感而孚化矣。‘颙若’，服信之状也。诚信如神，无他奇功而感应者，此岂不甚神？此道即天之道，天道至神，惟其神故四时之行无差忒。圣人即天道，亦神道，无二神二道，故设教而天下自服。礼乐刑政，皆圣人设教之具，可得而略言也。圣人为是父子、君臣、夫妇、长幼、朋友之礼，所以因人慈爱恭敬之心，而顺以导之，无敢小拂焉，无敢过焉，一循夫大中之性而左右之，使不失其所自有尔，而人之由之，冥符默契，自化自得，自不知也，非以神道设教乎？圣人又因夫人心之不能乐，乐者，道心之神用也，人惟不自明，故昏故邪，故致于淫，于是作为金、石、丝、竹、匏、土、革、木，以六律六吕和平中正之音，默感乎人之中正之心，自不知所以然而自化也，非以神道设教乎？比有长，闾有胥，族有师，党有正，书其孝弟睦婣，书其德行道艺，以发其本有之道心，纠其过恶，刑罚其罪尤，又有以约其放逸之私，欲复其本有之道心。

夫惟其所无也，故强之而莫从。而道心也者，人之所有，今既有以发之，又约而归之，则复其本有，感其同然之机，殆又捷于影响矣，非‘神道’乎？”

《象》曰：风行地上，观。先王以省方观民设教。

“风行地上”，有无所不周徧之象，圣人于是发“省方观民设教”之义。观亦有观之义，或言为观于天下，或言上观于下民。天下之义，无所不通，而况于观乎？心通内外之士于此乎何疑？彼章句训诂之士，往往窒泥。夫《易》之为道，本明变易，设教之略，前已言之，而省方观民之道，又为急务。省方，巡狩也。古者天子巡狩诸侯，“命太师陈诗以观民风，命市纳价以观民之所好恶，志淫好僻。命典礼考时月，定日，同律，礼乐、制度、衣服，正之”。其非巡狩之岁，则有纳言之官以纳民言，又出命以正救之，又有训方氏“诵四方之传道，岁则布而训四方，以观新物”。“舜塈谗说殄行”，自以为是而非，乱德贼道。周衰之世，乡原、任侠、刑名、纵横，异端邪说，纷纷扰扰，致祸于无穷者，失省方观民之教也。先王随方设教，不主一说，皆所以左右斯民，使无失其常性，一之于道德也，此又神道设教之详者也。

初六，童观，小人无咎，君子吝。《象》曰：“初六童观”，小人道也。

初阴居下，不应乎阳，有“童观”之象。童幼何知？小人童观，则不为奸雄，祸毒不深，故“无咎”。君子而无知，则无以治国平天下，无以启佑后学，故吝。吝有鄙君子之意，其在小人，则乃为得宜，故曰“小人道也”。

六二，窥观，利女贞。《象》曰：“窥观”，“女贞”，亦可丑也。

“窥观”小有所知，虽异乎初六之“童观”，亦可丑也。施之于女子而贞，则务小不敢自大，从父而已，嫁则从夫而已，故于女为合道者。夫士而窥观，亦可丑也，士而窥观者多矣。孔子曰：“君子不可小知而可大受也，小人不可大受而可小知也。”自孔门大受者犹难其人，自颜子“三月不违”，而下则有月至，而下则有日至而已。子夏虽好论精微，而孔子戒之曰“女勿为小人儒”，及孔子没，果与子张、子游以有若似圣人，欲以所事孔子事之，强曾子，曾子独不可，独曾子可以免窥观之丑尔。月至日至，谓闵子、冉伯牛、仲弓、曾子之徒尔。孔子之徒，于子游、子夏、子张，所以启诲之者至详矣，尚不跻之大道，然则此道非告语之所及，非心思之可到。孔子曰：“二三子以我为隐乎？吾无隐乎尔。吾无行而不与二三子者，是丘也。”又曰：“天有四时，春秋冬夏，风雨霜露，无非教也。地载神气，神气风霆，风霆流形，庶物露生，无非教也。”此道至动而实未尝动。孔子曰“知者动”，明惟知道者得中之妙。六二重阴，非能知动中之妙者，故为“窥观”，为不知道。

六三，观我生进退。《象》曰：“观我生进退”，未失道也。

六三居下卦之极，将升上卦，进退之际也。君子之进，非曰荣利也，行吾之道以泽斯民而已，当先自“观我生”。我生者，我日用之所为也。观我之日用果善邪则进，其未善未可以进也则退。夫其自观未善而退，因以未尽乎道也，而圣人许之曰“未失道也”。“未失道也”一语，乃继退而生文，古者立言之常也，旨不因乎进也。

六四，观国之光，利用宾于王。《象》曰：“观国之光”，尚宾也。

六三有退之象，则六四有进之象矣。六四之进，乃观国之光辉而进。九五贤明，中正在上，上九亦阳明。国多圣贤，有道之礼乐刑政，无作恶作好，不动乎私意，如日月之光，无思无为而及物自广，必如此而为有道，贤人斯敢进，故利用宾于王。坤卦曰“不习无不利，地道光也”，大畜“辉光”，艮“其道光明”，需“光亨”，履“光明”，未济“君子之光”，皆明安正不动而见于云为之妙。《象》曰“尚宾也”者，明其国贵尚宾贤可以进也；明其礼贤，国有道必尊贤礼士；又以明士不可苟贱，必有礼宾之道而后可进，若自苟贱，则何以行其道？重己所以重道也。

九五，观我生，君子无咎。《象》曰："观我生"，观民也。

五君位，故言君道。天下之治乱在己而已，故“观我生”，惟君子则无咎。《象》曰“观民”者，人患不自知，圣人于是教之欲观我生，则观民而已。民治则我是，民乱则我非，民乐则己正，民忧则己邪。凡我之是非邪正，一观诸民足矣。

上九，观其生，君子无咎。《象》曰："观其生"，志未平也。

苏子曰:“观我生”，谓下民观人主之崇高富贵。居人之上难哉！人主高处士民之上，万众咸仰而观其生，必君子而后无咎。《象》曰“志未平”者，明乎上九苟未能免万目之耸观，则犹未能以化定民，未能以德化民，民志犹未平也。孔子详言圣人藏身之道，惟以礼而已矣。自王而公，公而侯，侯而伯，伯而子男，皆有等；自君而卿，卿而大夫，大夫而士，士而民，皆有等；车服有等，宫室有等，皆礼也。尊者安尊，卑者安卑，贵者安于贵之礼而不过，贱者安于贱之礼而无不足之意，上下皆安行于礼义道德之中，如万物之于天地，何观之有？何未平之有？周衰渐废其礼，上失其所以藏身者，故渐亡。秦顿废其礼，上顿失其所以藏身者，故顿亡。汉高纵观秦皇帝曰:“嗟乎！大丈夫当如此矣。”秦使民观其生至于此，又其止于未平，大乱矣。

☲☳ 震下离上

噬嗑，亨，利用狱。《**象**》**曰：颐中有物，曰噬嗑。噬嗑而“亨”，刚柔分，动而明，雷电合而章。柔得中而上行，虽不当位，“利用狱”也。**

《颐》卦初上皆奇，而中爻四耦，宛然有“颐”之象。此卦又九四为奇，是为颐中之物，噬此物则嗑矣。惟有物故噬，噬而物亡而嗑，则事济矣，非亨乎？噬者，除间之道也。君子在上，有小人间之，则除之；国已治，有巨奸间之，则除之；四方已服已和同，有不轨不服之国，则除之。凡国之五刑，所以治奸暴，奸暴亦梗政者，亦除间也。至哉，噬嗑之道乎！三刚三柔分而平，不偏于刚，亦不偏于柔。“动而明”，如雷之动，如电之明。噬嗑之时，明动合而成章，章言其有理不紊乱也。夫用威[①]除间之际，人情多失之偏，多有所不察。今也除间之时，刚柔明动，合而成章，不偏不乱，岂心思人力之所及哉？无思无为，感而遂通，如雷电之合，作变化之神，中节之妙，“不可度思，矧可射思”，此大易之道也。至于六五“柔得中而上行”，上行则得位，又得中道。于除间之时而用柔顺，虽才“不当位”，然利于狱也。刑狱之道，本于仁柔，“罪疑惟轻，宁失不经”，圣王之所哀矜。若夫除小人，除巨奸，则才之柔者，非所利也。易道适变，各有攸当。

《**象**》**曰：雷电，噬嗑。先王以明罚勑法。**

雷威电明，噬嗑之正象。先王又致其仁厚之意，罚罪之轻者，谨而明之，无一之或差，则民知其不可欺而不敢犯矣。法书亦平时勑正之，或垂之象魏，或读之于闾，又读之于族，又读之于党于州，皆所以敕戒之，欲其无犯。

① “威”，四明本作“畏”。

初九，屦校灭趾，无咎。《象》曰："屦校灭趾"，不行也。

屦如校焉，遂灭其趾。屦趾所以行也，今校之灭之，则不行矣。禁之于初也，则其恶不行，亦"无咎"矣。

六二，噬肤灭鼻，无咎。《象》曰："噬肤灭鼻"，乘刚也。

"噬肤"，言其易也，亦言为间者长恶尚浅，故噬之易也。鼻，上通之象也，灭之使其恶不得滋长而上通也。为间者必刚，六二乘初九之刚，以刚为间，义当噬也。六二至柔也，初九刚以梗政，二之噬之，何以如"噬肤"之易也？彼梗吾政者，义之所不容也，矧其恶尚浅而易制也，矧六二得位，又以中正之道临之也，此其所以噬之易也。"噬肤灭鼻"，人疑其致怨咎，圣人正之曰"无咎"也。彼为间而遭噬者，往往心服，而况于他人乎？

六三，噬腊肉，遇毒，小吝，无咎。《象》曰："遇毒"，位不当也。九四，噬干胏，得金矢，利艰贞，吉。《象》曰："利艰贞吉"，未光也。六五，噬干肉，得黄金，贞厉，无咎。《象》曰："贞厉无咎"，得当也。

噬莫易于噬肤，莫难于干脯，次腊肉，次干肉。小物之干者曰"腊"。此盖以彼间之浅深，与己德大小为难易。二除间于肤浅，三渐深，故为次难，四又深，尤难。至五当益深益难，而曰"噬干肉"，止为次难者，以其有黄中金刚贞正之盛德，又以尊位行之，无毫发之失也，故曰"得当也"。故虽厉而无咎。夫彼为间，三噬而除之，当也，而反"遇毒"者，三无德焉，不当位也，无德者虽行之以正犹难济。虽然，三非间者，彼为间而三除之，于义为正，虽有"小吝"，终于无咎。至于四则间益深益大，故曰"噬干脯"，或作"胏"，子夏作"脯"。子夏在孔门，当从其本文。五[①]刚失直，不如黄金中刚之善矣，

① 现上下文意，"五"应为"四"。

故利于艰贞则吉。《象》曰“未光”，言九四之犹未尽乎道也。《易》诸卦爻，惟曰“艰贞”不曰“艰中”者，贞可以勉而至，中不可勉而能。六五之黄中，非九四之所能勉而至也，故曰“中庸之为德，其至矣乎，民鲜久矣”。

上九，何校灭耳，凶。《象》曰：“何校灭耳”，聪不明也。

此为间者，为恶至于上则极矣。初九始于足，上九登于首矣。今狱具亦有首足之校，圣人于是犹发挥其本始，曰本于昏而已矣。“聪不明”者，昏之谓也。人心本善，因昏而失，言其非无良性也，昏故也。小人省此，庶乎其瘳矣。

《杨氏易传》卷九

宋 杨简 撰

䷕ 离下艮上

贲，亨。小利有攸往。《彖》曰：贲“亨”，柔来而文刚，故亨。分刚上而文柔，故“小利有攸往”，天文也。文明以止，人文也。观乎天文，以察时变；观乎人文，以化成天下。

先儒以为此卦本下乾上坤，坤之上爻，来为六二而文乾，分乾之中爻，上为上九而文坤。静观六画，诚有斯象。偏刚偏柔，不可独用，必资相济，相贲以成章。舜命禹征有苗，刚德也。伯益赞禹而班师，以柔文之也。成王，质之柔者也，周公以大圣辅之，刚上文柔也。本质刚大，柔来文之，则亨。其功大，本质大故也。本质阴柔，柔虽刚往文之，仅“小利有攸往”而已，本质小故也。舜之得益、禹，周公之遇成王，非人之所得为也，天也。其君臣相遇，刚柔相遭，相之功业大小，皆天然之文，非人之所能为也。至于“文明以止”，一定不易之文，则“人文”也，人伦是也，尊有常尊，卑有常卑，礼有常序，其文甚明，而万古不易。夫君臣刚柔之所遇，时变之形，不可不观而察之也。人文，人心之所自有，自善自正，顺而导之，左之右之，使无失其所有，而自化自成矣。人文如此，天文如彼，其事不同，而文则一也。六十四卦，其事不同，道则一也。学者至此卦，往往不能不浸而转于事，惟睹其事，不省其道。《大传》曰“百姓日用而不知”，不可为不知之百姓告也。

《象》曰：山下有火，贲。君子以明庶政，无敢折狱。

山者，生育之所，其下有火焉而明，殊无用刑之象。贲，文也。文，柔德也。君子知民之未化，不在乎民也，在我而已，在庶政而已，不在乎刑也，在养之而已，未有庶政咸得其道而民不化者。刑狱，武德也。武，文之反也。使其折狱为本务，无不得已之意焉，则刑益繁，民亦乱，失本末之叙故也。秦汉而下，罕明斯旨。

初九，贲其趾，舍车而徒。《象》曰：“舍车而徒”，义弗乘也。

初九在下，义不乘车。君子以义为荣，不以车为荣。义在于徒，其荣在徒；义在于趾，其贲在趾。人达此者寡矣，故圣人于是发之。

六二，贲其须。《象》曰：“贲其须”，与上兴也。

六二柔不能自立，依刚而立，亦犹须不能自兴，从颐而兴。九三一阳在上，有“颐”之象。六二耦而附于下，有“须”之象。六二离体，自知也明，故能依九三而成贲。其有不度德，不量力，妄欲以弱才独任，有覆餗之凶矣。六二虽无吉，亦免凶，自知之明也。

九三，贲如濡如，永贞吉。《象》曰：“永贞”之“吉”，终莫之陵也。

《贲》卦虽以刚柔相济为贲，而柔以得刚为美，刚以比柔为丑，卦分刚上而文柔。臣之事君，不得已也，比肩而居，非所善也，而九三居二阴之间，乃有小人濡染君子之象。天下之变，固有不得已居乎小人之间而不失其体，若为小人所濡而实不濡也。“贲如濡如”，此君子与小人相处之道。孔子见南子，子路不说者，以其有濡如之迹也，而孔子未尝失其正焉，其正又未尝不久。他人之居乎小人之间者，未必能正，正又未必能久。正之不永者，利欲动之而不固也；正之不永者，作意为之，故有时乎衰也。惟道心昭明，道心无我，道心非意，有意则有盛衰，无意则无盛衰也，终始无二也，故小人终莫能陵我也，为其所动而害吾之德，虽谓之“陵”可也。此圣人教君子之言，当如是严也。九三与上九皆阳，无相应之象，故有与上下阴相濡之象。

六四，贲如皤如，白马翰如，匪寇，婚媾。《象》曰：六四当位疑也。“匪寇，婚媾”，终无尤也。

六四与初九正应而下比九三，阴阳相比，疑有相与之情，故曰“当位疑也”。而六四正应于初，应于初，不比于三矣。三之于四，非正德也，四之于初，乃正应也。正者君子之道，不正者小人之道，故以三为寇。皤，白也。六四“贲如皤如”，言其洁白不为小人所染污也，如“白马”之翰往，应乎初九之阳，志专应乎正，一无驳杂，断不与九三之寇为婚媾。不与九三之寇为婚媾，则人虽始疑之，终不尤之也。

六五，贲于丘园，束帛戋戋。吝，终吉。《象》曰：六五之“吉”，有喜也。

半山曰“丘”。六五居艮中爻，艮为山，有“丘园”之象，六五以丘园为贲。贲饰之世，六五能反本善矣。“束帛戋戋”然俭陋，虽于贲之时为吝啬，而终于吉。《象》曰“有喜”者，言六五之所为，虽人情之所不快，而实可喜也。六五有“丘园”之象，故有“戋戋”之象。

上九，白贲，无咎。《象》曰：“白贲无咎”，上得志也。

贲饰至如此极矣！上九超然于一卦之外，乃艮止其贲，一以白为贲焉。一用质实，疑人情之所不说，圣人于是示之曰无咎尤也。人心[1]

① “心”，四明本作“情”。

不至于不说，忠诚相与，人必不咎。《象》曰“上得志”者，人心本善，本纯诚而不杂，礼文之兴，人心未必不流而入于伪，故《礼》贵乎“去伪”，又曰“防民之伪”。今也白贲，则一由中心行之，无毫发致饰之伪，故曰“上得志也”，正人心之本然也。周文之敝，继周者当用忠质，亦人心之所厌也。

䷖坤下艮上

剥，不利有攸往。《彖》**曰：剥，剥也，柔变刚也。“不利有攸往”，小人长也。顺而止之，观象也。君子尚消息盈虚，天行也。**

以五阴剥一阳，“柔变刚也”。柔象小人，刚象君子，“不利有攸往”者，小人之道长日盛，君子不利有所往也。“顺而止之”，卦有此象，坤顺艮止，观象可知也。小人既盛，不可遽止，顺而止之可也。小人既极其盛，盛极则衰，亦有可以顺止之理。然不可必也，一观天消息盈虚之势如何，小人果有消虚之势，则顺而止之，如其未消未虚，是以天行之未可。圣人所以继言于后者，深知顺止之象，不可必也，君子亦何敢置己意于其间哉！“穷则独善其身，达则兼善天下”，进退作止，无非天之所行也，有毫发未与天为一，君子耻之。

《象》**曰：山附于地，剥。上以厚下安宅。**

《剥》之义，悉具于卦画之中，而人不知省，圣人于是发之。《剥》之为卦，小人剥君子也。而艮山附于坤地，乃有“厚下安宅”之象，何也？剥之祸生于用小人，剥不必厚下，小人不剥下，则无所便其私欲。今欲救剥之祸，当用君子之道。厚下，君子之道也，君子小人率相反。“民惟邦本，本固邦宁”，剥其下则人心离，人心离则谁与守邦？取祸之道也，岂不甚危？厚下则民戴其上。上之安宅，如山之附于地，其安固若此，必无剥祸。

初六，剥牀以足，蔑贞凶。《象》曰：“剥牀以足”，以灭下也。六二，剥牀以辨，蔑贞凶。《象》曰：“剥牀以辨”，未有与也。

足最居下。辨者，上下之际曰“辨”。取象乎牀者，牀，人所安处。今曰“剥牀”，庶居上者，知所惧也。蔑，无也。贞，正也。小人剥牀，无能正之则凶。六爻惟初与二曰“蔑贞凶”，言初与二小人之势未甚壮，尚可正之也，过此则虽欲正之，亦无及矣，祸成矣。初《象》曰“以灭下也”，明小人必剥下，剥下所以奉上之私欲也。二《象》曰“未有与也”，言未有阳为之应，未有君子与之正救也。

六三，剥之，无咎。《象》曰：“剥之，无咎”，失上下也。

六三在群阴之中，独与上九一阳应。此小人稍识邪正，不与君子相违，独为剥之无咎。《象》言其与上下众小人相失也。

六四，剥牀以肤，凶。《象》曰：“剥牀以肤”，切近灾也。六五，贯鱼以宫人宠，无不利。《象》曰：“以宫人宠”，终无尤也。

鱼，阴类，宫人，亦阴类，皆小人之象。贯鱼，以柔制之也。“以宫人宠”，宠爱之如宫人也，皆顺而止之道。制小人良难，恐其不利也。如“贯鱼”，如宠“宫人”，则“无不利”矣，故《象》曰“终无尤也”，无怨咎也。

上九，硕果不食，君子得舆，小人剥庐。《象》曰：“君子得舆”，民所载也。“小人剥庐”，终不可用也。

阳实，有“硕果”之象。硕，本也。阳为大，君子为大。阳极衰而复生阴，阳无偏绝之理，故“硕果不食”。复于下生，当是时，小人盛极势衰，君子衰极势将复，故曰：“君子得舆，小人剥庐。”君子本为人心所敬，况今将复，民咸载之矣。小人为人心所贱，况今势衰，如剥斯庐，终不可用，无庇身之所矣。

䷗震下坤上

复，亨。出入无疾，朋来无咎。反复其道，七日来复，利有攸往。《彖》曰：复，"亨"，刚反。动而以顺行，是以"出入无疾，朋来无咎"。"反复其道，七日来复"，天行也。"利有攸往"，刚长也。复，其见天地之心乎！

复，阳复也，君子复也。阳复则万物发生，君子复则治康，是谓"亨"。剥"柔变刚"，小人剥君子也。复"刚反"，君子反复于内也。言变，恶其乱也，言反，喜其复也，谓君子本当在内，今复其所也。喜君子，恶小人，万古人心如此也。人心即易之道也。君子虽为人心之所喜，虽已反复于内，苟动而不以顺行，即失人心，即转而为小人矣，安能"出入无疾，朋来无咎"。夫天下惟有道而已，顺之则善，逆之则害，一日违之，则有一日之害；一事违之，则有一事之害；一念违之，则有一念之害。是故，君子反复，动必以顺行，而后出入一无疾害，虽朋类咸来亦无咎。消息盈虚，咸有其势，一阳虽微，其势则长，五阴虽众，其势则消，而况于君子之朋来乎？而况于以顺行乎？必无咎尤。"'反复其道，七日来复'，天行也"，反复有数焉，自《姤》之一阴生，《遁》二阴，《否》三阴，《观》四阴，《剥》五阴，《坤》六阴，至于《复》，是为七。阳言日，阴言月，故《临》言"八月"，亦以易道欲君子之早复，故近其期曰"七日"。然消息盈虚之势，七之数，虽天道不能违，而况于人乎？天人之道一也，异乎天，无以为人，人心即天道。人自不明，意起欲兴，人心始昏，始与天异，意消欲泯，本清本明，云为变化。动者天之动也，静者天之静也，反复，天之反复也。如是则全体天道，寂然而感通，无干时之祸，无作意之咎。既复矣，则“利有攸往”矣。刚长，君子之道长，故君子利有攸往，此非君子之私意也，亦天道也。“复其见天地之心乎”，三才之间，何物非天地之心？何事非天地之心？何理非天地之心？明者无俟乎言，不明而欲启之，必从其易明之所而启之。万物芒芒，万物循循，难于辨明。阳穷上《剥》尽矣，而忽反下而《复》生，其来无阶，其本无根，然则天地之心，岂不昭然可见乎？天地之心即道，即易之道、即人、即人之心、即天地、即万物、即万事、即万理，言之不尽，究之不穷。视听言动，仁义礼智，变化云为，何始何终？一思既往，再思复生，思自何而来？思归于何处？莫究其所，莫知其自，非天地之心乎？非道心乎？万物万事万理，一乎？三乎？此尚不可以一名而可以二名乎？通乎此，则变化万殊皆此妙也；喜怒哀乐，天地之雷霆风雨霜雪也；应酬交错，四时之错行、日月之代明也。孔子曰：“哀乐相生，明目而视之，不可得而见也；倾耳而听之，不可得而闻也。”于戏，至哉！何往而非天地之心也。

《象》曰：雷在地中，复。先王以至日闭关，商旅不行，后不省方。

三才一气，三才一体，是故，人与天地不可相违。腹脏作疾，则首足四体皆为之不安，为其皆一人之身也。人事与天地乖戾，感触上下，为灾为害，亦以三才一体故也。雷在地中静，人事亦当静，亦以明人与天地一致。舜禹“十有一月朔巡狩”，往往于至日则不行耳，其前其后，无不可者。

初九，不远复，无祇悔，元吉。《象》曰：“不远”之复，以脩身也。

意起为过，不继为复。不继者，不再起也，是谓“不远复”。意起不已，继继益滋，后虽能复，不可谓“不远复”。不远之复，孔子独与颜子，谓其“有不善，未尝不知，知之未尝复行”者。继之之谓意起，即觉其过，觉即泯然，如虚之水，泯然无际；如气消空，不可致诘。人心自善，自神自明，自无污秽。事亲自孝，事兄自弟，事君自忠，宾主自敬，应酬交错，如四时之错行，如日月之代明，如水鉴中之万象。意微起焉，即成过矣。颜子清明，微过即觉，觉即泯然，无际如初，神明如初，是谓“不远复”。微动于意而即复，不发于言行，则不入于悔戾。祇，适也。某尝自觉意初起，如云气初生上，未知其为何意，而已泯然复矣。某何者，犹尔，而况于颜子乎？若交又起而往，则入于悔矣。元，始也，复于意未动之始也。是元即乾元，即坤元。元不可思，元不可度，姑谓之始，又谓之大，又谓之道心，又谓之天地之心。其曰“元吉”，吉孰大焉！《象》曰“以脩身也”，明乎脩身当如此而脩。

六二，休复，吉。《象》曰：“休复”之吉，以下仁也。

休者，美之之辞。六二亲贤乐善，虚心以下初九之仁，世俗众人往往以为卑辱，而圣贤则灼知其为休美也，故曰“休复，吉”。所以破俗情之蔽，彰六二之美，助好善之心。夫人亲小人则不善之心日炽，亲仁贤则复于道矣。《象》曰“下仁”，所以明爻辞之未著者也。

六三，频复，厉，无咎。《象》曰：“频复”之厉，义无咎也。

六阴三阳，动善恶杂，有“频复”之象。频复亦危厉矣，其有不复，则入乎恶，岂不甚危？既复则无过，故“无咎”。

六四，中行独复。《象》曰：“中行独复”，以从道也。

六五，敦复，无悔。《象》曰：“敦复，无悔”，中以自考也。

益六三、六四皆曰“中”，以三爻、四爻居一卦之中，故亦有“中行”之象。此六四之“中行独复”，与六五之“中以自考”，略相似而不同。既曰“中行”，则由道而行矣。中者道之异名，而犹以“复”为言，犹以“从道”为言，何也？孔子发愤忘食者此也，颜子好学者此也。得道而不能行，则意不能动，过未能寡，何以成德？是中行之复也，何思何虑，变化云为，浑焉一焉，犹我而已。是我无体，是我无方，是我无思，是我无为。无为而行，是谓“中行”；无倚无畔，是谓“独复”，是谓“从道”，是谓“蒙以养正”作圣之功也。至于六五“敦复无悔”，敦，不动也，不动而复。《象》曰“以自考”者，考，成也。中以自成，无俟乎行而自成也。“敦复”虽自卦而有复名，而实无复之可言。盖曰复敦，复敦不动之复，异乎诸爻之所以为复矣，进乎天矣，圣功等级有此。

上六，迷复，凶，有灾眚。用行师，终有大败，以其国君凶，至于十年不克征。《象》曰：“迷复”之凶，反君道也。

既不能“不远复”，又不“休复”，又无“频复”，放而不反，至如此极。“迷复”之道，不止于凶，又有灾眚。灾眚，天谴也。如此而言，已包括矣，而经言“行师”“国君”者，复举此二大事而言，以应筮者之问，所告切的，庶几警惧而改也。“十年不克征”，亦断断不可之辞，使知惧也。夫族师者，一族之所师。党正者，一党之所正。州长者，其贤足以长一州之人也。国君，则其德足以居一国之上也。天下之君，则其德足以居天下之上。今“迷复”是反乎君道也。

☰☳震下乾上

无妄，元亨利贞。其匪正有眚，不利有攸往。《彖》曰：无妄，刚自外来而为主于内，动而健，刚中而应。大亨以正，天之命也。“其匪

正有眚，不利有攸往”，无妄之往，何之矣？天命不祐，行矣哉？

复则不妄[1]矣，未复则物为主，复则我为主。道心无外内，外心即内心，惟人之昏，不省乎内，惟流乎外，是故姑设内外之辞。目之于色，人惟见色，不知视者。耳之于声，人惟闻声，不知闻者。心思之于为事，人惟覩万事，不知心思之所从起。视者即听者，听者即心思之所从起。起莫知其所从，用莫知其所终。觉则复而为主于内，不觉则放而为客于外。此心有至刚不可磨灭之妙，昏犹金之混于沙泥，明犹金之出于泥沙。内非外内，复者自知。知无所思，变化云为。动而健，不随气以衰。刚无所屈，中无所偏，姑名“刚中”。岂思岂为，虚明而应，群心自随。“大亨以正”，天命在斯。与物亨通而失其正，是小人之中庸，其所以至于无忌惮者，盖由于斯，故有眚。元，始也。元，大也。始难于言，惟曰“大亨”，足以明矣。下之至动，足以发挥无妄之至神，徒静犹妄，至动无妄，愈动愈神，是谓无妄之贞。孔子从心所欲而不踰矩，“大亨以正”也。不言所利，利在其中。“不利有攸往”，禹曰“安汝止”是也，言其本止而不动。意动则往矣，往则为妄矣，动则离无妄而之妄矣，故曰“无妄之往，何之矣”。离无妄而之妄，离天命而之人欲，天不祐也，何以能行？非天不祐，自取之也。

《象》曰：天下雷行，物与无妄。先王以茂对时，育万物。

与，犹皆也。“天下雷行”，万物皆无妄，圣人于是指无妄以示人，庶人心之或省也。何以明是时万物之皆无妄？无妄本无可言，本无可思。雷动物生，无妄可言而不可知，不识不知，帝则在斯。非谓性此时无妄，他时则妄也，因其动生之机，发而易明也，省则物我一矣。先王对时茂育万物，禁其伤害。仲春，“毋竭川泽”“毋焚山林”，季春，

---

① “妄”，四明本作“往”。

“置果罔毕弋无门”[①]“毋伐桑柘”，孟夏，“毋伐大树”，季夏，虞人行木“毋有斩伐”，皆所以顺天道也。

初九，无妄，往吉。《象》曰：“无妄”之往，得志也。

此无妄之往，异乎《彖》辞之云。《彖》辞谓舍无妄而他往也，此谓以无妄而往也，乃真心而往也。《彖》所言无妄之往，动于意而离，是谓失其道心。道心者，人之本心也。真心，非放逸之心也，虽动而未尝离也，正吾心之本也，故曰“得志也”。

六二，不耕获，不菑畬，则利有攸往。《象》曰：“不耕获”，未富也。

必耕而后可获，断无不耕而获之理。田一岁曰菑，三岁曰畬，断无不菑而畬之理。然而此爻曰“不耕获，不菑畬，则利有攸往”者，其义何也？为之而成、作之而得者，皆万世横目之所知也。不为而自成、不作而自得者，无妄之妙也。六二至阴至静而得中，有得其道之象，圣人于是发挥其妙，盖不思而知、不为而为者，无妄之妙也。道心至灵，至神至明，变化云为，如水鉴之照物，如四时之错行，如日月之代明。孔子“不逆诈，不亿不信，而抑亦先觉”，其诈不信，色勃如，屏气似不息，终年应酬，“终日不食，终夜不寝，而思”，而又曰“吾无知也”，此非训诂之所解也，非告语之所及也。又曰“哀乐相生，明目而视，不可得而见也；倾耳而听，不可得而闻也”，夫哀乐皆可见也，皆可闻也，而曰不见曰不闻，万古之所莫解也，而智者之所默识也。禹曰“安汝止”，人心自有寂然不动之妙，惟不安而好动故昏，故夫禹之所谓止，非无喜怒无思为也，终日思[②]为而未尝动也，虽有喜

① “置果罔毕弋无门”，四明本作“置罘罗罔，毕弋，毋出九门”。
② “思”，四明本作“心”。

有怒而未尝动也，如此则不妄，如此则“利有攸往”。往者以无妄而往也，不然则往皆放逸也，何利之有？“未富”之者，中虚无实之谓，因不耕获而发此义。孔子与门弟子言，每每戒其意，戒其必，戒其固，戒其我，皆所以攻其害道者，使虚也。

六三，无妄之灾，或系之牛。行人之得，邑人之灾。《象》曰：行人得牛，邑人灾也。

六三无妄之爻，非为邪者，以未能不作意，不能不立于我，故谓之灾。人性本善，本神本明，作意则昏，立我则窒，意作我立，如云翳空，如尘积鉴。所谓本无妄者灾矣，灾非其本心之所欲也，志在于善，反罹其灾；志在于得，反有所失。心在于静，得静则失动矣；心在于一，得一则失二失三四失十百千万矣；心在于万则得万，得万又失一；心在于同则得同，得同则失异矣；心在于异则得异，得异则失同矣；心在于实则得实，得实则失虚；心在于虚则得虚，得虚则失实；心在于中则得中，得中则失四方；心在于四方则得四方，得四方则失中；心在于知则得其知，得其知则失其不知；心在于不知则得其不知，得其不知则失其知。大抵有得则有失，无得则无失，无得则得无得，得无得则又失有得矣。有得非麤，无得非精，愈深愈穷，无深无穷，惟自觉者四辟不通，变化无穷，是谓“大中”，莫究厥始，无穷厥终。无得尚不足以言之，而况于有得乎？故取“或系之牛”，为象“行人之得，邑人之灾”。《象》又曰“行人得牛，邑人灾也”，有得则有失，其旨益明。六阴静，三复阳动，有意我之象。

九四，可贞，无咎。《象》曰：“可贞，无咎”，固有之也。

九阳动，四阴静。三与四皆非中道，六三虽静而不能不动，九四则自动而之静，去妄而学无妄。自圣人观之，九四未免于习，未觉其本，未可以为大正，然寖释其意，寖消其蔽，有损而无加，有寡而无多。意蔽消则性自明，意蔽大消则性自大明。云气去尽，则日月自昭。夫明德人所自有，学者惟自昭其明德而已。觉则明，不觉则固，难乎其明，然九虽未觉未中，惟渐释意蔽，意蔽尽释，则本明自昭。是或一道也，故曰“可贞”，言亦可以正也。虽未尽正而寖[①]改过矣，故“无咎”。《象》曰“固有之也”，言固有此道也。孔子曰“君子以人治人，改而止”，正谓此也。人谓[②]蔽，以人为治人为，人为尽改则止，不必复求也。意蔽尽去，则本德自明，九四可贞之道也。学道者亦不必专主一说。有忽觉而明者，有渐释渐明者，明则一也。孔子思而渐释其意蔽，明道心亦自明，故与门弟子语，每每正[③]绝其意，曰“毋意”、曰“毋必”、曰“毋固”、曰“毋我”。知夫意蔽尽去，过尽改，则人人皆与圣人同也。人人之德性未始不明也，固有此道也。《中庸》曰:“其次致曲，曲能有诚。”

九五，无妄之疾，勿药有喜。《象》曰:“无妄”之药，不可试也。

五为中，中为道，九五得道者也。然有疾焉，意或微动而过差。此疾既小，不药自愈，如加药焉，其病滋甚，故《象》曰“不可试也”。此爻惟已得道者知之，未得道者不知此何等义理也。有病而勿药，有过而不改，殆不可解也。昔者，“孔子遇旧馆人之丧。入而哭之哀。出，使子贡脱骖而赙之。子贡曰:‘于门人之丧，未有所说骖，说骖于旧馆，无乃已重乎？’孔子曰:‘予向者遇于一哀而出涕，予恶夫涕之无从也，小子行之。’”夫孔子之过于哀，此不可掩者也，然此无妄之疾也，孔子不加药焉，子贡不知也。此四时寒暑之变，微有过差

① “寖”，四明本作“寑”。
② “谓”，四明本作“为”。
③ “正”，四明本作“止”。

者也。《易传》曰“变化云为”，云为乃变化，非心思之可度也，非训诂之可解也。孔子曰“吾衰也久矣，吾不复梦见周公”，盖孔子不梦周公也久矣，不知其几年矣。孔子一不之省，则孔子无思无虑，数年而始觉，其觉矣亦非动。又曰“不知老之将至”，又曰“吾有知乎哉？无知也”，此蒙以养正、作圣之功也，加药则不蒙矣，则有知矣，有知则不一贯矣，则妄矣。此爻辞不为圣人而作，为已得道而未新纯者作。大休无妄，起意于善，是谓“无妄之疾”。若又治此疾，则于意上生意，疾中加疾。此疾自妙，非大非小，惟道心大明者始知此，未至于大明者终疑。

上九，无妄，行有眚，无攸利。《象》曰：“无妄”之行，穷之灾也。

无妄至于此，至矣尽矣，亦无过之可言矣。而贤者于此，或尚疑己德之未盛，复有所行，则意复起，则有眚。眚者灾之小，则失蒙养之功矣。将以为利，适以为害；将以为进，反以为退。无妄之药，尚不可试，而况于无故而欲行乎？行则有眚，又况于行而穷之乎？穷之则灾矣。此学道其终之微蔽，故于上爻言之。孔子曰“吾无知也”，无知则不行矣；又曰“不知老之将至”，老至犹不知，而况于行乎？孔子惟如此，故能至于“耳顺”“从心所欲”之妙。此爻惟已得道而蒙以养正之功未成者当达斯义。

《杨氏易传》卷十

宋 杨 简 撰

☶☰ 乾下艮上

大畜，利贞。不家食，吉。利涉大川。《彖》曰：大畜，刚健笃实，辉光日新。其德刚上而尚贤，能止健，大正也。"不家食吉"，养贤也。"利涉大川"，应乎天也。

大畜，大者有所制畜也。畜止健者，非有"刚健笃实、辉光日新"之盛德不能也。有盛德矣，而又"刚上而尚贤"，而后可以行止健之事。不然，则健者亦未易止畜也。健者，武勇奸雄之徒也。世不幸有奸雄作焉，惟大人能止畜之。"刚健"言其神武，能威能制，"笃实"言其诚一不二。刚健笃实，非二也，曰刚健曰笃实，皆所以明一德之盛。一言之不足，故再言之，非二德也。辉光中虚光明，神用四发，发于云为变化也，如日月之光辉，敷散宇宙，而初无心焉。日新，常新而不故，汤盘铭曰："苟日新，日日新，又日新。"意有起止，则有新故；意无起止，则无新故。行有作辍，则有新故；行无作辍，则无新故。无新故则常一，常一则常辉光日新，亦无二道。无二道，则曰刚健足矣，何必复言笃实，又言光辉日新？人心未明，虽明又未必大明，或误释，或偏见，则卦旨不明，故不得不合此数语以明其德。有如此盛德，又以刚在上，得利势以行之，又尚贤，不自任其刚，尊贤谘谋，以辅其不及，则能止畜健者矣。奸雄难于止畜，德之未盛者不足以临之；虽备天下之善德，苟不刚健，犹未为盛德之全，亦不足以临之；刚不在上，无利势，则亦不足以临之；德盛得位，苟不尚贤，亦非全德，虽尧舜之圣，犹资众圣贤之辅，虽大智或有所不及，不尚贤则奸雄亦得以窥之，亦不得而止畜也。不能止畜健者，则德非大德，正非大正。正无大小，惟德之未盛者，未尽乎正之道，故以全尽之者为大正。苟失其正，终难止健，故曰“利贞，不家食，吉”。“尚贤”而“养贤”，贤无家食也。既有大德行正道，又养贤尚贤，则畜止健者之道，无不尽矣，故可济大险，故曰“利涉大川”。至于利涉大川，非与天为一者不能也，故曰“应乎天也”。有毫发私意，有毫发意、必、固、我者，皆未免于人为，非应乎天。

《象》曰：天在山中，大畜。君子以多识前言往行，以畜其德。

山中有天，所畜者大矣。卦已明“刚健笃实，辉光日新”之大，此又明多识之畜，皆德之所畜，皆易之道也。道虽一贯，虽学不可以不博，前言往行，千差万殊，有是有非，有偏有全。万善万德，洞观会同，“如四时之错行，如日月之代明。万物并育而不相害，道并行而不相悖”，“大积焉不苑，深而过，茂而有间”。孤陋而寡闻，坐井而观天，汔至而未繘，小者之事耳。

初九，有厉，利已。《象》曰：“有厉，利已”，不犯灾也。

大畜之时，上之人以刚制畜臣下，臣下有危厉之道。初九未得，似利于止而不进。已，止也，止则不犯灾矣。

九二，舆说輹。《象》曰：“舆说輹”，中无尤也。

二已居位，当上以刚制畜臣下之时，则当如舆之说轴輹，不可行也。其“说輹”，中无怨尤之心也。其失道者，往往于此有怨尤，故此明其道。

九三，良马逐，利艰贞。日闲舆卫，利有攸往。《象》曰："利有攸往"，上合志也。

上下之情未通，则有制畜之事。今九三上承六四，阴阳有相得之象，则九三可以往矣。大抵卦至三爻，居上下卦之交，有变之象。泰三已言"无往不复"，此爻"良马逐"，已有不制畜之象。"利艰贞"者，谨之也。徒谨而或失正，难于免祸。既艰既贞，又"日闲舆卫"，舆承上卫，谓防卫无致上疑。舆卫无他，艰贞而已，则"利有攸往"。以大畜之世，上方严制，虽合志不可往也。《象》言"上合志"者，明未合志，则断不可往也。

六四，童牛之牿，元吉。《象》曰：六四"元吉"，有喜也。

牛，柔顺之象。童牛尤其柔者，而有牿焉，外莫得犯之矣。六四柔顺之至，而能使人不得而犯，此非以威服，以德服人，故"元吉"。然非能止健者，能使健者不见犯尔，故曰"有喜"，以其无及人之功，故不曰"有庆"，庆大喜小。

六五，豶豕之牙，吉。《象》曰：六五之"吉"，有庆也。

牝豕曰豶。牝，阳也，五之象。牙能制物，有含藏之象焉。得止健之道矣，而止曰吉，不曰元者，以刚制乃适变之道，非其本也，然足以止健。奸雄不得肆其毒，福及天下，故曰"有庆也"。

上九，何天之衢，亨。《象》曰："何天之衢"，道大行也。

大抵事终则变，上九居卦之极，有不待制畜而上下之情通达和畅之象。"何"之为言，惊辞也。大畜之世，制畜方严，忽焉亨通，故惊喜曰："何天衢之亨也。天也，尚须制畜，非道亨也。"上下一心，同由乎道，乃道之大亨也。

䷚震下艮上

颐，贞吉。观颐，自求口实。《彖》曰：颐“贞吉”，养正则吉也。“观颐”，观其所养也。“自求口实”，观其自养也。天地养万物，圣人养贤以及万民。颐之时大矣哉。

观卦六画，宛然如颐。颐，养也。养之而已，无所修治也。“养正则吉”，已正则养之而已，故“吉”。《易》曰：“蒙以养正，圣功也。”其有不正焉，则当改当修治，苟亦养之，是养成其不正，不可也。人多不自知己之非，而精于知人之得失，故观颐先观人之所养，是则効之，非则省己而惩之。“自求口实”，乃省己之所养，故曰“观其自养也”。以彼照己，庶其易省也，人多不自觉，故圣人设法以教之，使先观人而后观己也。“天地养万物”，天地之养，即人之养，知天地则知己矣。理人养民，乃先养贤，养贤则可以养民矣。君不用贤而能养民者，自古无之。“圣人养贤以及万民”，疑异乎天地之养万物，而孔子不以为异，故比而言之。何独圣人之养与天地同？虽天下人其养皆与天地同。何以明之？三才一体也，人自昏也，知其一则不昏矣，不昏则人与天诚未见其有间也。不特颐为然，六十四卦皆然。孔子于此又虑人必索颐之义，乃不曰“义”而止曰“时”，曰“颐之时大矣哉”。大哉颐之时乎！诚可谓至大矣。颐者养而已，颐以口实奉养，不可得而索也；养有所修治，义亦不可得而索也；养无所修治，义亦不可得而索也；天地养万物，义亦不得而索也；圣人虽养贤以及万民，然亦如斯而已，义亦不可得而索也。无义可索，故唯曰：“大矣哉，颐之时乎！”大矣哉，六十四卦之时乎！其曰“时义”，亦非有义之可索也，姑曰“义”，亦无义之可状也。究义之始，莫得厥始；究义之终，莫得厥终。曰“义”曰“时”，皆不可索，未始不同，是谓“帝则”，不知不识，是谓大《易》。无思无为，变化云为。“不可度思，矧可射思”，六十四卦亦如之，三百八十四爻亦如之。书不尽言，时亦发之他卦，亦屡发“大矣哉”之旨矣。举一隅以通三隅，即一以知万，不必每卦每爻，既言而又言也。

《象》曰：山下有雷，颐。君子以慎言语，节饮食。

山有止之象，雷有声而动。君子之言语，即雷之声；慎而谨之，即山之止。君子之饮食即雷之动，而节之即山之止，不纵其所欲也。夫人之本心，自善自正，自神自明，惟因物有迁，始昏始放，言语始轻脱，今也慎其言语，言语不轻肆而内心得所养矣。因物有迁，始昏始放，饮食始不节，今也节之，则欲不纵而内心得所养矣。去其害心者，而本心之光明如初矣。

初九，舍尔灵龟，观我朵颐，凶。《象》曰：“观我朵颐”，亦不足贵也。

龟能引气自养，不假于食。“朵颐”，口实充颐之状。初九自有阳明至灵之性，不假外养，乃舍之而慕人之利欲以为养，凶之道也。《象》曰“亦不足贵”，明其本有良贵，今观夫“朵颐”，则失其所谓贵矣。初九以阳应六四之阴，有舍灵龟、观朵颐之象。

六二，颠颐，拂经。于丘颐，征凶。《象》曰：六二“征凶”，行失类也。

以上养下，顺也。今六二以上而反资初九之阳以为养，是谓“颠颐”。阳阴相比多相与，故有“颠颐”之象。“拂经”，言其非经常，“拂经”未有凶也。倘而于丘求颐，六五居艮山之中，有半山曰丘之象，而两阴之情不相应，故“征凶”。二五于位本相应，而今不应，则六二不可往也。征，往也。二五虽本类而今非类，故曰“失类”。天下人情事势之变，无常有如此者。子曰“君子定其交而后求”，今交不定而妄求，故不应而凶。六二震体，有动而上求于丘之象。颐为利养。

六三，拂颐，贞凶。十年勿用，无攸利。《象》曰：“十年勿用”，道大悖也。

六三不中，已有失道之象，而震卦之上，动之甚者。夫谨言语、节饮食则为顺动，非所贵也。正则为顺，与天地相似则为顺，岂纷动之谓乎？然则六三拂颐之正道，其凶可知矣，虽十年亦不可用。十者，数之极，言终不可用，终无所利也，又曰“道大悖也”。

六四，颠颐，吉，虎视眈眈，其欲逐逐，无咎。《象》曰：“颠颐”之吉，上施光也。

六四阴爻，不能以上养下，而反资初九之阳以为养，是谓“颠颐”。与六二同，而四独吉者，四与初正应，不拂经常也。四既资初以养，四虽上位，其体尊重，如虎视眈眈然，而其志欲乃逐[1]逐于初，相亲之诚有如此者，则无咎。其如不然，挟贵挟势以资初九之养，彼将咎我以无礼矣。《象》曰“上施光”者，人情以上资下之养为屈辱，乃其私也，圣人于是正之曰此乃上施之光也，义当资之，何辱之有？小人以为辱，圣贤以为光。圣人多以“光”一言明无思无为而及物，如日月之光。此虽下贤，亦不动乎私意，有“光”之象。惟不动乎私意者人咸服，故亦有尊荣义。

六五，拂经，居贞，吉，不可涉大川。《象》曰：“居贞”之吉，顺以从上也。

六五上资上九之养，其体顺，故不为“颠颐”。特以本非正应，非其经常，故曰“拂经”。非其经常，疑不能久而变，故戒以“居贞”。

①前一“逐”字，四明本作“迷”。

以阴资阳，正也，居正不变，则吉。然阴盛方资于颐养，未可遽然大有所济，故曰“不可涉大川”。《象》曰“居贞之吉，顺以从上也”者，言六五之贞，不在乎他，在乎顺从上九之贤而已。六五艮体，有止定居贞之象，六二震体则反是。

上九，由颐，厉吉，利涉大川。《象》曰：“由颐厉吉”，大有庆也。

上九有公师之象。一阳在上，四阴随之，有举天下皆由上九而得其养之象，故曰“由颐”。以人臣而举[①]盛势，虽危厉之道，而上九以阳明之德，居公师之位，又以六五好贤柔顺，有顺从之象，故吉。观时物之宜，虽济险可也，何危之有？举天下咸赖之，故曰“大有庆”。

䷛ 巽下兑上

大过，栋桡，利有攸往，亨。《彖》曰：大过，大者过也。“栋桡”，本末弱也。刚过而中，巽而说行。“利有攸往”，乃“亨”。大过之时大矣哉。

阳刚为大，阴柔为小。君子为大，小人为小。大者亦有过也，无过则何以“栋桡”？栋桡则本末必弱，无过则何以致本末弱？“刚过”，用刚之过也。上言大者之过，此又明用刚之过者，如汤、武之征伐，周公之诛管、蔡，而其心一无所偏私，一由中道而行，又巽而不忤，说而能和，不失天下之心乃可。二五有中之象，巽兑有巽说之象。其曰“利有攸往，乃亨”者，既以栋桡本末俱弱，俱不可不往而修治其过，扶其弱而隆其桡也。人情亦有虽知过，复循循悠悠，不即敏改者矣，故圣人警之曰“利有攸往，乃亨”。虽曰大者既有过矣，疑不可以言大，而圣人亦赞之曰“大矣哉”，何也？此蚩蚩横目万言之所未

① “举”，四明本作“居”。

知，而圣人特发祕以示之也。今夫六十四卦、三百八十四爻，其间情伪凶盗，邪僻过咎，不知其几，而无非《易》之道，特以昏则伪，万心则为奸盗；明则为智为贤，大明则为圣人，故曰“一以贯之”，又曰“谁能出不由户，何莫由斯道也”。《易大传》“百姓日用而不知”，不曰：“惟圣贤由之，余人不由也。通乎此，则人之目视以此视也，耳听以此听也，心思以此思也，不思以此不思也；变化云为，以此变化云为也，岂不大哉！”

《象》曰：泽灭木，大过。君子以独立不惧，遁世无闷。

泽甚卑，木甚高，今泽乃过之，灭没其木，是谓“大过”，有非常大变之象。君子处非常大变之中，独立而不惧，疑君子一于为人，不复隐遁，故继之曰“遁世无闷”，明乎已在危难之中，则义当授命，如“见几而作”，则亦遁世。若将终身焉无一毫闷郁之意，“遁世不见知而不悔”，《中庸》篇“惟圣者能之”，则遁世无闷，亦大过人之道也。道心虚明，自无惧，自无闷。有不然者，乃因物而迁，意起而昏。

初六，藉用白茅，无咎。《象》曰：“藉用白茅”，柔在下也。

子曰：“苟错诸地而可矣。藉之用茅，何咎之有？慎之至也。夫茅之为物薄，而用可重也。慎斯术也以往，其无所失矣。”《象》曰“柔在下”者也，初六柔而在下。凡百尤宜敬顺。白茅柔物而在下，又四阳实而在上。初六有“藉用白茅”之象，在大过卦则成过于谨慎之象。

九二，枯杨生稊，老夫得其女妻，无不利。《象》曰：“老夫女妻”，过以相与也。

杨者，阳气之所易感，其发生也早，故取以为阳象，“枯杨”又有阳之过象。稊者，杨之秀。枯杨而生稊，乃阴阳之气和而生。老夫虽过阳而得女妻亦顺，用刚虽过而能降心济以柔于道皆顺，故“无不利”。九，阳也，二阴，有阴阳和顺、刚柔相济之象。《象》曰“过以相与”者，取其相与之情，为宜过以相与，又有刚过而济以柔之义。

九三，栋桡，凶。《象》曰：“栋桡”之凶，不可以有辅也。

九三与上六为应，九三阳奇，有“栋”之象，而反居上六之下，是栋桡曲而下也。栋之所以桡者无他也，以九三用刚，过而不中也，故《象》曰“不可以有辅”，言其刚过自用，不谦柔以受人之言，故曰：“不可辅也。”

九四，栋隆，吉。有它吝。《象》曰：“栋隆”之吉，不桡乎下也。

九四与初六为应，九四阳奇，有“栋”之象，而居初之上，故曰“栋隆”，高而不桡乎下。九刚四柔，刚柔相济，故能隆也。然有它则吝，他者，初六之阴，有它则为亲近小人，有桡乎下之象，故《象》又言之。

九五，枯杨生华，老妇得其士夫，无咎，无誉。《象》曰：“枯杨生华”，何可久也？老妇士夫，亦可丑也。

华异乎稊，华虽亦阴阳和而后生，至于华则极矣，极必衰。四阳至于此极，故有将衰之象，故曰“何可久也”。华不能久，行衰落矣。上六阴而上，老妇也。九五反居下，士夫也。老妇得其士夫，则老为主，其义则柔阴为主，为柔之过而刚反柔，虽无刚过之咎，而惩创大过，刚阳顿衰，安能有为？故曰“无誉”，又曰“亦可丑也”。生华不久，其此类欤？

上六，过涉灭顶，凶，无咎。《象》曰：“过涉”之凶，不可咎也。

“过涉”，济险也，而灭没其顶，凶也。虽凶而济，险之至正也，不可咎之也，故曰“无咎”。古者有志之士，见危授命而功不济，亦有后而议其非者，故圣人正之曰“无咎”，又曰“不可咎也”。“过涉灭顶”

而又咎之，则乡原之道行，而见利忘义者得志矣。

䷜ 坎下坎上

习坎，有孚，维心亨，行有尚。《**彖**》**曰：习坎，重险也。水流而不盈，行险而不失其信。“维心亨”，乃以刚中也。“行有尚”，往有功也。天险，不可升也；地险，山川丘陵也。王公设险，以守其国。险之时用大矣哉。**

习坎，重险也。八卦惟坎言习，余卦皆不言，何也？非不可言，因义生言，余卦文义，自不必言重习也。非八卦有异道也，六十四卦同此一道，而况于八卦乎？“习坎”之义，何义也？人心遇险而惧，惧而甚则乱，乱则或失其信，其心安能亨？有能在险中而不失其信，迹虽在险难而心亨，已离[①]乎人矣，至于[②]再遇险而亦不失其信，其心亦亨者，非深得其道成全[③]其德者不能也。大抵有志于善者，皆能履其初险，而至于重险则难，故圣人特于坎曰习，所以明其道也。得乎道则重险犹初险也，虽十百千万险，犹一险也。人心即道，道心无体，无体则易犹是也，险犹是也，一险犹是也，十百千万险犹是也，而况于“重险”乎？人人皆有此道心，而昏昏者众，昏则乱，昏甚者遇险辄乱，不甚者重险则乱，惟不昏而常明者，虽历十百千万险而不乱，故于坎曰习，所以明其道也。不为重险所乱，则无不通矣。夏易曰《连山》，以重艮为首，则艮亦可以言连，今《周易》艮不言连者，山可以连，艮不可言连，取义不同，立言随义，言异而道则一。“水流而不盈”，所以为坎。人心本乎信，乱则失之。孟子曰：“周乎德者，邪

①“离”，四明本作“难”。
②“于”，四明本作“遇”。
③“全”，四明本作“矣”。

世不能乱。”当重险之中而不乱者，有盛德也。道心无体，如太虚然，险难何能乱之？身则有体者，身固不可得而亨矣。心则无体，无体则坎险不能陷，故常亨。言“维心亨”，则身不可言亨矣。孔子厄于陈蔡，畏于匡，而弦歌不衰，是遇重险而心常亨也。重险不得而乱，“刚中”之名于是乎着。既在险中，则当求济其险，故曰“行有尚”，言往济其险，则险可济而有功，不往则险不能出，何功之可尚？难险非善也，而天险不可升，地险山川丘陵，王公设险以守其国，险之义又未始不善。半山曰丘，大阜曰陵。设险则城郭沟池之固之所设也。王公设险非私也，所以守国也。守国所以安民也，天下之大公也。王公所设之险，即天地之险，圣人比而言之，明三才之一体也。人情又概以险为不善，圣人于是发明险之时用曰“大矣哉”，所以破人心之疑蔽，明大易之道也。天地之间，何物非易、何事非易、何理非易、何时非易、何用非易？易未始不一，人心自不一。人心亦未始不一，人心无体，自神自明，自无所不一，有体则不一，无体则无不一。意动则昏，昏则乱，乱则自不一而纷纷矣。自不昏者观之，重险之时大矣哉，有孚心亨大矣哉，行有尚大矣哉，六十四卦之用皆大矣哉！

《象》曰：水洊至，习坎。君子以常德行，习教事。

水则洊至，德行本常，昏则不常。人本不昏，意动则昏，不昏则未始不常。常德行，在我之水洊至也。人心既放，教者贵熟，一暴十寒，何以善俗？习则熟，熟则常。习教事，在人之水洊至也。

初六，习坎，入于坎窞，凶。《象》曰：“习坎”入坎，失道凶也。

“习坎，重险也”，居险而能出险者，为得其道。今居“习坎”之中，不惟不能出险，而又“入于坎窞”，“失道”故也，故凶。初六居下，故于习坎又有入窞之象。

九二，坎有险，求小得。《象》曰："求小得"，未出中也。

二在险中，所求仅小得。《象》曰"未出中也"，言未出险中。

六三，来之坎坎，险且枕，入于坎窞，勿用。《象》曰："来之坎坎"，终无功也。

六三来则入坎，之亦入坎。之，往也。外亦坎卦也，故曰"来之坎坎"，无功也，《象》曰"终无功也"。及六三又自枕于坎，不独枕险，又入于坎窞，六三阴险不中，失道所致。然小人既以陷于此，岂无改过之道？圣人于是亦教之曰"勿用"。但一切勿有所用，则所谓失道之心熄，庶乎免矣。

六四，樽酒簋贰，用缶，纳约自牖，终无咎。《象》曰："樽酒簋贰"，刚柔际也。

酒养阳，食养阴，故尊酒阳奇，簋贰阴耦。九五阳刚，六四阴柔，刚柔交际，君臣相亲。已离内卦，有济险之道焉，君臣一德一心，何险之不可济哉？然上下方交际，六四当"用缶"，缶虚中，毋实已意，一观夫君心之如何。从君心之所明者，纳诚以咎之，则君臣一明，君臣益和，终无尤咎，险可济矣。牖，明通之象。孟子因齐宣不忍于牛之心而启之，以为是心足以王矣，齐宣为之兴起，即"纳约自牖"之道也。

九五，坎不盈，祇既平，无咎。《象》曰："坎不盈"，中未大也。

九五虽得中道，阳德不陷于阴，有平险之功。而坎亦"不盈"，祇适平而已，虽无咎而无大功。功之未大，由其中之未大也。《同人》曰"得中"，《大有》曰"大中"，得道固有大小深浅之不同也。

上六，系用徽纆，寘于丛棘，三岁不得，凶。《象》曰：上六失道，凶三岁也。

上六失道，与六三同，而祸又甚焉者，上六因阴而又阴，险而又险。阴险小人，处险难之极，故有“系用徽纆，寘于丛棘，三岁不得”之象。

☲ 离下离上

离，利贞，亨。畜牝牛，吉。《彖》曰：**离，丽也，日月丽乎天，百谷草木丽乎土，重明以丽乎正，乃化成天下，柔丽乎中正，故亨，是以“畜牝牛，吉”也。**

“离，丽也”。丽，犹附也，又重明之卦也，“日月丽乎天，百谷草木丽乎土，重明以丽乎正”，一也。离者，易道之异名也。三才无非易，而况于重明乎？始因离丽，指其同者以开人心。悟三才之未始不同，则万物、万事、万理无不同矣。无不同者，易也。今徒知日月丽天、百谷草木丽土、重明丽正，而不知其为易之道者，实不识日月、百谷、草木、重明者也。重明，本明而又明也。人皆有明德，惟君子能明之，故《晋·象》曰“君子以自昭明德”。惟君子明之，众人不能，则人虽有明德，又以能明为善，故曰“重明”。人心非气血，无形体，虚明神用，无所不通，意动故昏，一日觉之，自神自明，六通四辟，视听言动，心思变化，无不皆妙，无不中正。其有小人略窥迂似，放肆颠倒于非僻之中，故曰“小人之中庸无忌惮”，是故重明之卦，利乎贞正。重明而不失贞正，则不入乎小人之无忌惮，则得易道之正，正则无不亨通矣。“重明以丽乎正”，非作意而附丽也；“重明”而不失正，即谓之丽义。读《易》者当悟斯旨，勿执其辞。人之常言，亦多此类。夫天下之人心，不可以力化，不可以权术化，惟可以德化。重明则不失德性之本明矣，丽乎正则所行皆正，明德达而布于天下矣。

人人皆有此德性，惟昏故愚，其本有之德性，未尝磨灭也。今也上之人重明丽正，达而行天下，则天下同然本有德性，无不默感默应默化矣。化成之道，通于神明，光于四海，无所不通，《诗》云“自西自东，自南自北，无思不服”，非人力之所能为也。孔子于《孝经》，以孝悌言之，即重明之正化也。《观·象[①]》曰“圣人以神道设教而天下服矣”。道化之神，诚有不可测识之妙。离卦阴柔居中，离为中女，柔体也。体之柔者，难以致亨，惟不失中正则亨。中正者道之异名，中言乎其无所倚，无所偏，正言乎其不流于邪僻，不倚不偏不邪，非道而何？得乎道而不能亨者，未之有也。牝牛，柔之象也。丽乎中正而后为“畜牝牛”之吉也。

《象》曰：明两作，离。大人以继明照于四方。

《震》曰“洊雷”，《巽》曰“随风”，《坎》曰“水洊至”，《艮》曰“兼山”，《兑》曰“丽泽”，独《离》言明不言火，何也？圣人知继明之义为大，而两火为之物，继明本一德，故曰“明两”。明无实状，虽曰两，以发继明之义，实无二体。作，犹为也。明两为离，立言之常也，不必赘起其意。《彖》以言“重明”而兼言“中正”，重明之告犹未甚着，故此复发继明之义。“继明”，犹重明也。人皆有明德，惟意动而昏，故不继。尧聪明，尧不昏而能继也。舜濬哲文明，舜不昏而能继也。文王若日月之照临，以文王不昏而能继也。作好作恶，则昏则失。道心虚明，光辉四达，如水鉴，如日月，无思无为，自无所不照，有思有为则意动。知此则失彼，知一则失十百千万，况所知之一，未必果知乎，而况于照四方乎？舜告禹曰“人心惟危，道心惟微，惟精惟一”，道心不继，不精一也。意为人心，意不作为道心。

①据引文出处，“象”应为“彖”。

初九，履错然，敬之，无咎。《象》曰："履错"之敬，以辟咎也。

离为火，火性躁。履，行也。错然而起意念每如是躁之性也，于其初也敬之，勿遂其错然之过，则不放不逸，免于咎矣。卦取离丽、离明之义，此又发离火炎躁之象为义。易道无所不通，不可执一而论。

六二，黄离，元吉。《象》曰："黄离元吉"，得中道也。

黄，中也。离，丽也。丽乎中道，故曰"黄离"。离，明也。明而不失乎中正，故曰"黄离"。离，火也。有火之明，不入于躁，是为得中，故曰"黄离"。凡离之事无穷，黄中之道亦无穷。凡有意则有所倚，有所倚则有所偏，皆不可以言中。凡意皆不作，自然本明本神，自不偏不倚，而名之曰中，其获元吉固宜，元亦道之异名，亦曰大，其获大吉固宜。

九三，日昃之离，不鼓缶而歌，则大耋之嗟，凶。《象》曰："日昃之离"，何可久也？

此爻又取离为日月之象。日过中则昃，二为中，三为过中。"日昃之离"，将老之象。衰则老，老则死，一也。人之生如日之东升，壮如日之中天，衰如日之昃，死如日之西入。日有东西出入之异，其光明一也。生者，血气之所聚，其性犹是也。老死，血气之衰散，其性亦犹是也。性非气血，无形体。有形体血气，则有聚散，非血气形体，则无聚散。愚者执气血以为己，故壮则喜，老则忧，惧其无己也。明者知性之为己，性本无体，平时固自不立己私，不执血气为己。性如日月之常明，则血气之或衰或散，固不足以动其心也。《象》曰"日昃之离，何可久也"，庶乎愚者惧而思道矣。

九四，突如其来如，焚如，死如，弃如。《象》曰："突如其来如"，无所容也。

六五，大君也，柔而在上。九四乃以炎上之性，为暴为躁，突然而来犯，天下之所共愤，大义之所必诛，故继曰“焚如死如弃如”，谓可以焚而死、死而弃之也。《象》曰“无所容也”，言无所容于天地之间也。

六五，出涕沱若，戚嗟若，吉。《象》曰：六五之吉，离王公也。

六五大君，为暴虐之臣所陵，而六五柔弱莫能制，惟“出涕沱若”，又“戚嗟若”而已。然亦吉者，何也？君臣，天下之大义。君者，人心之所共戴，虽柔弱非刚暴之君也。而九四以臣犯君，人心之所共愤，故九四终于无容，六五终于不失其位而吉。《象》曰“六五之吉，离王公也”，离，丽。以其丽王公之位，故人心愤其臣之逆而共诛之也。苟非王公之位，则人心未必如此共愤之甚，加以柔懦特甚，难保其吉。

上九，王用出征，有嘉折首，获匪其丑，无咎。《象》曰：“王用出征”，以正邦也。

离为甲胄，为戈兵。甲胄，外刚而坚也。戈兵，其性锐也。此爻取甲胄戈兵之象而言出征，备明《离》卦之变义也。征伐，非王者之本心也，不得已而用之。《洪范》八政，师居其末。此爻一卦之极，事至于极，不得已而用之，所以正天下之不正也。以至明之王，行不得已之征，上合天心，下合人心，宜其有嘉而又折其首，不及其众。非吾之丑类则获之，苟不逆命，即吾类也，宥之可也。如此则虽用戈兵，人无怨咎。《象》曰“以正邦也”，明王者之征，所以正邦，非有他也，非行其私忿也，非黩武逞欲也。

《杨氏易传》卷十一

宋 杨简 撰

䷞ 艮下兑上

咸，亨，利贞，取女吉。《彖》曰：咸，感也。柔上而刚下，二气感应以相与，止而说，男下女，是以“亨，利贞，取女吉”也。天地感而万物化生，圣人感人心而天下和平。观其所感，而天地万物之情可见矣。

《观》卦之象，上六之柔，有自下而升之象，九三之刚，有自上而下之象，是谓“柔上而刚下”。刚柔阴阳，二气感应以相与，艮止兑说，说出艮止者，其咸之道欤？亨利贞欤？变化之神欤？夫既以感应相与而说矣，而曰“止”者，何也？岂始说而终止邪？今曰“止而说”，言乎止而不动而又说尔，非止与说离而为二，止与说合而为一也，如水鉴中之万象，水常止而万象自动也，如天地之相感而未尝不寂然也。大哉止说之道乎！人心皆有此妙，而自不省不信者，何止百人而九十九也！归妹也，“归妹，天地之大义也”。艮少男居下，兑少女居上，男下女之正礼也。言乎其礼则男下女，言乎其义则止而说，一也，皆正也。如此娶则吉，不然则不吉，小不然则小不吉，大不然则大不吉。舜“鼓琴，二女果，若固有之”，止而说也，贞也，吉也，天地之感也。“天地感而万物化生，圣人感人心而天下和平”，一也，男女之相感，即君民之相感。感应之机，神不可测，虽感应而遂通，自寂然而不动。省此机者，则止而说，则能感人心而天下和平。志有之："圣人先得我心之所同然者尔。"人心自善，自神自明，惟昏故乱，一日感之，则固有之机忽发，默感默应，自和自平矣。何独人心？举天下万物之情皆然。何独万物，天地亦然，惟此感应之妙，变化之神。知天地万物之情，则知己之情，而大易之道在我矣。目之所以视者此也，耳之所以听者此也，口之所以言者此也，心之所以思者此也。不知其所自来也，不知其所从往也，虽视听言动之神，无体也。此其神也，虽圣人不能自知也，而况于他人乎？"不识不知"者，文王也。曰"吾有知乎哉？无知也"者，孔子也。三才一也，古今一也，动静一也，昼夜一也。

《象》曰：山上有泽，咸。君子以虚受人。

泽甚卑，山则甚高，今山上而有泽焉，气之所感也。气虚故通，人惟虚故能受，植己私焉窒其中，则安能受？人心自虚，自无体，自广大无限量，意动而窒，始好己胜，始耻于从人之言而不受、而愚而暗而乱矣。"君子以虚受人"，非本窒而强虚也，不失其本虚尔。因愚众之窒，故言君子之虚。

初六，咸其拇。《象》曰："咸其拇"，志在外也。

咸爻取一身为象，初六最下，有"拇"之象。其拇感动者，"志在外也"。其动也微，故不及吉凶。

六二，咸其腓，凶。居吉。《象》曰：虽"凶，居吉"，顺不害也。

自拇少升而上则腓。人之行，其腓先动。止者道也，动非道也。道心虚静，感而斯应，迫而后起，及其意动而逸，则不待感迫而先动如腓矣。然艮体止，亦有"居"之象。知动之非，能居则转凶为吉。

居，止也。

九三，咸其股，执其随，往吝。《象》曰："咸其股"，亦不处也。志在随人，所执下也。

自腓而上，其为股乎？股虽不至如腓之先动，而亦非静止者，故曰"亦不处也"。处，止也。股专于随人而动，故曰"执其随"，执此而往，良可羞吝。夫咸感之道，虽戒躁动，务[①]去己私，感而斯应。然亦志于随者，"志在随人"，则全无主本，失道从人，"所执下"矣。尧舜之舍己从人，非随人也。舍己从人者，其中虚明；志在随人者，窒暗而已矣。

九四，贞吉，悔亡，憧憧往来，朋从尔思。《象》曰："贞吉，悔亡"，未感害也。"憧憧往来"，未光大也。

初拇，二腓，三股，五脢，上辅颊舌。九四居中，正当心象。爻辞亦言心之所为而不明曰心者，何也？心非气血，非形体，惟有虚明，而亦执以为己私，若一物然，故圣人去心之名，庶乎己私之释而虚之神着矣。九阳明，有贞正之象，而四又阴暗，明未纯一，意不能不动，未能无悔，而阳明贞正，其悔终亡。《象》曰"未感害"者，意虽动而未发于言行，未达于外，故"未感害"。夫能勉而贞正，虽可悔亡，苟于贞正之中，意念扰扰，"憧憧往来"，则随其所思而朋从之，虽贞正亦"未光大也"。言念念动，朋从之多，不可胜纪。或意谓若是者为仁，又谓若是者为义，又谓若是者为礼，又谓若是者为乐，于仁义礼乐之中，又各曲折支分之，意度不可胜纪。于是虽有得乎"一以贯之"之说，又亦不免乎意。意以若是者为一，若是者非一；或以为静，或以为动；或以为无，或以为有；或以为合，或以为分；或以为此，或

---

①"务"，四明本作"矜"。

以为彼，意虑纷然，不可胜纪。苟为正而若是，亦“未光大”矣。光大之贞，不劳外索，不假思虑。孔子曰：“吾有知乎哉？无知也。”又每每止绝学者之四病“毋意，毋必，毋固，毋我”，又曰“心之精神是谓圣”。孟子亦曰：“仁，人心也。”舜知此心之即道，故曰“道心”，直心为道，意动则差。爱亲敬亲，此心诚然而非意也；先意承志，晨省昏定，冬温夏凊，出告反面，此心诚然而非意也；事君事长，此心诚然而非意也；忠信笃敬，此心诚然而非意也；应物临事，此心诚然而非意也。如水鉴中之万象，如四时之错行，如日月之代明，其“积焉而不苑，并行而不缪，深而道，茂而有间”，是谓变化云为，不识不知，一以贯之。

九五，咸其脢，无悔。《象》曰：“咸其脢”，志末也。

心之上口之下曰脢。脢者，无思虑，无营为之所。虽感而无应，虽静而无用，虽无悔而非大道，故曰“志末也”。末，为言卑之也。何谓大道？孝悌忠敬，交错泛应，喜怒哀乐，云为思度，如四时之错行，如日月之代明。

上六，咸其辅颊舌。《象》曰：“咸其辅颊舌”，滕口说也。

上体之上惟辅颊舌，有咸感之象。辅颊之中有舌，为言感人，以言不由乎中，“滕口说也”，鄙之也。

䷟ 巽下震上

恒，亨，无咎。利贞，利有攸往。《彖》曰：恒，久也。刚上而柔下，雷风相与，巽而动，刚柔皆应，恒。恒“亨，无咎，利贞”，久于其道也。天地之道，恒久而不已也。“利有攸往”，终则有始也。日月得天而能久照，四时变化而能久成，圣人久于其道而天下化成。观其

所恒，而天地万物之情可见矣。

《观》卦之象，九四之刚，有自下而上之象，初六之柔，有自上而下之象，又震长男而在上，巽长女而在下，刚上而柔下，得体之正，得理之常。然上下之情不相与则不和，不和亦不能恒。雷动风作，率常相与，巽而动，不忤，六爻刚柔皆相应，如此则可恒矣。久者必亨通，虽亨通又必无咎而后可。其未免于为人所尤咎，犹为未可也。亨通无咎矣而未正者容或正之，盖不拂乎人情者，亦亨亦无咎而未贞正。诵王莽功德者满天下，而莽非贞正。必亨、无咎、利贞而后为道，而后为久于道也。天地之道，恒久不已，必如天地之久，而后始全乎恒久之道。三才未始不一也，惟人因物有迁，意动而昏，而后裂而为三也，不迁不昏，则未始不一。人心之神，不可测也、不可知也、无体也、莫知其乡也。三才一体，岂不实然。"恒，亨，无咎，利贞"，则"利有所[①]往"，而无所不通，无所终穷矣。"终则有始"，无穷之道也。此事虽终，后事复始，如日月之代明，如四时之相推，循环无端而莫知己极也。"日月得天而能久照"，初无深义之可求也；"四时变化而能久成"，亦无深义之可索也。得天，丽乎天也。变化，寒暑温凉之变化也。"久照"者久照也。"久成"者久成也。日月即四时，四时即圣人，一也。是道也，至人久焉，贤人亦久而未尽于[②]久，未尽乎久则未精一，未精一则其化也浅。惟圣人久于其道，全体为道，全心为道，即日月四时，四时即天地，即天下之心。圣人运天下同然之机于上，而天下默应默化默成矣，岂人力之所能为哉！故曰神化。"观其所恒"，所恒即所感，知所恒即所感，则天地万物之情昭然矣。苟以为所感自

① "所"，四明本作"攸"。
② "于"，四明本作"乎"。

有所感之情，所恒自有所恒之情，则不惟不知恒，亦不知感。今飘风不终朝，骤雨不终日。此其不恒者皆形也，其风之自、其雨之自，不可知也，不可知者，未始不恒也。其音声则不恒，其动作则不恒，其声音之自、动作之自，不可知也，不可知者，未始不恒也。知其自未始不恒，则知其发其变化亦未始不恒，无所不通，无所不恒。曰恒曰咸，皆其虚名，曰易曰道，亦其虚名。天地万物之情如此，六十四卦、三百八十四爻之情如此。

《象》曰：雷风，恒。君子以立不易方。

雷风天下之至动，疑不可以言恒，而《恒》卦有此象，此人情之所甚疑，而君子以为未始或动也，此非训诂之所解，非心思之所及也。孔子曰“哀乐相生”，即风雷之至也，而继之曰：“正明目而视之，不可得而见也；倾耳而听之，不可得而闻也。”夫哀乐不可见、不可闻，其谓之未始或动，其孰曰不可，未始或动，非不易方也。此之谓立，此之谓君子，此之谓雷风，此之谓不可以动静论。

初六，浚恒，贞凶，无攸利。《象》曰：“浚恒”之“凶”，始求深也。

天下万物，皆有其序。不由其序而遽求之深，皆不可也。其于事则其进锐者其退速，其于人情则相与未久，相知未深，而遽求之深，则彼将不堪，将莫之应。浚，深也。遽求深入，虽贞正亦凶。始求深入，多由贞正之人，执正义而为之急也。易之道不如此，惟时惟变，不主一说，天下之大用也。用小道者，虽正犹凶，犹无所和[1]，故孔子止绝人之意、必、固、我，其为害道也。

九二，悔亡。《象》曰：九二“悔亡”，能久中也。

---

① “和”，四库本作“利”。

九二以阳明之臣，事阴柔之君。阳非臣道之恒，有悔之道，今也能久于中，故悔亡。其在进德，九阳二阴，驳杂未纯一，有悔，能久于道，其悔终亡。颜子有不善未尝不知，知之未尝复行。既有不善，岂能无悔？然能“久于其道”，至于“三月不违仁”，则悔亡矣。过三月虽不无违，违则不无悔，而益久当益亡。

九三，不恒其德，或承之羞，贞吝。《象》曰：“不恒其德”，无所容也。

九三不得中道，而阳性多动。不能恒久之人，尚不可以作巫医，则何往而不“承之羞”？虽中于贞正，既“不恒”矣，亦吝。孔子曰：“人之所助者，信也。”不恒不信，无所容于天地之间。

九四，田无禽。《象》曰：久非其位，安得禽也？

四，阴位也，今以九居之，“非其位”也。非其位者，非其所也。非其所，谓“久非其道”也。既非其道，虽久之安能得禽？言无功也，言其徒久而无成也。

六五，恒其德，贞。妇人吉，夫子凶。《象》曰：“妇人贞吉”，从一而终也。夫子制义，从妇凶也。

六五亦得中道，且得静正。六有柔静之象，而专应九二。天下固有静正之德而未刚大者，如六五之“恒其德，贞”是也，故妇则吉。以妇人之道，从一而终也。至于“夫子”，则当“制义”，当有刚健无所不通之德，而专静柔从，则为凶也。道心中虚，何刚何柔？虚名泛应，无所不通，而知刚知柔之德，随时而着，初不用毫发之思虑。气质之拘者，养德未成，弱质未成，六五之“恒其德，贞”是也。惟养德之成者，气质尽化而为天德，故无所不通，无强无慑。刚健柔顺之德，无非变化之神，此圣人之道也。

上六，振恒，凶。《象》曰："振恒"在上，大无功也。

振，振动也。震卦之上有振象。[①]夫初六始而遽求"浚恒"则不可，今至于其终而犹震动其恒，未纯未一，则"大无功也"。凶，凶道也。学者于此而进德未纯一，殆未至于凶，故悠悠不学也，孔子独于颜子称"好学"者，此万古之通患。孔子圣人而发愤忘食者，何为也？惧其至如此也，故自"十五志学，三十而立，四十而不惑，五十知天命，六十耳顺，七十从心所欲不踰矩"，而其功大成也。得道则吉，失道则凶，甚可畏也。

䷠艮下乾上

遁，亨，小利贞。《彖》曰：遁，亨，遁而亨也。刚当位而应，与时行也。"小利贞"，浸而长也。遁之时义大矣哉。

阳为君子，四阳虽多，势则外往也。阴为小人，二阴虽寡，势则内来也。是故君子当遁，遁则亨通之道，不遁则与小人争，取祸之道也。然刚当位，君子犹居位，人心犹应，与时偕行，随宜而施，亦可也。曰"小利贞"，则亦不大利于贞正之道矣，以小人浸长，乘时得势，不可制也。方是小人浸长，君德可知，奸状百出，乱政日滋，君子方遁，事情扰扰。处此往往不无动于意，随于事而往，圣人于是乃曰"遁之时义大矣哉"，谓夫此时之义至大也。至大者，极其不可形容之辞也。孔子曰："哀乐相生。是故正明目而视之，不可得而见；倾耳而听之，不可得而闻。"夫哀乐相生，人皆以为可见可闻也，孔子曰不可见不可闻，则小人浸长，君子好遁，虽扰扰万状，孰谓其可见可闻乎？此非训诂之所解也，非思虑之所及也，惟心通内明者自知之，惟

---

①四明本作"震针之吉有震象"。

可曰“大矣哉”，而不可复加之言也。某自弱冠左右，读孔子“一贯”之语，尧舜“执中”之诲，常疑先圣启告之未为详明。及微觉后，始知前圣之言，及此已详矣，复加焉则非矣。则思虑之所及尔，训诂之所言耳，非“大矣哉”之道也。

《象》曰：天下有山，遁。君子以远小人，不恶而严。

君子如天，小人如山。君子未尝恶之也，而自远自严，此易之道也，此非君子以权术待小人也。人心无我无体，自神自明，由中心而达，自无适而不当，寂然不动，无为而自不恶自严自远也。使后世之君子，皆同此道，则于小人何怨？此远遁小人之一义尔，非谓《遁》卦之义尽于此。

初六，遁尾，厉，勿用有攸往。《象》曰：“遁尾”之厉，不往何灾也。

尾居其后，言乎遁之迟也。初爻而曰迟者，初系内卦，二阴为小人，居内势浸长，初居小人之中而未遁，为遁之尾。遁诸爻以远于阴为善，故初为遁尾，为危厉。戒之“勿用有攸往”者，此往谓进，盖内卦惟二为中而犹居下位，故尚德言往进。孔子为乘田委吏之时，必无出位干时之灾。

六二，执之用黄牛之革，莫之胜说。《象》曰：“执用黄牛”，固志也。

黄，中也。牛，柔顺之物。革，坚固之物。二居中，有道之象。六与二皆阴，有柔顺之象。二正在内卦之中，正与小人并处，非遁者，故爻辞不言遁。柳下惠当之，居人之朝而隐，人称其和，是为柔顺，而“不以三公易其介”，是故有坚贞不可移夺之德。不偏于和矣，是为中，是为“黄牛之革，莫之胜说”，言其坚贞不移之至，不可胜言。然自古以来，安得人人皆如柳下惠德性自然、无劳固执者？近朱者赤，近墨者黑。利势易以动人，而况于日处其中，则固志难久，执之之坚，诚不可不谨也。意念一动，即化而为小人矣。

九三，系遁，有疾，厉，畜臣妾，吉。《象》曰："系遁"之"厉"，有疾惫也。"畜臣妾，吉"，不可大事也。

三与二比，九阳与六二之阴相得，而九三阳为君子，虽知义所当遁，而尚不忘利禄，有恋系之意，故曰"系遁"。初六虽遁之迟居后，而无阴阳相得、恋系于小人之象，故初止于厉。而九三"有疾厉"，明其已得自有患疾。象又曰"有疾惫也"，言其惫弱，无刚毅之德，不能决去也。其曰"畜臣妾吉"，臣妾贱者，畜养于人[①]者，恋而不思去，则为忠爱其主，则为吉也。此至贱之义，不可施之于大事也。

九四，好遁，君子吉，小人否。《象》曰："君子""好遁"，"小人否"也。

四已入外卦，有"好遁"之象。然君子则好遁而吉，若小人则不然也，谓小人则不能遁也。九四与初六相应，此一小人不能遁之象。大凡人情之乖违者，皆当遁避，小人与小人乖违，亦当遁，小人溺于利，故不能遁。

九五，嘉遁，贞吉。《象》曰："嘉遁，贞吉"，以正志也。

九五为遁之嘉者。何谓嘉？九五刚当位而应，非早遁者。小人之势，虽已得位而浸长，位犹在下，犹须命而应。九五虽欲遁而义犹未可去，犹可随时而行。《彖》既言之而此爻又发其象者，筮于爻为急急，此事变之大者，故不得以重复而废也。又贞吉之义，《彖》所未言，故并发之。自古大臣知小人之势长，己位莫安，阴相结纳，永固其位，

① "人"，四明本作"父"。

其志不正者多矣，斯义讵可不特省？

上九，肥遁，无不利。《象》曰："肥遁，无不利"，无所疑也。

肥遁，若为一卦之善也斯举矣。其遁最早，与小人一无相涉之迹，不与二阴相应也，故无所不利。《象》曰"无有疑"者，无可疑之迹也，无与小人相涉可疑之迹也。

《杨氏易传》卷十二

宋 杨简 撰

䷡乾下震上

大壮，利贞。《彖》曰：大壮，大者壮也。刚以动，故壮。“大壮利贞”，大者正也。正大而天地之情可见矣。

阳为大，阴为小。君子为大，小人为小。大壮在天地则为四阳之长，阳气甚壮；在国则为君子以类进，其势盛壮；在德则为得大道，刚健变化。孔子三十而立之后，有不可摇夺之壮也。天下之柔者，不能壮，惟刚故壮。虽刚而不动，亦无由见其壮。下卦乾刚，上卦震动，天然义见，故曰“刚以动，故壮”。其在德也亦然，能柔不能刚，非大德也。道心无体，神用无方，不可得而屈，不可得而穷，于是名之曰刚。应酬交错，变化云为，名之曰动。因其动而知其不可屈，不可穷，故又曰壮。是三者名殊实同。其曰利贞者，利于正也。刚壮而不出于正，非道德之刚壮，乃气势之刚壮，忤人伤物，取祸之道也。君子之道虽长虽盛壮，苟其行有不正，则小人得以候其隙，执其短，君子反受害。德虽大而不出于正，纵心于规矩之外，世所谓道家者流，间有之，而人心不服。孔子谓悖德悖礼，虽得之，君子所不贵，世所鄙贱，非大壮，非大正。孔子大正，故当世尊信，壮孰甚焉。圣人于是又阐明正大之道。大与正初非二物，皆道之虚名，道之异名，人自有二，道无二，道心无二，人心有二。正大之道，即易之道，即天地之道，即万物之道。此止曰“天地之情”，不曰“万物之情”，以万物之情有不正，故不言也，非天地万物之道果有异也。立言垂教之法，当如是也。内心明通者，不于此而疑也。

《象》曰：雷在天上，大壮。君子以非礼弗履。

君子体壮，以自胜为强，故“非礼弗履”，正将以行礼也。如古所称：“日莫人倦，齐庄整齐而不敢解惰，此众人之所难，而君子行之，故所贵于勇敢者，贵其敢行礼义也。”斯言则正矣，殆非圣人之言也。礼者，人心之所自有，不可言敢行也。《周礼》云“以五礼防万民之伪”，《记》云“着诚去伪，礼之经也”，敢行之云，乃为伪也。《易》曰“君子自强”，乃自强也，非强于外也。或疑君子取象必与象同，是不然。“云上于天，需。君子以饮食宴乐”，“天与水违行，讼。君子以作事谋始”，亦未尝与象齐同，矧天人一道，不必执取象之说。

初九，壮于趾，征凶，有孚。《象》曰：“壮于趾”，其孚穷也。

初居下，有“趾”之象。九有“壮”之象。阳实又有“孚”之象。方在下，未宜壮也，而遽于为，决意前往，征，往也，其凶也宜然。此等人必巧黠圆变之士，盖愚质拙贞之人，其忠信可守。而果决妄发，孚以致凶，是为孚信之穷，故《象》曰“其孚穷也”。

九二，贞吉。《象》曰：九二“贞吉”，以中也。

用其壮，故九二不言壮，惟言贞。贞，正也。由正道而行尔，不置毫发己私焉，故吉。《象》曰“以中也”者，明其不作意，一无所借，斯见所谓正道也，中正非二道。二柔而中，有不用壮之象。君子势虽壮而不用其壮。

九三，小人用壮，君子用罔，贞厉。羝羊触藩，羸其角。《象》曰：

“小人用壮”，君子罔也。

九三虽益进，势虽益壮，君子之心未尝以为意焉，惟小人则自嘉己势之壮，而益肆益壮，是谓“小人用壮，君子用罔”。罔，无也，无则不必言用，对小人用壮为言，故言“君子用罔”，言君子之所用，异乎小人之用也，君子则用无，故《象》曰“小人用壮，君子罔也”，不复言用矣。如其用壮，虽贞正亦厉，如“羝羊触藩，必羸其角”，未有用狠力而能济者。九四奇画，横截其前，触藩羸角之象。以九居三阳，又乾体之极，又过，有“小人用壮”之象。

九四，贞吉，悔亡。藩决不羸，壮于大舆之輹。《象》曰：“藩决不羸”，尚往也。

四未得中，九阳用壮，本有悔，而四阴以柔居之，用壮不过，非行其私者也，故为贞正而吉，故悔亡。惟其如是，故能藩决而不羸。大车而壮其輹，益可通而无阻。九三用壮，其害如彼。九四济以柔，其吉如此，不特不羸而已，尚可以复往而进也。六五居前，耦而虚，有“藩决”之象。

六五，丧羊于易，无悔。《象》曰：“丧羊于易”，位不当也。

阳壮有羊狠之象。势壮用壮，人情之常。使物用壮，殊为难也。今六柔顺，五得中道，丧羊之壮，甚易然者。道心中虚，无体无我，壮无从而生也，不劳遏抑，而自无壮之可用也，故最为无悔。“位不当”者，亡乐道亡势，虚中无我，虽居是位，如不居是位也，不以己当之也。有其我则当其往[①]，当其位则居其势，居其势则用其壮矣，安能丧羊于易哉？大抵二五之中，似有得道之象。此爻贞得其道者，以“丧羊于易”而知之也。

---

① “往”，四明本作“位”。

上六，羝羊触藩，不能退，不能遂。无攸利，艰则吉。《象》曰："不能退，不能遂"，不详也。"艰则吉"，咎不长也。

上六虽阴，而居卦之极，壮之极，震之极，亦有"羝羊触藩"之象。虚气壮往，则不能退，用壮者必不济，故不能遂。进退无所利，然能克难则吉。六柔体有艰象。其曰"不详"者，极壮极震，极矣，故不审详也。触藩之患，在他卦则凶，在大壮则得时得势，故止于咎厉。咎者众非咎，艰则不用其壮矣，故转咎为吉，不长矣。

䷢坤下离上

晋，康侯用锡马蕃庶，昼日三接。《彖》曰：晋，进也。明出地上，顺而丽乎大明，柔进而上行，是以"康侯用锡马蕃庶，昼日三接"也。

孔子曰："天下有道则见，无道则隐。"惟安康之世可进，故曰"康侯"。古诸侯皆仕于王朝，商纣之时，文王以西伯与九侯、鄂侯同为商朝之三公，崇侯虎亦同朝，周亦多用诸侯辅政。离出地上，言乎人臣知己德之不可不自明也。己德明而后可以进而辅其君也；己德不明，则不能自治，何以启其君、何以治国、何以治天下？明而未顺，其明尚蔽，曰明曰顺，皆所以明晋之道矣。明矣顺矣而有丽，非大明之君，则亦难于进。以明顺之臣，而又丽乎大明之君，故"柔进而上行"，上行者，其道行也。道行乎君也，故康侯用此晋卦卦象之义，而能致"锡马蕃庶，昼日三接"。蒙君眷，礼也。马应有柔顺之象。"昼日"有大明之象。

《象》曰：明出地上，晋。君子以自昭明德。

人皆有明德而自知者鲜。自知者已鲜，而能自昭而求无蔽者又鲜。何谓自知？人心自神自明，自广大，自无所不通，惟因物有迁，意动而昏。孔子所以每每止绝学者之意，他日门弟子总而记之曰“子绝四：毋意，毋必，毋固，毋我”，皆意之类，皆意之别名。孔子每每止绝学者四事，门弟子不胜其纪，故总而记于此，此万古学者之通患。箕子亦曰：“无有作好，遵王之道；无有作恶，遵王之路。”孔子又曰：“天下何思何虑。”意象不作，而本神本明之性，自无恙矣。变化云为，自如四时之错行，如日月之代明矣。孔子又曰“主忠信”，忠信者，不诈伪而已矣。不诈不伪，实直无他，何意之有？何思虑之有？纯然本明，何假求索？六通四辟，何假计度？是谓“自知”，是谓“知及之”。此虽能自明，而未保其常明。虽变化云为，无所不通，而与物交扰，其间不能无动。未尽仁者寂然不动之至，是犹有或蔽而不明之瑕，亦未可谓能全其明，故亦未可谓自昭之道。惟既明而常明，则进于三月不违，久全乎辉光日新之本德矣。

初六，晋如摧如，贞吉。罔孚，裕无咎。《象》曰：“晋如摧如”，独行正也。“裕无咎”，未受命也。

初六与九四为正应，故“晋如”。而九四离性炎上，不应乎初，故又有“摧如”之象，言其见摧抑也。一进一退，皆其外物，不足为意，但自行其正则吉，故曰“独行正也”。虽不见孚信，而初六未受命，无官守，无言责，甚宽裕也，故无咎尤。如已受命，有官守，有言责，则一不见信，即不得其职，即当去。信不得其职而不去，是恋固利禄，公论所不容，难乎免于人之咎议矣。

六二，晋如愁如，贞吉。受兹介福于其王母。《象》曰：“受兹介福”，以中正也。

六二已进而得位矣，故曰“晋如”，而六五不应，故“愁如”。知六五之不应者，二阴有不相应之象，一阴一阳有相应之象。然而六二得中正之道，中正者无不获吉，故受大福于其王母。介，大也。六五阴而尊，又离体而明，有王母锡福之象。祖母曰王母，王者之母，亦曰王母，大抵王母者妇人居尊之名。古圣作爻辞，所以备天下之事变，故及此。

六三，众允，悔亡。《象》曰："众允"之，志上行也。

人臣事君，竭力至于过中，似不能无悔者。三有过中之象。而坤为众，群承耦比，有"众允"之象。众咸信之，故"悔亡"。上九正应，有"志上行"之象。

九四，晋如鼫鼠，贞厉。《象》曰："鼫鼠贞厉"，位不当也。

鼫鼠，陆德明云："五技鼠也。《本草》蝼蛄，一名鼫鼠。"许慎《说文》云："鼫，五技鼠，能飞不能过屋，能缘不能穷木，能游不能渡谷，能穴不能掩身，能走不能先人。"荀子曰："鼫鼠，五技而穷。"杨倞所注本《说文》。吾乡楼尚书亦注《说文》曰："异乎诗之硕鼠。"九阳，有进象。四，阴也，有不终进之象。居大臣之位，欲有所为以辅国安民者多矣，而终于不能有所为而姑止者亦多。固如鼫鼠，夫其才智不足以当天下之重任，则不可以居大臣之位。大臣者当以道事君，使天下之民无一不被尧舜之泽，乃称其职。今也欲为而不能，欲进而不得，以其所居之位不当如是也，故《象》曰"位不当也"。若是者，虽贞正而非好邪，然亦危厉，于本职有阙，祸将及之矣，有危乱之道也。

六五，悔亡，失得勿恤，往吉，无不利。《象》曰："失得勿恤"，往有庆也。

六有懦柔之象，五有动静之象。五，阳也。人君阴柔而懦，有悔之道，而终于能进而有为，故悔亡。夫柔懦而欲其所为，必多疑二忧虑，故勉而进之曰“失得勿恤”，言不必以失得为忧也。恤，忧也。但“往吉，无不利”，亦诱进之言也。夫其所为，其间曲折万状，其得其失，不可必也，而遽使之勿忧，必曰“往吉，无不利”者，何也？《易》，占筮之书也，圣人因以通之，使归于道。卦六十四，爻三百八十四，因事变情理之不同，故随宜以启告之。一爻之辞，岂能周尽曲折万变之理？《诗》云：“一人有庆，兆民赖之。”《易》凡言有庆有喜，喜小庆大，君之所及者大也。

上九，晋其角，维用伐邑，厉吉，无咎，贞吝。《象》曰：“维用伐邑”，道未光也。

角者，上穷之象。天下事不可穷也，上穷不已，维可用于改过。伐邑，自攻治其己也。自攻治己过，则穷治不解为吉。虽攻己太急，亦恐乱而不堪，然大体则吉，虽为贞正，亦异乎蒙之“养正”矣，故吝。吝者，小疵象。言“维用伐邑”，自治己之外，皆不可用，则其道亦未光大。

䷣离下坤上

明夷，利艰贞。《象》曰：明入地中，明夷。内文明而外柔顺，以蒙大难，文王以之。“利艰贞”，晦其明也。内难而能正其志，箕子以之。

夷，伤也，明德见伤夷之卦也。上坤下离，明入地中，是为明夷。内虽文明，外则柔顺，以蒙大难，文王以之。知文王之蒙难而已，不知即大易之道也。明夷之时，利于克艰而不失贞正。悔[1]其明，谨而不敢发也。惟尚乎艰，不言乎退，义有未可去者。居乎内难之中，其志

①据文意，“悔”当作“晦”。

常正，箕子以之。人知箕子居难而已，不知即大易之道也。

《象》曰：明入地中，明夷。君子以莅众，用晦而明。

莅众之道当隐晦己德，询谋从众，惟其中不失其明，是非贤否不可乱。莅众之道也，非明夷之道也，而圣人乃云者，所以明不一之义也。明入地中，亦有“用晦而明”之义也，其义不同，其为大易之道无二也。

初九，明夷于飞，垂其翼。君子于行，三日不食。有攸往，主人有言。《象》曰：“君子于行”，义不食也。

明德见伤，引而去也。“垂其翼”，隐其去迹，使不见其飞也。居内难之中而遽去，不可速也。“三日不食”，义当速也，故曰“义不食也”。君子初未尝置己意于其间，苟彰彰然著其引去之迹，是谓“有攸往”，是谓不垂其翼，主人将有言矣。

六二，明夷，夷于左股，用拯马壮，吉。《象》曰：六二之吉，顺以则也。

“夷于左股”，言伤不至甚。左不如右，力尚全，右股可以行也。居内难之中，引去宜速，左股既伤，用拯壮马以佐其速则吉。六二之所以虽伤而不甚，不失其吉者，顺以则也，不失其道也。凡二五多有得道之象。道心行乎患难之中，其行其止，其久其速，自不失其则，自柔顺而不忤。

九三，明夷于南狩，得其大首，不可疾贞。《象》曰：“南狩”之志，乃大得也。

大抵内卦之极多有变。明德之见夷伤，今乃变而“南狩”。南者，亨通之地。离，南方之卦。“得其大首”，汤、武之得桀纣也。旧染污俗，不可疾贞，故周之治商顽民，知其深染，不可速化，宽以教之，历三纪而始变。《象》曰“南狩之志，乃大得”者，不在乎位也，在乎道也。道可以大行于天下矣，此圣人之志也，此圣人之大得也。

六四，入于左腹，获明夷之心，于出门庭。《象》曰：“入于左腹”，获心意也。

坤为腹。四阴邪不中正，有入左腹之象。九三奇画为阻，有“门庭”之象。明德遭夷伤而退，至四已出门庭，而在外卦矣。夫其伤明德者，小人也。而小人之徒如六四者，乃致其巧，乃深入明夷之左腹，深得其心。彼明德者多醇正，往往虽已遭出逐，未悟其奸，往往多堕其计中而不知。曰“获心意”，言其入之巧也。

六五，箕子之明夷，利贞。《象》曰：箕子之贞，明不可息也。

箕子居六臣之位，故有六五之象。箕子不死又不去，居难而不失其贞。居难而失其贞者畏难，故曰“明不可息也”，一息则入于不正矣。

上六，不明晦，初登于天，后入于地。《象》曰：“初登于天”，照四国也。“后入于地”，失则也。

上六，坤卦之极，有“后入于地”之象，故圣人发此义。初明后晦，亦明夷之变类之也。“惟圣罔念作狂”，禹戒舜以“无若丹朱傲”，舜告禹以“惟精惟一”，益曰“儆戒无虞”，又曰“无怠无荒”。凡是深知圣狂之分，其端甚微。禹告舜曰“安汝止”，舜告禹曰“惟精惟一”。此心常安，则常无所不照，一不安于止，微动其意，则如云气忽兴，日月昏晦。古人所以兢兢业业者以此。

☲☴ 离下巽上

家人，利女贞。《象》曰：家人，女正位乎内，男正位乎外。男女

正，天地之大义也。家人有严君焉，父母之谓也。父父子子，兄兄弟弟，夫夫妇妇，而家道正。正家而天下定矣。

卦辞惟言“利女贞”，深明家道之乱，多由女祸，此万世之通患，治家者不可不念，不可不谨。谨之之道，莫尚乎礼。“女正位乎内，男正位乎外”，女不可游庭，出必拥面。牝鸡无晨，牝鸡之晨，惟家之索。男女之正，天地之大义也。男阳为天，女阴为地，斯义岂不昭然？而或者歉然自以为不足以与此者，邪僻之习锢之也。人心即天地之心，晦昧者以思虑为己之心，故纷纷扰扰，如云翳日，如尘积鉴。孔子曰“天下何思何虑”，箕子曰“无有作好”“无有作恶”。好恶、思虑不作，而本心无体，清明在躬，其谓“男女正”为“天地之大义”，亦何愧？父母，一家之君也。“父父子子，兄兄弟弟，夫夫妇妇，而家道正，正家而天下定矣”，其家之不正，而欲求天下之正，是无源而欲求流也，无根本而欲求枝叶也。

《象》曰：风自火出，家人。君子以言有物而行有恒。

“风自火出”，风化自言行出，言行又自心出。“言有物”，非无实之言。行有常，非设饰之行。诚心善道，则言自有物，行自有恒。诚心之足以化人，初不在谆谆告语，切切检防。其家之长上敬恭者，其子弟必不多傲；其长上宽厚者，其子弟必不多急。长上儒雅，子弟亦儒雅；长上武勇，子弟亦武勇。以至字画相似，气貌略同，神化心传，诚有不令而行之妙。

初九，闲有家，悔亡。《象》曰：“闲有家”，志未变也。

治家之道，当防闲其初。及其心志未变而闲之以礼，使邪僻之意无由而兴，而悔可亡矣。不曰“无悔”，而曰“悔亡”者，以治家之难，难乎无悔，故止曰“悔亡”。以帝尧大圣而不能免丹朱之朋淫，以周公之大圣而不能免管、蔡之兴辞，然则难乎言无悔矣。

六二，无攸遂，在中馈，贞吉。《象》曰：六二之吉，顺以巽也。

六二居内卦之中，妻道也。妻道不可遂事，未嫁从父，已嫁从夫，礼也。妻道惟在中治饮食之事耳，故曰“在中馈”。妻道虽柔顺，不可失正，非一于柔从而不问邪正也，故曰“贞吉”。“顺以巽”者，妻道之正也。为夫则制义，为妻则顺正，一也。

九三，家人嗃嗃，悔厉，吉。妇子嘻嘻，终吝。《象》曰：“家人嗃嗃”，未失也。“妇子嘻嘻”，失家节也。

嗃嗃，过于严也，故有悔，亦危厉，然终吉。若妇子嘻嘻然不肃敬，则终吝。悔生于大过，吝生于不足。九三重刚过中，有过严之象。

六四，富家，大吉。《象》曰：“富家，大吉”，顺在位也。

六与四皆阴柔，而又巽体，柔顺之至也。顺则和，和则富。谚云：“十人十心，无财市针；十人一心，有财市金。”此语屡验。《书》曰：“德惟一，动罔不吉；德二三，动罔不凶。”

九五，王假有家，勿恤，吉。《象》曰：“王假有家”，交相爱也。

假，大也。王者大有其家之道，以天下为一家者也。或者往往忧虑一人之智力，安能抚爱天下如一家？虽竭库胡能周之？于是不敢作此念，不能尽假大之道，故圣人释之曰勿忧恤也。假大之道自吉，孔子又从而详释之曰“交相爱也”。惟君民交相爱之心如一家尔。言其心也，不言其人，人衣而食，如家人也。《书》曰“不自满假”，《诗》曰“假以溢我”，又曰“假哉皇考”，皆取大义。

上九，有孚，威如，终吉。《象》曰：“威如”之吉，反身之谓也。

九三重刚，故有过严之象。上当六位，非重刚也，况居巽，故上九之刚，惟有“威如”之象。虽不用威而如威者，德威也。德威无他，惟诚心于善而已矣。善心诚实，人自信服。孚，信也。家道难乎其齐，以嘻嘻为吝，故以威如为吉。夫不用威而如威，其初未见其齐一信服之效，久[①]斯见矣，故曰“终吉”。威如之道，非用威于外，反身修德，人自信服。

①“久”，四明本作“九”。

《杨氏易传》卷十三

宋 杨简 撰

☲ 兑下离上

睽，小事吉。《彖》曰：睽，火动而上，泽动而下。二女同居，其志不同行。说而丽乎明，柔进而上行，得中而应乎刚，是以“小事吉”。天地睽而其事同也，男女睽而其志通也，万物睽而其事类也。睽之时用大矣哉！

离火自炎上，兑泽自流下，“睽”之象。曰离为中女，兑为少女，“二女同居，其志不同行”。女子有行，各从其天，此亦“睽”之象也。然卦象之中，亦有“小事吉”之义。兑，说也。离，丽也，明也。和说而不忤乎物，而又附丽乎明哲之人。六五又有“柔进而上行”之象，上行亦得其势矣。五又得中道，又应乎九二之刚。备此数者而止可以小事获吉者，以在睽之时故也，以其质柔故也。睽之吉，其事甚小；睽之时用，其道甚大，何也？天高地下，睽矣，其造化之事则同也。男阳女阴，睽矣，而夫妇之至，通和而不睽也。万物不胜其睽异矣，而其事则类也。万物虽多，不出乎八卦之属，虽鸟兽草木昆虫之微，各从其类。八卦又不出阴阳之二类，阴阳又不出易道之一类。曰同、曰通、曰类，姑以晓天下之聩聩者。昏昏不可遽尽告之，尽告之将骇而不信，圣言将不行于世，而况箴者多逐逐滔滔之徒乎？圣人亦非不尽心告之，告之有序云尔。类则通，通则同，同则一者，非合而为一也，未始不一也。人心无体，无体则无际，无际则天地在其中，人物生其中，鬼神行其中，万化万变皆在其中，然则何往而不一乎！如人之耳、目、口、鼻、四肢虽不同而一人也，根、干、枝、叶、华、实虽不同而一木也，源、流、潴、派、洑、激虽不同而一水也。人惟意动而迁，自昏、自乱、自纷纷，而不昏者自不睹其为异也，终日应酬交错，如四时之错行，虽未尝无喜怒哀乐，如雷霆风雨露霜之变化也，《易传》曰“变化云为”，至言也，故曰“睽之时用大矣哉”。用者，运用通达之称。乾之所以用九者，此也；坤之所以用六者，此也；三百八十四爻之九六，皆此用也。此用不可以心而思也，不可以力而为也，不可以目而见也，不可以耳而闻也。故孔子告子夏曰：“哀乐相生，是故明目而视之，不可得而见也；倾耳而听之，不可得而闻也。”

《象》曰：上火下泽，睽。君子以同而异。

《彖》已言其同，此又言其异，言同可也，言异亦可也，故曰“以同而异”。以同而异，虽异实同也。君君臣臣、父父子子、兄兄弟弟、夫夫妇妇，异也。道心之中，固自有如此之异用而非异。“知微知彰，知柔知刚”，“可以仕则仕，可以止则止，可久则久，可速则速”。道心之中，固自有如此之异用而非异也。孔子曰“天下何思何虑”，无思无虑，是谓“道心”。

初九，悔亡。丧马勿逐，自复。见恶人，无咎。《象》曰：“见恶人”，以辟咎也。

由天命而行之，自无不利。人自起心，妄见妄疑，妄作妄止，而人心益昏，天道益远而人祸至。夫人失其御，故丧其马，逐则马逸，愈不可追，“勿逐自复”。九，天之道。然天下之丧马而能不逐者寡矣。

得失累其心，疑不逐则不复，后悔无及，故多逐。圣人直告之曰“悔亡”，言他日不至于有悔也。“丧马勿逐”，当自复也。人有乖睽之时，遇恶人，惟见之则免咎，不见则有咎，是又以美恶累其心，疑其不可见而止，故亦直告之曰“悔亡”，“见恶人无咎”。《象》曰“以辟咎也”，言止于辟咎则可，苟有利心焉则不可。孔子无利心，故见季康子，康子不悦，孔子又见之，而不失其圣。苟以利心行之，人人视己，如见肺肝。“获罪于天，无所祷也。”初与四两阳不应，有“丧马”之象。

九二，遇主于巷，无咎。《象》曰：“遇主于巷”，未失道也。

九二与六五应，“遇主”也。睽乖之时，致曲以事者，于巷也。孔子因南子以见卫君，无咎也，未为失道也。由道心行之，无非道者，乃天地之变化也。苟动于意欲，则为人心，为利心，为失道矣。

六三，见舆曳，其牛掣，其人天且劓，无初有终。《象》曰：“见舆曳”，位不当也。“无初有终”，遇刚也。

六三与上九正应，欲往从之，而九四阻其前，故“见舆曳，其牛掣”。以牛驾车，牛掣则舆曳而不得进矣，不特为阻而已。而九四之阳与初九皆阳，既不相应而近比六三之阴，阳欲得阴，而六三正应乎上九，不从乎四，四阳刚居上，且伤之矣。四临三上，有“天”之象。三见伤，不得上通于上九，有鼻之象。劓刑其鼻，鼻者上通之物。此其所以为睽也。然邪不可以灭正，睽极必通，故曰“无初有终”。《象》曰“位不当”者，言六三所处之地不当，既居乎刚暴之间，宜其阻伤也。曰“遇刚”者，终遇上九之刚也。

九四，睽孤，遇元夫。交孚，厉，无咎。《象》曰：“交孚”“无咎”，志行也。

四与初皆阳，两阳无相应之象，故“睽孤”。然初九阳明，有“元夫”之象。其睽也，未相知也，一日相知，其心则交孚矣，虽居睽乖危厉之时，亦“无咎”。贤者之志，所以寡合独立，非绝物也，已志乎道，无同志焉故也。无同志则岂能以独行？今得元夫交孚，则道可行于天下矣，故曰“志行也”。

六五，悔亡。厥宗噬肤，往何咎？《象》曰：“厥宗噬肤”，往有庆也。

悔亡之义，已见初九爻。尝观人心固有彼己之情，俱无他意，徒以因事起疑，因疑生睽，遂至失人、失贤、失天下之大利。睽疑之情，六五有焉。二五本正应，徒因九二、六三有相比之象，故六五疑九二之失正而不往，遂成乖睽，故圣人之悔亡，不必疑其有悔。宗指九二。肤，柔脆，六三象之。九二中正，噬六三而不从不正。五若从九二，何咎之有？六五之君，能用九二之贤，则泽被天下，民咸赖其庆矣。君当求贤而后贤从之，故六五当先往。

上九，睽孤，见豕负涂，载鬼一车。先张之弧，后说之弧，匪寇婚媾。往遇雨则吉。《象》曰：遇雨之吉，群疑亡也。

上九睽疑之极，不可告语，本与六三正应相从，以六三居二阳之间，阴阳有相得之象，见豕首趋下，疑其下比于九二，又“见豕负涂”，疑其上比于九四。鬼无形，安可载？见其“载鬼一车”，明其疑，疑结以无为有。六三与上九本正应，初疑故张弧欲射之，而六三正应乎上，其诚终着，睽极亦通，故后说弧而不射。六三乃不与寇为婚媾，不与二、四亲比，能守乎正。上九若往从六三之正，和而雨则吉。阴阳和则雨至，至则群疑亡矣。明乎天下人事，本自昭明，本自无事，徒以不明，因迹起疑，因疑积意，遂至于此极，百疑释则本自无事，初无可言。

䷦ 艮下坎上

蹇，利西南，不利东北。利见大人，贞吉。《彖》曰：蹇，难也，险在前也。见险而能止，知矣哉。蹇，“利西南”，往得中也。“不利东北”，其道穷也。“利见大人”，往有功也。当位“贞吉”，以正邦也。蹇之时用大矣哉！

此卦上坎下艮，坎正北，艮则东北之卦，为蹇则坎艮，不蹇者其西南乎？是故卦“利西南，不利东北”。“利见大人”，大人有大德而在位之称也。平蹇之难，其惟大人乎？见大人则可以得位，可以正邦矣，故曰“贞吉”。夫见险而止，凡众之所知也，何能之有？何知之有？而《彖》曰“能止，知矣哉”，何也？智者初无奇智，钩深而索微也，不昏而已矣。凡众之心，即圣智之心。众人因物有迁，意动而昏，动于利而昏，动于害而昏，愈动愈昏，则虽有险而莫之见，安其危而利其灾。而圣智则不然，意未尝动，故事未尝昏。众人于是有愚之名，智者于是有智之名，非智者之特明，乃众人之昏尔。孔子因东南西北之象而发其义曰：自春之始于东，而中于西南，穷于东北，则西南有中之象，东北有穷之象。惟道为中，失道则穷。无意，无必，无固，无我，则中。作好作恶，有意、必、固、我，则穷。有意、必、固、我，则有所倚，则有所偏，非中。无意、必、固、我，则无所倚，则无所偏，故名之曰中。微起意焉，即昏即不中，则不能见险而止，则蹇而愈蹇则穷。《蹇》之时用，其详释已见于《睽》前诸卦。六十四卦也，《坎》《睽》《蹇》皆非善吉之卦，凡众于此，往往碍于险难，勤于忧思，[①]汩于事情，安知为至大之道哉？故圣人特明之，使天下后世知如坎如睽如蹇之类，无非大易之妙，不可以为险难忧思事情也。不特此，

① 四明本作“往往碍于险，虽勤于忧思”。

凡曰时曰时义与其余不言之卦，皆一也，皆大也，皆易之妙也。

《象》曰：山上有水，蹇。君子以反身修德。

山上有水，蹇象甚明。君子遇蹇难，则反诸身，惧己德之未善也，惧己德之有缺也，惧己德之犹有违而致此也。未善也，有阙也，犹有违也，则修焉，不敢怨天也，不敢尤人也。卦解及《彖》未发此义，故于此发之。

初六，往蹇，来誉。《象》曰："往蹇来誉"，宜待也。

坎险在上，故以远险为善，往则陷于险，来则获誉。盖往者见利而往，来者不动于利而来，故誉。"往蹇来誉"，则宜待也。

六二，王臣蹇蹇，匪躬之故。《象》曰："王臣蹇蹇"，终无尤也。

六二应乎九五之君，见入乎蹇难之中，虽蹇之又蹇，终不退缩，匪躬之故也。为君也，苟徒为其身而蹇蹇，则没于利也，安能免夫人之尤议。

九三，往蹇，来反。《象》曰："往蹇来反"，内喜之也。

往则入坎险中，来则反是。九三居下卦之上，二阴之所喜也，阳阴有相得之象，二阴顺承于下。

六四，往蹇，来连。《象》曰："往蹇来连"，当位实也。

六四居二阳之间，皆阻蹇不通，故往则蹇，来亦连祸。往来皆不可，则当不动自实也。实有安正不动摇之义。

九五，大蹇，朋来。《象》曰："大蹇朋来"，以中节也。

九五正居坎险，大蹇之中朋来，当蹇难辐凑而来，其事众多也。《象》曰"以中节"者，言蹇难虽多，而九五得中道，一以中节之。节者，制之、节之、正之、治之也。中者道之异名，无意、无必、无固、无我，则无所倚，无所偏，无所党，自然无所不通，是之谓"中"。虽居大蹇明[①]至之中，如鉴照物，应酬交错，靡不适宜，自足以节制之矣。

上六，往蹇，来硕，吉。利见大人。《象》曰："往蹇来硕"，志在内也。"利见大人"，以从贵也。

天下之事变无穷，不可以一定论。此卦在上、初与三四，皆言"往蹇"，则上爻宜往言，而此爻之辞来吉者，何也？天下之事变无穷，不可以定论。今内有九五中正之君，则当来内从中正之君，以成济蹇之功而硕大也。上六亦有应九三之象，此则不然，从九五之大人耳，故象特言"从贵"。

䷧ 坎下震上

解，利西南。无所往，其来复，吉。有攸往，夙吉。《彖》曰：解，险以动，动而免乎险，解。"解，利西南"，往得众也。"其来复，吉"，乃得中也。"有攸往，夙吉"，往有功也。天地解而雷雨作。雷雨作，而百果草木皆甲拆[②]，解之时大矣哉。

解者，蹇之反。蹇阻于险，因险而动，动而免乎险辞，蹇难解矣。圣人作《易》，因筮设教，因人情引之而归诸道，明则为圣人，幽则为鬼神，其道一也。因人之蹇难，思以避难，有东西南北之意，因卦之象而发之，《蹇》卦以东北而蹇，则知反之者西南，西南则免乎险而解矣，故"解，利西南"。西南之卦为坤，坤为众，故有"得众"之象。夫众人曷得也，必得道焉，乃得其众心，苟不得众，不利也。因象发义，启人心于正。天之道，鬼神之道也。既解矣，既利矣，既得

①"明"，四明本作"朋"。
②"拆"，四明本作"坼"。

众矣，则可以已矣，不当复有所往，来复其常则吉。夫天下惟有此道而已矣，由之则利，反之则害。有险则思所以济险，往而济险，道当如是也。及乎险难之解，则已亡矣，若又纷纷不已，则是起私意而为扰，道不当如是也。故复平常，则合乎中道，故曰“乃得中也”，中者道之异名。今不复而又动，是其意必有在，有所在，则偏倚乎意之所在，若无适无莫者不然，此《易》多吉中之旨也。苟有故往，夙则吉。夙，早也。方解之初，解功未成，则往而解之，则有功也，已解则无俟乎复往也。不当往而往，恐不止于无功，将反生祸。天地之解，则雷雨变作，百果草木皆甲拆。[①]所谓解之时，如斯而已，初无义之可求，而赞之曰“大矣哉”，何也？《颐·象》已言之矣。三才内外，何物非此大？何事非此大？何理非此大？何时非此大？有义可言亦此大，无义可言亦此大。学者惟知义理之为大，则不惟不知义理。《易》之言时义者，非可以心思尽也。不闻文王之诗乎？“不识不知，是为帝则”。又不闻孔子之言乎？“吾有知乎哉？无知也”，又曰“天下何思何虑”，又曰“天有四时，春秋冬夏，风雨霜露，无非教也”。春秋冬夏，何义之可索？风雨霜露，何理之可言？是道也，天以此运，地以此顺，雨雷以此作，百果草木以此甲拆[②]，人以此言，以此动，以此视，以此听，以此事父事君，以此修身治国平天下，故禹曰“安汝止”，苟微动其意虑，则失其止矣。故孔子每每止绝学者之固，每每止绝学者之我，学者惟数动于意、必、固、我，故不省“大矣哉”之妙。

《象》曰：雷雨作，解。君子以赦过宥罪。

其在天地，则雷雨作而万物皆和解，其在君子，则赦人之过误而

① “拆”，四明本作“坼”。
② 同上。

宥罪之疑者小者，可宥者不必言取象，于以明三才一道也。《书》曰“刑故无小”，罪虽小，苟故为之，必刑无赦也。苟如汉以来之大赦，不问故不故，一切赦之，则凶暴得志，良善无所安存，于是本善良者，亦勉而为好暴，觊以御暴也。此岂治安之道哉？岂天地之道哉？

初六，无咎。《象》曰：刚柔之际，义无咎也。

初六与九四正应，一阴一阳，交际和应，故其象为“无咎”。

九二，田获三狐，得黄矢，贞吉。《象》曰：九二“贞吉”，得中道也。

狐多疑，非疑阻则非解矣。今“田获三狐”，则一无所疑。无所疑，则得黄中通理。盖谓意起则必有所倚，则为有所偏，不可以言中。一无所用其意，则无所倚，名曰中。土居中色黄，故黄者中之象。矢之为物直，直亦道之异名。人之所以违道者，以其不直也。直心而往，不支不离，无非道者。人心即道，故曰“道心”。坤爻曰“直方大，不习无不利”，不动乎意，直心即道，曰黄曰矢，皆所以发挥此道而已。贞，正也，贞亦道之异名，正者无邪之谓。人之得道，变化皆妙。惧其寖而入于无忌惮之中庸也，故又曰贞、曰中、曰直、曰正。而得道之全者无所失矣，故吉，《象》曰“得中道也”。此爻明学者之疑蔽至切至的，而学者能通其解，千无一,万无一。以孔子大圣，其启迪学者，不为不至，三千之徒，不为不多贤，惟颜子惟月至日至之徒，为不疑为自信尔。自子夏、子张、子游，以有若似圣人，惟曾子不可，其言曰“江汉以濯之，秋阳以暴之，皜皜乎不可尚已”，此岂口语心思之所及哉？曾子虽如此言，群子安知其解？孔子曰：“二三子以我为隐乎？吾无隐乎尔。吾无行而不与二三子者，是丘也。”是惟孔子无疑，群弟子皆疑。

六三，负且乘，致寇至，贞吝。《象》曰："负且乘"，亦可丑也。自我致戎，又谁咎也？

蹇难未解之时，则小人道长。今既解矣，小人道消，而犹乘君子之器，则盗斯夺之矣。邦有道而犹居君子之位，祸将至矣。小人虽勉勉于贞正，仅可免祸，亦吝。吝，小疵，有歉歉可羞之意。孔子曰："作《易》者，其知盗乎？《易》曰'负且乘，致寇至。'负也者，小人之事也。乘也者，君子之器也。小人而乘君子之器，盗斯夺之矣。上慢下暴，盗斯伐之矣。慢藏诲盗，冶容诲淫。《易》曰'负且乘，致寇至'，盗之招也。"

九四，解而拇，朋至斯孚。《象》曰："解而拇"，未当位也。

拇微而在下，初六之象。九四之所解者，初六而已。惟其朋类至则始孚应，而有所解。未能无所不解，其解也狭，以其不当位也。人臣之分，不可博大，人臣之有大功者，皆君之命，不敢自为也。

六五，君子维有解，吉。有孚于小人。《象》曰："君子有解"，小人退也。

君子得位，无所不解，异乎九四之解拇矣。君子之解，有孚验于小人。小人退则为有解，小人不退则亦安能无不解？孚，信也。有孚，可信验之谓也。夫惟正为能解，惟公为能解，有道者为能解。小人反是，为不正为私。小人不退，则安能无所不解？

上六，公用射隼于高墉之上，获之，无不利。《象》曰："公用射隼"，以解悖也。

隼者，贪财之物，小人似之。解之时，至于上六，极矣，无所不解矣。而贪残之小人，犹据高位而不退，悖之甚者也。矧公尊爵，得时得势，以大公而去甚悖之小人，何不利之有？《象》曰"以解悖"

者，明有悖当解而解之，未尝置毫发私意于其间也。置己意焉，即私即非公。孔子他日又从而推广其义曰："隼者，禽也。弓矢者，器也。射之者，人也。君子藏器于身，待时而动，何不利之有？动而不括，是以出而有获。语成器而动者也。"上六解之极，小人皆退，而贪残小人，犹据高位，不退听而去，又为公，此虽有其时，苟无德器，则亦不能有为。且括矣，语成器而后可动，器未成犹未可动，而况于非器乎？此器以忠信为质，发于礼则生文，立于义则成方，其中常安常止，故禹曰"安汝止"。苟起毫发意、必、固、我，则蔽则败。孔子绝意、必、固、我之四者，有此器矣，又当养成，是故君子求诸己。世固有志之君子，有志于国，有志于民，虽得时得位，其功业亦未为光明硕大者，其器小而未大也，大而未成，犹有所亏。

䷨ 兑下艮上

损，有孚，元吉，无咎，可贞，利有攸往。曷之用？二簋可用享。《彖》曰：损，损下益上，其道上行。损而"有孚，元吉，无咎，可贞，利有攸往，曷之用？二簋可用享"。二簋应有时，损刚益柔有时，损益盈虚，与时偕行。

此卦之象，损下之刚而益上之柔，是为上九之画，损下而益上，"其道上行"也。夫民为邦本，为民上者，损上而益下则顺。今乃损下而益上，虽其有不得已而取于民，或粟米之征，或布缕之征，或力役之征，必本之大公，民咸孚信之。元，大也，仁也，道之异名也。不特民信其公，又行之也有道而获大吉。虽下民信之，虽有道，虽大吉，而或者犹得而讥咎之者，亦未可以为贞正。必也民信之，又有道而大吉，又或者无得而咎之，而后可以有攸往而利也。不得已取之于民，则何以用之？曷，何也。当极其俭约，虽二簋亦可用享。享，礼之至大至重也，而犹可以用二簋。二簋，俭之至也，则其他可知矣。苟取于民而轻用之，则民心自此离畔矣。此圣哲之所灼见，而昏庸之主以为无害，以为未必至是也。国之大事在祀，于祀而极其俭，亦岂得已，于取民财而轻用之不可也，于斯时极其俭尔，非其常也，故曰“二簋应有时”。刚者未易损也，损刚益柔，亦有时尔，于时不得已而损之，则刚者无憾。大抵损己则顺，损人则难，故以损下益上之卦谓之损，损上益下之卦谓之《益》。不特取民财，凡天下曰“君之及此言也，百姓之惠”，此弗损而益之者。至于公谓“冕而亲迎为已重”，则不敢从之矣。虎会为赵简子荷戟而不推车，亦以弗损者益之也。是贞也，亦不必执之而过也。执之而过，则失道矣。九二利贞，盖中以为志也，中则无作好，无作恶，无偏无党。虎会荷戟而不推车，正矣，至于行歌，则又过之不中矣。九二下卦之中，有中象。

《象》曰：山下有泽，损。君子以惩忿窒欲。

山下有泽，其山日损。人有忿欲，其德日损。知忿欲之害己，则知惩之窒之矣。学者好读书而不惩忿窒欲，犹不读也；喜穷究义理而不惩忿窒欲，不成义理也；虽已得道而不惩忿窒欲，是谓“智及之，仁不能守之，虽得之，必失之”也。

初九，已事遄往，无咎，酌损之。《象》曰：“已事遄往”，尚合志也。

损之时，方上损下，光武之不用功臣之时之类是也，是故，已事则当遄往。遄，速也。臣功成身退，况方损下，岂宜少留，所以合上之志也。然亦不必激而过之，酌事情而损之足矣。大[①]抵天下事，不可加损毫发，损益盈虚，一惟其时，微置己意则乖。酌损之言，所以去

① “大”，四明本作“太”。

其己意，去其激过，使不失中，使不失宜也。初爻在下，有退而居下之象，故曰“遄往”。

九二，利贞，征凶，弗损，益之。《象》曰：九二“利贞”，中以为志也。

人臣之损，利于贞正，损己而不正，则为奸为邪。征者前进也，前进而过之，则失真矣，故凶。必无损于道者，月以益乎上，则可以益矣。昔者鲁哀公问“人道谁为大”，孔子愀然作色而对。何柔何刚？何动何静？何实何虚？微起意焉，则有所倚，倚则偏则昏，昏谓之疾。“损其疾，使遄速有喜”，则无咎。疾不可久，久则成疾，将不可治矣，是故以速为贵。

六三，三人行则损一人，一人行则得其友。《象》曰：“一人行”，三则疑也。

内卦本三阳，于外卦之上，此爻有此象，故曰“三人行则损一人”。夫二人同行则无疑，三则疑，此人情之常，凡事略同，正当此爻之象。筮而得此，筮爻必有此事。他日，孔子曰：“天地絪緼，万物化醇。男女构精，万物化生。《易》曰：‘三人行，则损一人。一人行，则得其友。’言致一也。”孔子欲明致一之道，故引此为证。圣人循循善诱人，苟能于此达致一之妙，则知《易》曰“观其所感而天地万物之情可见矣”，则知万物一致，三才一致，一以贯之，无所不一矣。

六四，损其疾，使遄有喜，无咎。《象》曰：“损其疾”，亦可喜也。

偏于阳为疾，偏于阴为疾。六四之疾，偏于阴也。阴为柔，阳为刚。阴为静为虚，阳为动为实。道心无体，何阴何阳？何之或损或益、或盈或虚？事变无穷，与时偕而已。君子无敢置己意于其间也，微致己意焉，则失道。

六五，或益之十朋之龟，弗克违，元吉。《象》曰：六五“元吉”，自上祐也。

《损》卦之象，其道上行，损下卦益上卦。上卦之获大益者，其惟六五乎？六五中正之君也。天下惟有此中正之道而已矣，得之者吉，失之者凶。得之者人心归之，失之者人心去之；得之者天祐之，鬼神祐之，失之者天灾之，鬼神祸之。“或”者不一之辞，“益之”者不一也，人心归之也。十朋之龟，皆从而弗违，天与鬼神祐之也，此非六五之所求也，鬼神自祐之也。使六五动乎意，则系乎意，有所倚则偏矣，非中正之道也。中正有名而无体，故六五一无所为，而自或益之十朋之龟，自弗违，自元吉，自上祐也。文王“不识不知，顺帝之则”，禹“安止”。“安止”者，寂然无所动也，故龟筮协从。

上九，弗损，益之，无咎，贞吉，利有攸往。得臣无家。《象》曰：“弗损益之”，大得志也。

上九，损之极，过乎中，故教之以弗损也，又使益已，乃合中道。夫既弗损又益之，疑人心之不归而有怨咎，圣人正之曰“无咎”。此乃所以为贞正也，有吉焉，苟如此而往，无不利也。得人臣之心，至于有国而无家，夫能致臣心至于国尔忘家，可谓得臣心之深矣。而今也乃以“弗损益之”而得之者，何也？大抵人能损己而益人，已得人心，至于居极止之位而损己之极，则尤得人心。今虽弗损己而又益之，乃合中道。此爻之辞，皆所以抑其大过而有道之象。曰“弗损益之，大得志也”，心志中正，始为得也，始为大得也，如不失乎本心之大全也，非世俗所谓得志也。

《杨氏易传》卷十四

宋 杨简 撰

䷩ 震下巽上

益，利有攸往，利涉大川。《彖》曰：益，损上益下，民说无疆，自上下下，其道大光。“利有攸往”，中正有庆。“利涉大川”，木道乃行。益，动而巽，日进无疆。天施地生，其益无方。凡益之道，与时偕行。

观卦之象，损上之阳以益下，是谓“损上益下”。损上益下，自然“民说无疆”矣，是谓“自上下下”。以贵而下贱，以君而下贤，自然“其道大光”矣。卦象如此，岂不“利有攸往”？虽济大险亦利也，故曰“利涉大川”。《彖》又推明利有攸往之道，曰惟中正故有庆也。彼行乎私意者，惟丰己而已，安能损上而益下？自矜自大而已，安能自上而下下？损上益下，自上下下，非中正者不能。惟中正，故凡有攸往则利。其言“损上益下，自上下下”，不过一二事尔。孔子以“中正”言之，则无所不通。得中正之道，则不独行于益下、下下而已，凡中而不倚、正而不邪之事，皆行之无所不利。涉大川者，非木不可。兹言木道，非有他说，言乎济险得其道云尔。道即中正之道，非有二道。是道也在天曰天道，在地曰地道，在人曰人道，言乎其不倚则曰中道，言乎其无邪则曰正道，言其自上下下则为大光之道，言乎涉大川则曰木道，于此卦又言“凡益之道”。未至于一贯之，不足以为道。

得其道则行，失其道则败。动而巽，不忤于物，则日进无疆，其益无穷，此人之得其道，故致益也。天施焉，地生焉，其益无方，广大无际，此天地之得其道，故致益也。动巽不忤，动巽不忤而已，不必复求其说。复求其说，则失动巽之道。“天施地生”，天施地生而已，不必复索其义，复索其义，则失施生之道。凡益之道，不可胜言，与时偕行，随事而应，不可预料，而不可有所倚，不可入于邪，则同是谓中正万世不易之道。人心即道，故曰“道心”。道心无体，因物有迁，迁则有所倚，有所倚则入于邪。不动于意，本无所倚，本无邪偏，何思何虑？自至自中，自神自明，自无所不通，人之所以“动而巽”者此也，何思何虑？天之所以施者此也，何思何虑？地之所以生者此也，何思何虑？惟无思故无所不明，惟无为故无所不应。凡易之道，皆此道也，皆大易之道也。

《象》曰：风雷，益。君子以见善则迁，有过则改。

凡善即迁，当如风雷之疾；有过则改，当如风雷之疾，如此则获益。人谁无好善之心，往往多自谓己不能为而止；人谁无改过之心，往往多自以难改而止。凡此二患，皆始于意，意本于我。道心无强[①]，何者为我？清明在躬，中虚无物，何者为我？虽有神用，变化云为，其实无体。知我之本无体，则声色甘芳之美、毁誉荣辱之变、死生之大变，如太虚中之云气，亦如水鉴中之万象，如四时之变化，其本体无所加损，何善之难迁？何过之难改？舜“闻一善言，见一善行，若决江河，沛然莫之能御”者，以舜之胸中，洞然一无所有，故无所阻滞也。

初九，利用为大作，元吉，无咎。《象》曰：“元吉，无咎”，下不

① “强”，四明本作“体”。

厚事也。

此卦损上之一阳而益下，则初九一爻为一卦得益之最，矧六四在上而应之，上下阴阳之情和，故初九利用为大作益利之事，然必“元吉”而后“无咎”，元者道之异名，以道致吉，谓之元吉，亦曰大吉。元，大也。必元吉而后无咎者，下不宜厚事乎？厚事犹大有为也，非居下之道也，惟上之人，任而用之，知而信之，则可元吉，不然则不可。

六二，或益之，十朋之龟，弗克违，永贞吉。王用享于帝，吉。**《象》曰：“或益之”，自外来也**。

此卦下卦获上之益，而六二居下卦之中，得中正之道者，必大得人心，大得天地鬼神之心。以天地神人，同此一中正也，宜其同归焉，已详著于《损》六五之爻。而六二臣道也，臣下而获盛，益虑其失正也，又虑其不能久，是故永贞则吉者，伊尹、周公则永贞矣。若王者用此中正之道，克享上帝之心，则无所患虑，其吉也无疑。《象》曰“或益之，自外来也”，亦犹《损》六五之“或益之，自上祐也”，皆言乎本无求益之意而益自至也。曰“自外来”，言乎非中心之所期，自外而至也。苟动乎意，即失乎道，安能致大益？

六三，益之，用凶事，无咎。有孚中行，告公用圭。**《象》曰：益“用凶事”，固有之也**。

初言“下不厚”，二言“永贞”，惧其获上之益而戒之也。初居下，二得中，犹谆谆恐其大过而失人臣之正也，而况于六三之过中乎？然既有所以致益，惟用之于凶事，施之于祸难之中，则竭忠尽力，虽不免过常，亦无咎也。虽则云然，亦必在我者有忠信诚确之心，人咸孚之，又中行而无偏无党，告于上九之公，用圭以通诚。《象》曰“益用凶事”，固有此道也。

六四，中行，告公从。利用为依迁国。《象》曰：“告公从”，以益志也。

诸卦惟二、五言中，余爻皆不言中，惟复之六四，与益之六三、六四言中。圣人盖欲以此发明中道无所不在，无所不通，人心皆有之，顾人不行耳。此不曰行中而曰“中行”，益以明中道人心之所自有，非在彼而我行之也。举此三爻言中，则他卦他爻皆可以言中，谓天下万世人心有一之非中者，是诬天下万世也。惟中行，故告公而公从。六三告公，以上九有公象。至此爻则以何为公象？四初应而为公，则公不在下，然则九五在上既亲比，而阴阳有相得之象，则九五为公也。事变之不可执一论率类此。况五之爻亦非止言大君，公亦一国之君，亦有霸王之象，言公则所包者广。《屯》之五，《小畜》之五，大臣之象。《遁》之五“嘉遁”，《明夷》之五为“箕子之明夷”，《旅》之五，皆昭然非君象。《小过》之五亦言公，《同人》之五，《噬嗑》之五，《贲》之五，《复》《无妄》之五，《大过》《习坎》《咸》《恒》《大壮》《夬》《艮》《渐》《归妹》《既济》之五，皆泛言，不明着君象。公亦有公而不私之义，使其不公，则难于告矣。“利用为依迁国”者，六四体柔，不能自有所为，依公以迁国尔。《益》卦本以九四下而为初九，初六上而为六四，有迁徙之象。迁国所以益民也，以益民之志告公，故“公从”也。益民之志，非私也，故“公从”也。

九五，有孚惠心，勿问元吉。有孚惠我德。《象》曰：“有孚惠心”，勿问之矣。“惠我德”，大得志也。

人君欲施益于民，不必求诸物，不必求诸外，求诸己，求诸心是矣。何谓心？人皆有心，人心皆善皆正，自神自明；惟因物有迁，迁则意动则昏，昏则乱，如云翳日，如尘积鉴；其本善本正本神本明者，未始磨灭也。今诚能不因物而迁，意不为动，则正善神明之心，乃治安之本根，未有君心善正神明而民不被其惠者，亦未有君心不正不善不明而民被其惠者。苟惟以财惠民，则财有限，惠有限，虽被小惠，不免滥刑，不免虐政。设被惠于今日，必不及于他日。夫惟国之庶政，皆自君心出，君心一正，则庶政咸正，而民不被其惠者乎？其有不正，则庶政即随以乱，奸邪得志，善良无所告，民被其祸，有不可胜言者是矣。故君心者，民惠之大本，惟圣哲之主，能用此以惠民，苟非圣哲，皆不能求诸此孚信也。有能求诸心，诚信而无伪，则不必复问其如何，必获“元吉”，必信其民之“惠我德”。惠 我德之惠也，言民心被我德之惠，断可信也。圣言所以谆谆者，恐人心多疑，疑心必不能惠民，故云云也。若夫圣哲之君，则深知己心之本正，深知民心亦皆本正，惟无以感之，有以感之于上，则同然之机，其应如响。《书》“若有恒性，克绥厥猷惟后”，此人主之本职也。今民惠我德，则顺其性，绥其猷，人主之本职不旷矣，圣哲之本志得矣，故曰“大得志也”。

上九，莫益之，或击之，立心勿恒，凶。《象》曰：“莫益之”，偏辞也。“或击之”，自外来也。

孔子曰：“莫之与，则伤之至矣。”则“莫益之”者，言无有益之者，当从孟氏本。曰“偏辞也”，言乎人心皆疾之，莫有益之者。周徧之辞也，谓众人之辞也。若从陆本作“偏”，则义说迂曲，非孔子之旨也。“立心勿恒，凶”，明此爻心[①]之不善，宜即改易，切勿恒久。其象凶，众皆不与之，莫之与，则或击之矣。“自外来”，言非所料而自至

①四明本作“明此爻立心之不善”。

也。孟子曰："不仁者可与言哉？安其危而利其灾，乐其所以亡者。不仁而可与言，则何亡国败家之有？"然卜筮则求诸神，筮而得此爻，庶乎畏明神而或改也。彼立心之不仁，不可以枚数，或慢天，或虐民，或悖乱其天伦，或穷兵，或弃贤，或弃政，言之莫穷。而或者因孔子他日有所感而言曰："君子安其身而后动，易其心而后语，定其交而后求。君子修此三者，故全也。危以动，则民不与也。惧以语，则民不应也。无交而求，则民不与也。莫之与，则伤之者至矣。《易》曰：'莫益之，或击之，立心勿恒，凶。'"遂止以此三事释此一爻，殊失孔子本旨。夫此三失甚微也，尚不免于凶，而况于他乎？

䷪乾下兑上

夬，扬于王庭，孚号有厉。告自邑，不利即戎，利有攸往。《彖》曰：夬，决也，刚决柔也。健而说，决而和。"扬于王庭"，柔乘五刚也。"孚号有厉"，其危乃光也。"告自邑，不利即戎"，所尚乃穷也。"利有攸往"，刚长乃终也。

夬，决也。以五阳而决一阴，以众君子而决一小人也，故曰"刚决柔也"。下卦乾健，上卦兑说。虽则健而说，虽决而和，未尝怒也，未尝私也，怒则私矣。覆载之间皆吾之赤子，彼昏而为小人，良可念也。小人不可居上，天道也，决而去之，何私怒之有？动于怒则我已为小人矣，已当在所去之类，安能去人？是故，健而说，决而和。卦出此象以教君子也。"扬于王庭"，以一小人势将去，而反居上乘五刚，众君子殊为抑逆，舆情之所大不平也。得时得势得理，故可扬于王庭也，不然，则不可也。此虽当扬庭而决去，而亦不可不相与诚心警戒以危厉也。号，警戒也，故曰"其危乃光也"，以得时得势之众君子，而去一已衰之小人，亦何至于危也？而事不可忍，不可不戒，能自危厉，乃为君子之光也。“告自邑”者，谓特警号其已类尔。邑者，已之象，其详释已见谦上六爻。“不利即戎”，言不可以兵戎也，即戎则纵矣。甚矣尚者，纵甚而不谦下之谓也。即戎得以为尚也，乃以取穷也。“天道亏盈而益谦”，“人道恶盈而好谦”。孚号有厉，告自邑，则利有攸往，则可以决小人也。曰“刚长乃终”者，言小人未尽去，则当决，则当往，有所决，至小人已去而刚道已长，则终止不可复有所往也。如其为已甚，穷治小人不已，则反取祸矣，故曰“乃终”。终，止也。

《象》曰：泽上于天，夬。君子以施禄及下，居德则忌。

泽上于天，则夬决而下及万物。一柔已决，群刚成功，君子则施禄及下以报其功。君自以为已德而自居之，则为忌嫉，非君子之道也。

初九，壮于前趾，往不胜，为咎。《象》曰：不胜而往，咎也。

初九位下德弱，乃不自度，奋然而欲行夬决之事，是为壮于前趾。趾，在下而小之物，往必不胜其任矣，故为咎。不胜其任而冒往，故咎。

九二，惕号莫夜，有戎勿恤。《象》曰：“有戎勿恤”，得中道也。

惕惧警号，虽莫夜不懈，则虽有兵戎，勿用忧恤。何以知九二之能“惕号莫夜”？以九二“得中道”而知之也。既得中道，必不纵逸，必明，明则必知所警慎。圣贤之道，中而已矣，何所往而不通？卦言孚号，又言惕号，《易》筮其急于爻，故爻辞尤不可废。

九三，壮于頄，有凶。君子夬夬，独行遇雨若濡，有愠，无咎。《象》曰：“君子夬夬”，终无咎也。

頄，面之颧也。“壮于頄”，悻悻之怒，见诸颧也。用壮如此，君子中之小人也。浅者之决，大率类此。遵道而行，何怒之有？动于怒，怒而见有凶，言君子道长、小人已衰之时，虽未必至于凶，而有凶之道焉。君子虽夬夬，大义不可易，而断不动于意，故“独行遇雨”。阴阳和而后雨，雨有和之象，其和亦未尝作意和之，而君子之道心，自是“健而说，决而和”，故曰“遇雨”也。若濡而实不濡，彼徒见若濡之迹，必有见愠者，而君子之心，忠信无私，夬夬之义，亦未尝变，人所深信，故终无尤咎。彼不知道者，以为君子既夬夬，安能与之和？既和，安能夬夬？不知道心如天地寂然，无思无为，而有风雨，有雷霆，有霜雪，变化无私。

九四，臀无肤，其行次且。牵羊悔亡，闻言不信。《象》曰：“其行次且”，位不当也。“闻言不信”，聪不明也。

九四乃君子中之小人，九刚四柔，外虽刚而中实柔邪，居群刚之中，不与俱决，故为在下之刚者所伤，故“臀无肤”。势不得不与之俱，而其行次且，若能如羊以群进，相牵以往，则可悔亡。然虽闻是言，往往不信。何以知其不信？以九四不知道，其心与小人同，故不可告语也。“位不当也”者，言九四所处之位，亦已高矣，况在乎众君子之间，不当如是也。“闻言不信，聪不明也”，使其聪明，则晓是非荣辱吉凶，安得不信？

九五，苋陆夬夬，中行无咎。《象》曰：“中行无咎”，中未光也。

君子之势，至于九五，亦已盛矣。一阴之势已去，特其体犹存尔。柔脆如苋，而又在陆，陆人所行践，其苋之不可复存昭昭矣。如必施夬夬之决，盖过之矣。故圣人教之曰“中行无咎，中未光”者，谓夫苋陆夬夬之人，虽勉而为中行，非本性之大中，未为光明也，惟实得道者为光明。他卦惟二五为中，今乃未光，以有“苋陆夬夬”之象故也。

上六，无号，终有凶。《象》曰：无号之凶，终不可长也。

夬之去六，柔已决去，刚道已长，然不可不敬戒。苟忽焉不敬不戒不警号，则亦“终有凶”。虽未必凶遂至，而既不警戚则放逸，逸则既失道矣，失道者终于凶。

䷫ 巽下乾上

姤，女壮，勿用取女。《象》曰：姤，遇也。柔遇刚也。“勿用取女”，不可与长也。天地相遇，品物咸章也。刚遇中正，天下大行也。姤之时义大矣哉！

一阳之生曰复，一阴之生曰姤。姤者内非阴之本位，故不言复，惟取刚柔相遇之义。曰“柔遇刚”者，明柔为主也。一阴虽微，而其势则自内而长，阳刚虽盛，而有寖消之势，故此卦有“女壮”之象。女之壮者，不可取也。其物虽和，其后必乖，壮则渐不可制，故曰“不可与长也”。女壮之足以败国亡家，往古可监也。小人之柔邪谀媚，犹女壮也，其足以败国亡家，亦犹是也。人不善之心寖而长，其端甚微，其流寖广，此则败国亡家之本，尤不可不戒也。爝火之微，即可燎原。涓涓之流，或可滔天。是故禹曰“克艰”，皋陶兢兢业业，皆此道也。是卦非善也，而圣人发挥之曰：“天地亦相遇也而品物咸章，刚遇中正亦遇也而天下大行。”顾人未知大[①]遇之之道尔。男女之相遇，天地之大义也，人惟不明斯义，故有女祸。是卦二五皆刚而中正。体之刚者，既足以兴事造业，而又中正焉，则岂不可以大亨于天下。遇之为言，若出于二，遇之为义，实出于一，故曰：“天地之道，其为物不二，则其生物不测。”人心自善，自中自正自刚健，如玉自白、自

① “大”，四明本作“夫”。

莹、自温润而非二玉也，如金自黄、自刚、自明而非二金也。人惟因物以迁，意动而昏，如云翳日，如尘积鉴，故纷纷扰扰，曰二曰三，十百千万，断断殊列，一日觉之，心本无体，清明如日月，变化如四时，众德自备，百年自有，未始不善，思虑不作，一无所倚，强名曰中。本心如此，自无邪僻，强名曰正。是其清明无体之妙，非血气也，非物也。有物有气血，则可得而屈息，非物非气血，则不可得而屈息。因其不可得而屈，不可得而息，故强名曰刚健。此人之心也，即天地之道也，一也。故天地可得而范围，万物可得而曲成。“姤之时义大矣哉”，于人相遇之时，男女相遇之时，天地相遇之时，万物相遇之时，有义焉，人所不知也，“大矣哉”，即其所不知，即“大矣哉”之妙也。圣人于此，惟曰大而止，亦不得而赘其辞，故孔子曰“吾有知乎哉？无知也”，又曰“天有四时，春秋冬夏，风雨霜露，无非教也”。圣人竭诚启告，尽于此矣，学者于此，往往又谓于此当复有不容言之妙。吁！是又以意求之。姤之时义非意也，即此学者之妄意，即《姤》之时义，即六十四卦之义，即天地之义。往往人不知，惟不知故妄，故曰：知则不知，不知则知。

《象》曰：天下有风，姤。后以施命诰四方。

后不亲往四方也，惟施命以诰之，而四方咸周焉，即风之无形而广被万物也。愚者以为有二，明者以为实一，何止与风为一，其与天地万物未始不一也。

初六，系于金柅，贞吉。有攸往，见凶。羸豕孚蹢躅。《象》曰：“系于金柅”，柔道牵也。

柅，王作“柅”，子夏作“鑈”，《苍颉篇》柅作“柅”，许氏《说文》曰：“吕氏《字林》曰‘檷’，系跌也，字或作‘铒’，女指反，盖络系之器也。”阴为小人，虽在下而有浸长之势，不可不制，惟君子乃能制之。金柅，君子之象。君子之制小人，不以刚暴，惟以阴道奉制之，亦以初六在下尚微弱，不必以刚制也。君子之制小人，亦非私意，惟以贞正之道而已矣，苟不出于正而有谲术，则既失道矣，安能制之？天下惟有道者能行能济，不于其微弱易制之时制之，而有所往，则见凶矣。豕虽羸，他日必蹢躅。孚，信也，言可信可必也。

九二，包有鱼，无咎，不利宾。《象》曰：“包有鱼”，义不及宾也。

姤之时，惟其所遇，不必远应。阴者阳之所欲，鱼，阴类，鱼亦人之所欲。九二得初六而有之，虽非正应，惟在姤时，以遇为主，遇则亲焉，故“无咎”。在常时则为不正，难乎免咎，今既包有之，自然他人不得而复有之，故曰“不利宾”。此理义之自然，势之所必至也，故曰“义不及宾也”。得民心而有之，民为文王、武王所有，则纣不得而有之矣。得小国而有之，郑在晋则不在楚，在楚则不在晋矣。得贤才而有之，齐有管夷吾，则他国不得而有之，士会入晋，则秦不得而复有之矣。

九三，臀无肤，其行次且，厉，无大咎。《象》曰：“其行次且”，行未牵也。

初六一阴，为众阳所应，九二既包而有之，势不及其他，而九三乃有争取之意，故为九二所伤。“臀无肤”，有所伤也。“其行次且”，意犹未已，岂不危厉。然无大咎者，何也？以其行未至于牵于初而不行也，故有小咎，无大咎。苟复行，则二终不已，获咎大矣。楚虽欲郑而晋既有之，楚虽不乐，而终于已矣，楚所以无大咎也。

九四，包无鱼，起凶。《象》曰：“无鱼”之凶，远民也。

初本与四为应，今以四远之，故近为九二所有，则九四“包无鱼”

本我所有而归之他焉，人心畔离矣，故起则凶，谓动则凶。民可近不可远，其义于是著。凡《易》一爻，该义甚多，此惟以“远民”为言者，明其义之著者也。

九五，以杞包瓜，含章，有陨自天。《象》曰：九五含章，中正也。有陨自天，志不舍命也。

杞者，美材也，九二之象。瓜者，阴柔在下之物，初六之象。九五中正在上，不自用其章，而用九二之贤，以杞叶包瓜，以柔道制小人。九五已尽中正之道，而有陨坠，乃自天也，非人之所为也，非人之所致也。人道已尽，已无毫发之愧，而后可以言命也。大王已尽中正之道，而不免狄人之难，天也。文王已尽中正之道，而有羑里之难，天也。大王、文王何与焉，故曰“志不舍命也”。

上九，姤其角，吝，无咎。《象》曰：“姤其角”，上穷吝也。

上九刚而上穷，有“角”之象。失其所以与人，姤遇者如角然。刚固之过，枯槁而不和洽，吝道也。狷者之疵为吝，然严劲刚介，异乎轻肆放逸者矣，故“无咎”。《象》曰“上穷”者，言其穷而小通也。泄柳闭门而不纳，段干木踰垣而避之，是谓“姤其角”。孔子见南子，欲从佛肸[1]公山之召，变通之道也。

① “肸”，四明本作“肹”。

《杨氏易传》卷十五

宋 杨简 撰

䷬ 坤下兑上

萃，亨。王假有庙，利见大人，亨，利贞。用大牲，吉。利有攸往。《彖》曰：萃，聚也。顺以说，刚中而应，故聚也。“王假有庙”，致孝享也。“利见大人，亨”，聚以正也。“用大牲，吉。利有攸往”，顺天命也。观其所聚，而天地万物之情可见矣。

“顺以说，刚中而应”，何以能聚也？顺说刚中而应者，道也，具见于卦象。坤顺而无拂，兑说而能和，九五之刚足以有立，中而无所倚，人心咸应，备此众德故也。此众德皆非自外至也，道心之所自有。道心无蔽，则无亏焉，则自全；有蔽焉，则有亏，则不全，或尽失之。其有不顺则生于意之支，支则违；其有不说则生于意之固，固则不和；其有不刚则生于意之慑，慑则弱；其有不中则生于意之有所倚，倚则偏，其有不应则生于意之犹有未善，犹有意有我也，不然，则何以不应？人心即道，故曰“道心”。道心无体无我，如日月，如天地，其变化如四时，意不作则无蔽之者，无窒之者，洞然混然，自顺自说，自无所慑而刚，自无所倚而中，人心自无所不应，曰顺曰说曰刚曰中曰应，皆所以形容道心之言，而非有二也。假，大也。王大其庙之道，教孝享也，此萃聚之道也。人心之所以乖离者，君不君，臣不臣，父不父，子不子也。“有庙”，父父子子之道也。爱敬之心生而达之天下，则无所不爱敬也，不敢侮鳏寡，不敢遗小国之臣。尊贤敬民，皆由爱敬之心以生，况以爱感爱，以敬感敬？上以孝慈之心动于上，则下以孝慈之心应于下。人皆有忠孝之心，惟其无以感之，感斯应，应则忠孝达于天下。忠孝一心也，一道也，萃聚之道也。“利见大人，亨，利贞，聚以正也”，惟大人为正。人心之所同然者，道也。孝也，忠也，正也，皆道之异名也。御之以道，则人心皆应皆聚；御不以道，则人心皆离皆散。萃聚之时，民物甚大，则当用大牲随时也，故曰“顺天命也”。盛大，天之所命也，不可以为己之为也。既见大人，既贞正，既亨而利，既萃盛大，则有攸往，当无不利，亦天命之往也，人则顺之也。“观其所聚”，聚必以正，聚必以道。天地之气所以和而聚者此也，万物之所以生而聚者此也，凡人心物情之所以萃聚皆此也，咸卦言之矣，恒亦言之矣，通乎此则无所不通矣。通天下一而已矣，即他卦“时义”“时用”“大矣哉”之道也，即六十四卦、三百八十四爻之道也。

《象》曰：泽上于地，萃。君子以除戎器，戒不虞。

泽之所以能潴水而高上于地者，以有坊也。民之所以得安居焉而聚者，不可无武备之防也。除治戎器，戒备不虞，皆大易之大道也。

初六，有孚不终，乃乱乃萃。若号，一握为笑，勿恤，往无咎。《象》曰：“乃乱乃萃”，其志乱也。

初六柔而不坚，弱而不固，有初而无终，有“有孚不终”之象。“有孚不终，乃乱乃萃”矣，言乱其萃聚之道。九四正应，不见相违之象，而初六孚信自不固，似号而悲矣。又“一握为笑”，言号笑杂而为一也，于是教之以勿忧卹。四之不应而遂往，则“无咎”。《象》曰“其志乱也”，以号笑杂而知之。

六二，引吉，无咎，孚乃利用禴。《象》曰：“引吉，无咎”，中未变也。

六二正得臣位，故正言事君之道。君子未尝不欲仕也，又必待上之求之而后可进，不见引而遽进，则言将不听，道不可行，故必引之而后吉无咎，不然，则人将议我之冒进矣。禴者，祭之薄，诚则至也。必俟上之见孚而后臣可以竭诚而达于上，不然，则未可易达也。《象》曰“中未变”者，中谓六二之中心也。六二中正，不迁于物，不以进退穷达变其中心也。中正则无己私，无己私则安得而变？故曰“中未变也”。坤六五“文在中也”，亦中内之中。

六三，萃如嗟如，无攸利。往无咎，小吝。《象》曰：“往无咎”，上巽也。

“萃如”，六三之本志。“嗟如”，以上六之不应，故“无攸利”。虽无攸利，然往亦无怨咎，有“小吝”。吝者，不足之词。《象》曰“上巽”者，言上六柔巽，虽不应而亦不至于相忤也，人情事理有如此者。

九四，大吉，无咎。《象》曰：“大吉，无咎”，位不当也。

九四居近君之位，而群阴承之，群心萃之，非所宜也，必“大吉”而后“无咎”。大吉难以备言，已尽其道，得君之心，无失无害，斯无咎矣。所以必大吉而后无咎者，以九四所处之地难也。不当者，不安之意，人心不归君而归臣，故不安也，伊尹、周公之事也。

九五，萃有位，无咎，匪孚。元永贞，悔亡。《象》曰：“萃有位”，志未光也。

九五之萃，民虽咸君之，然有位而已，虽人无怨咎，而匪孚信之也。元永贞则悔亡矣。元者，道之异名。贞，正也。正而不永其正非元。曰元是矣，又曰永贞者，虑人守正之不永，故又以明之也。《象》曰“志未光也”，于己见其德之不光大，故徒有其位，未得人心。人心在四而不在五，见之于卦象。

上六，赍咨涕洟，无咎。《象》曰：“赍咨涕洟”，未安上也。

位之上者，宜以贤明居之。今上六乃以阴柔而居上，非其道也，非其道故人心不应不聚。六与三两阴无相应之象，然上六非傲亢者，柔巽之极，故有“赍咨涕洟”之象，故“无咎”。《象》曰“未安上也”，言其不自安于上位也，故赍咨涕洟。

䷭ 巽下坤上

升，元亨，用见大人，勿恤。南征吉。《象》曰：柔以时升，巽而顺，刚中而应，是以大亨。“用见大人，勿恤”，有庆也。“南征吉”，志行也。

上坤下巽，木从地中而升，故有升象。然而柔升于上，柔非能升者，得时故升尔。其所以元亨者，何由而致之也？巽而不忤，顺而无违，刚而不慑屈，中而无偏倚，人心咸应，合此五者，是以大亨。元，大也。道之见于升者有此五者之名，名虽五而实一也。道心无我，中虚无体，自然于物无忤，自然于理无违。无我无体，则安得而慑屈？何思何虑，则安有所偏倚？无毫发之私，无一之不善，则自然感应矣，是以大亨。“大人”者，道之所在也，是故“用见大人”。见大人则亨矣，勿庸忧恤也。道之所在，亨利随之，见大人则有庆，泽之所及者广也。不见大人，则道何由而行？南者，离明之方。征，往也。就明则吉，虑人妄有所依而非明哲，实非大人，故又曰“南征”则吉，不然，则亦未保其吉也。所往就者果明，则志斯行矣。

《象》曰：地中生木，升。君子以顺德，积小以高大。

孔子曰："据于德。"德，得也，实得于道也，非言语之所及，非思虑之所通。故《中庸》曰："苟不至德，至道不凝焉。"夫道一而已矣，岂有道、德之异哉？人心有昏之间，故圣贤立言，辨析其所以异。自古昔以来，崇道者纷纷，而得道者千无一,万无一。学者以思虑之所到为道，以言语之所及为道，则安能无所不通、变化无穷哉？据之为言，非若有若无，惚恍之间也，实有而实可据也，惟其未尝思而思也，未尝为而为也。"蒙以养正"，养此也，顺是而养之，自渐至于高大，不可揠苗也。揠苗者，是无妄之疾而施药也，愈益其疾戾，惟蒙可以养之。蒙者，文王之"不识不知"也，孔子之"无知"也。善养德者，莫善于此。道虽洞明，质有故习，故习难于顿释也，顺而养之，意态不作，则本德自明自神，自无不善，自高大矣。本无高，因人之卑陋而名其不卑陋者之为高；本无大，因人之小狭而名其不小狭者之为大。曰顺曰积，皆设为之辞，自得自信者自知之。彼未有德者，往往徇名失义，徇名失实，是谓章句儒。

初六，允升，大吉。《象》曰：**"允升，大吉"，上合志也。**

初在下，不可以遽升，必待在上信之而后可升。允者，信之至也，故"大吉"。

九二，孚乃利用禴，无咎。《象》曰：**九二之孚，有喜也。**

是爻与初六允升之义亦同，与萃二之辞又同，何圣人重复致意若此？斯义臣下之所急，人之躁于进者多，故圣人复发其象。以不待上之见孚而冒进己说者，往往而是，故《象》曰"有喜也"，明夫九二之能待上之见孚乃用禴，殊为难得可喜也，知其不能待者多也。禴，通诚于上也，禴祭物薄而诚至。待孚而用禴者，易之道也。不待见孚而冒进者，失易之道也。

九三，升虚邑。《象》曰："升虚邑"，无所疑也。

凡卦之奇尽在前，多有阻遏之象。今九三之前尽耦画，无所阻遏，故有"升虚邑"之象，又曰"无所疑也"。凡升而一无所疑阻者，谓之"升虚邑"。

六四，王用亨于岐山，吉，无咎。《象》曰："王用亨于岐山"，顺事也。

此文王之象也。或谓周公作爻辞者，于是知其指文王也。文王之位，几于五矣，三分天下，其二已归心矣，而文王就顺事之德。六与四皆阴，有柔顺之象也。

六五，贞吉，升阶。《象》曰："贞吉，升阶"，大得志也。

六五之升，贞正斯吉。贞正之吉，如升阶然。升阶以礼而升也，舜禹是也。其有不幸而为汤、武之权，岂圣人之本志哉？大不得已也。故汤使伊尹五就桀，觊其或可转也，卒不可转，天命伐之，不得已而奉天。故圣人如舜禹之以礼而升，而后为大得志。"大得志"者，出民于涂炭之中，以斯道而觉之。此心，天地之心也。

上六，冥升，利于不息之贞。《象》曰："冥升"在上，消不富也。

"冥升"者，亦不知其所以然而升也。贪进不已者，冒昧而升，则大祸也，何利之有？所利者独利于不息之贞，冥升正道，不息悠久。"蒙以养正"，乃作圣之功。孔子既曰"发愤忘食"，可谓不息矣；而又曰"吾有知乎哉？无知也"，然则孔子之不息，未尝有知，知则动于思虑，动于思虑则息矣，非进德也；又曰"忠信所以进德也"，忠信非思虑，如斯而已矣。如斯而已，何思何虑？心虑一作，即有穿凿，即失忠信。文王"不识不知，顺帝之则"者，冥升之贞也。颜子"三月不违”者，冥升之贞也。其余，“月至”者，一月之冥升也。“日至”者，一日之冥升也。自一日一月三月之外不能无违者，意微动故也，未精未熟故也，熟则意不复作，如孔子之皜皜矣。《象》曰“消不富”者，消则虚，不富者不实也，不实而虚者，非意之也。人心无体，无体则何所有？未始不虚也，意动故不虚。此虚明无体，本无进退，因故习积久，故蒙养以渐消其习气，其间有惰者，故以不惰者为不息。非思亦非为，有思有为，皆息皆惰。孔子止以颜子为好学，余月至日至者亦不与，罪其惰也，故曰“知及之，仁不能守之。虽得之，必失之”。不息之贞，仁也。

☱☵ 坎下兑上

困，亨。贞，大人吉，无咎。有言不信。《象》曰：困，刚揜也。险以说，困而不失其所亨，其唯君子乎！“贞大人吉”，以刚中也。“有言不信”，尚口乃穷也。

此卦刚尽为柔所揜，故为困。坎险兑说，虽在险中而不失其所说乐，是“困而不失其所亨”，惟君子则然。盖君子不以气血为已，以气血为己，则劳其筋骨，饥其体肤，处其贱辱，则已劳已饥已贱辱也，安得说乐而亨乎？惟君子不以气血为己。道心无体，变化云为，神用无方，无明不息，其乐何穷？不以贵富而加，不以贱贫而损，宜其不以困而失其所亨也。然而至于贞正，则为大人乃吉无咎。谓夫于困揜之中，而能不失其贞正者，又非君子之所能。君子德未备，道未全，大人则道全德备，睿知烛微，如日月之代明，神圣应变，如四时错行，从容委蛇乎羊肠九曲之间而每发中的，故虽困而不失其正。子路之死、子羔之去，可以为君子，不可以为大人之贞。孔子则不然，虽见南子，背蒲适卫，欲从公山佛肸[1]，未尝失正也。子路刚矣，而未中。中者不作于意，一无所倚，如大虚然，虚则明，明则不辅子以拒父矣。“刚中”之德，惟大人有之。人皆有之，昏而蔽之，贤者昏明杂之，惟纯明为圣人，圣人即大人。子路、子羔未能免天下后世之议，故不谓无咎。困之时，安可“有言”？有言必“不信”。言而见信，则不困矣，故曰“尚口”，以正有言者之罪，使君子知所忌而不敢也。

《象》曰：泽无水，困。君子以致命遂志。

上兑下坎，是水在泽之下，泽中无水也，泽而无水，其困槁之象可见。君子以为困者，命也，天也，安之不敢复有所为，惟自遂其志。志非气血，非形体。形体气血可困也，志孰得而困之哉？故《象》曰“不失其所亨”，习坎曰“维心亨”，此之谓也。

初六，臀困于株木，入于幽谷，三岁不觌。《象》曰：“入于幽谷”，幽不明也。

“株木”，九四之象。木能庇下，困之时，九四不足以庇其初，初六困而不能兴，故曰“臀困于株木”。坎险之下，耦画虚阙，有“入于幽谷”之象，三岁无所见。觌，见也。幽，不明也。此爻可谓甚矣，而不言凶者，何也？困虽君子、大人不能免，而吉凶则在人也。

九二，困于酒食，朱绂方来，利用享祀。征凶，无咎。《象》曰：“困于酒食”，中有庆也。

“困于酒食”，困于禄也，困则未见用于君，故无禄也。绂，蔽膝之物。朱者，南方文明之正色，而含其君之象，含则为朱，发则为赤。九五中正阳明之君，必求九二中正阳明之臣。“朱绂方来”，言九五行且来于二，九二利用享祀，竭诚以事之。祀尊上谓之享祀，祭其下曰祭

① “肸”，四明本作“肹”。

祀，虽通称，而因享以致其别，则明九五之祭祀为祭下。然不待朱绂之来而遽征往焉，则将为小人所困，故凶。其“无咎”者，以二五君臣皆贤，心相知，故无咎尤而众亦信之，惟阴邪小人则揜之也。《象》曰“中有庆”者，谓九得中道而致庆。使九二不贤，则九五必不求之。

六三，困于石，据于蒺藜，入于其宫，不见其妻，凶。《象》曰：“据于蒺藜”，乘刚也。“入于其宫，不见其妻”，不祥也。

九四阻其前如石，九二刚而在下如蒺藜，故“乘刚”也。上下俱困，及反而“入于其宫”，又上六不应，是“不见其妻”，故“凶”。其所以不祥至此者，何也？自取之也。六三不中，中者道之异名，不中失道也，失道致凶，自取之也。君子所以自反求诸己。

九四，来徐徐，困于金车，吝，有终。《象》曰：“来徐徐”，志在下也。虽不当位，有与也。

九四之正应在初，而九二在下，坚刚阻之。以九二、初六比近，阴阳有相得之象。初为二所有，则九四不得而应而困矣，故曰“困于金车，吝”。然四与初，正应也，九二虽金车，终不能夺正，故四终与初六为应，故曰“有终”。来者志在于初也，初，下也，徐徐“困于金车”也。《象》惟曰“来徐徐，志在下”者，举其略也。九四虽未甚得位，然有初六之相与，不至甚困。

九五，劓刖，困于赤绂。乃徐有说，利用祭祀。《象》曰：“劓刖”，志未得也。“乃徐有说”，以中直也。“利用祭祀”，受福也。

劓刑其鼻，是上为阴所困也。刖刑其足，是乘刚而困于四也。为君而遭困如此，其志未为得也，言必有失。“赤绂”，臣有为而色舒发，九之象也。朱色含，赤色发。绂者，蔽膝之物，有行之象。谓九二不应，故曰“困于赤绂”。然九五志求九二中正之臣，其理中直，中直者终得之，故徐徐而有喜说。既得九二中正之臣，则当竭诚相与。祭祀用诚也。九二曰享，享上也，则知九五之祭，祭下也。上下相与以诚，致福之道也。夫二、五皆中，而二则微困而全美，五乃“劓刖”，而又曰“志未得”者，何也？臣则义有所制，不得自为也；君则一无所制，一无所制，罹困焉者，是必有以致之也。然九五居中，又非无道之象，故曰“志未得也”，明其用心必有失。又曰“中直”而已，不曰“中正”也。

上六，困于葛藟，于臲卼，曰动悔有悔，征吉。《象》曰：“困于葛藟”，未当也。“动悔有悔”，吉行也。

上六前无阻，宜往以脱困，而柔懦疑滞不能决，“葛藟”滋蔓，柔弱盘旋，实似之。又乘刚，故有“臲卼”不安之象。圣人教之曰：“苟疑虑而曰动惧悔，则果有悔矣。”若不复疑虑而遂征则吉。征，往也。夫其疑虑，将以求当也，而于此疑虑之过，则未当也。“吉行”也者，在乎行也。

《杨氏易传》卷十六

宋 杨简 撰

䷯ 巽下坎上

井，改邑不改井，无丧无得，往来井井。汔至，亦未繘井，羸其瓶，凶。《彖》曰：巽乎水而上水，井。井养而不穷也。“改邑不改井”，乃以刚中也。“汔至亦未繘井”，未有功也。“羸其瓶”，是以凶也。

上坎水下巽，有“巽乎水而上水”井之象。井赡养润泽之功无穷，而实寂然不动。邑可改，何为乎莫之改也？人心即道，故曰“道心”，道心无体，变化云为，养物惠民，而心未尝动。无丧无得，或往或来，巽水而上，而所谓井者如故也。应酬无穷，而所谓无体者则一也。微泉汔至，未渊未深，亦未繘井，未有及物之功。学未通达，是为“汔至”。小有知省，虽异乎昏蒙，而犹蔽犹阻。通达未渊澄，养己尚不足，难乎及物。苟强以及物，则有羸瓶之凶，适足取败。盖人虽皆有道心，而自知者寡，自知则自信，自信则自善自正，自神自明，自无所不适。此非告语之所及，自知而已矣。人惟自见其过失之多，而自莫之改也，故不信本[①]心之本善本正，本神本明，不知夫患生于妄意之兴。意兴则昏则乱，一日觉之，则吾未始或动，未始有改，未始不备众德。神用四发，如风雨之散润，如日月之代明，如四时之错行也。

① “本”，四库本作“自”。

“不可度思，矧可射思”。

《象》曰：木上有水，井。君子以劳民劝相。

井至于及物，则有功。水本在下，今木上有之，为出而及物之象。卦辞既言“繘井”巽而上，《大象》又言“木上有水”，皆所以明及物之功。何也？疑其重复为赘，深惟圣人设教，厥有大旨。学道之士，往往索尽精微，极之于寂然不动，又虽欲静未必果静，虽欲不动未必果不动，此万古学道之通患，不知夫道非动静之可言，尤非溺于沈寂者之可得。道心神明，通达无方，变化无穷，而亦未尝或动，如水鉴中之万象，是谓天下之至动，天下之至动即天下之至赜。不得乎变化之妙者，非实得道者也，故圣人屡言及物之功，其旨在此。君子劳民，所以安养之也，又劝之交相为养，养物之功于是乎无穷。君子之劝相，非后世之空言。观《周官》比、闾、邻、里之治，如家人子弟，则君子之劝相，实有劝相之功。

初六，井泥不食，旧井无禽。《象》曰：“井泥不食”，下也。“旧井无禽”，时舍也。

初与四两阴不相应，有“不食”“无禽”之象。“井泥不食”，污下故也。己德不清明，致人不食，此当求诸己。至于旧则非污下，乃时舍之废之，禽尤去之，而况人乎？此则在时而不在我。

九二，井谷射鲋，瓮敝漏。《象》曰：“井谷射鲋”，无与也。

九二中正，非泥者，而九五不应，君不用之，则二之所及者，惟鲋而已。鲋，鱼之至小者，初六象之。“瓮敝漏”，汲者之过，非井之罪，故曰“无与也”，言无应不见用也。

九三，井渫不食，为我心恻，可用汲，王明，并受其福。《象》曰：“井渫不食”，行恻也。求“王明”，受福也。

井上出则及物有功。诸爻凡在下者，皆有不食、不及物之象。九三则阳刚 有为有力，能渫治其内者也。虽渫治而亦不见食，“为我心恻”者，以九三不中，非有道者，徒强力于善。此类多有忧世太过，怠于为人之意，以此反为人所弃而不食，然此亦吉士，亦可汲，有明王作，“并受其福”，言亦不弃也，亦可用也。“求”之为言，亦以明九三之过。恻也求也，其状可见。

六四，井甃，无咎。《象》曰：“井甃无咎”，脩井也。

三与四皆不中，皆非有道者，然三动四静，故三为渫，四为甃。甃虽未免乎脩，比之渫则稍静矣。惟静故不行恻，不求王明。

九五，井洌，寒泉食。《象》曰：“寒泉”之“食”，中正也。

寒泉洌然，无丧无得，寂然不动也。食者，及物也。“中正”之道自不动，自有及物之功，非索之外者，人心之所自有也。

上六，井收勿幕，有孚，元吉。《象》曰：“元吉”在上，大成也。

收者，敛藏之义。井卦之上，其及物之功盛矣。人以为散出也，圣人特反而言之曰“收”，所以明道也，知散与收之无二，则得其道矣。又虑其或止于静也，故又曰“勿幕”。勿幕所以大开及物之功用，明井道之大成也。“收”与“勿幕”，言似异而实同，似二而实一。孔子又以“有孚”明此道。“有孚”者，诚实也。孔子又尝言忠信为大道，又曰“主忠信”，又曰“信以成之”。直心诚实，何思何虑？思虑微起，则支则离。全体诚实，自无放逸，自不流，自不陷于静止，自及物而无穷，如天地之变化，如四时之错行。施生之功无穷，而非思非为，是谓“元吉”。夫井之上爻，及其物之功，而乃元吉焉，非“大成”孰能与此。“寒泉之食”，君子也。“元吉在上”，圣人也。故九五止于吉，上六元吉也。

䷰ 离下兑上

革，巳日乃孚，元亨利贞，悔亡。《彖》曰：革，水火相息，二女同居，其志不相得曰革。“巳日乃孚”，革而信之。文明以说，大亨以正。革而当，其悔乃亡。天地革而四时成，汤武革命，顺乎天而应乎人。革之时大矣哉！

兑泽之水，与离火相息灭，革之象也。离为中女，兑为少女，二女同居，志不相得。女谓嫁曰归，则二女同居，其志终不相得，亦革之象也。天下之相革，皆生于志之不同。汤、桀之志不同故革，武王、纣之志不同故革。凡变革，人情之所难，革已乃信之。盘庚之未迁，人言聒聒，已迁则人始信之矣。文明则事咸宜，而说则人咸和而心服。下离明，上兑说，易象昭然。大亨而不失正者有几？事变之大，往往不无差，夫惟得易之道者，动静一致，虽大亨而常正。变革难于无悔，所革得当，其悔乃亡。天地变革故四时成。汤武革命，即天地之变革，故顺天应人。彼不知道者，当革之时，骇于事变。不然则迁于事情，安知至大之道哉？于变革之时，不与天地相似则失所谓变革之道，不得圣人“大矣哉”之旨也。三才一体，动静一体，人情事变一体，事变无穷，即四时之变通，匪异匪同，是谓“道心”，是谓大易之道，是谓“元亨利贞”，亦谓之神，谓之道，谓之大中。

《象》曰：泽中有火，革。君子以治历明时。

孙季和云：泽中非有火之地，今也有火之变也。高岸为谷、为陵，物变有如此者。季和之说，深当某心。泽中而有火，其变也不知其几年矣。历之差，亦积累百年而后差。志言黄帝巡[①]日推策，则已有历矣。而颛帝又有历焉，后又有夏历、商历、周历、鲁历。汉兴，张

① “巡”，四明本作“迎”。

苍言颛帝历，此于六历疏阔，最为微近，遂用其历，以九百四十分为日法，以四百九十九为朔余。武帝时，以颛帝历后天，造大初历，以八十一分为日法，以四十三为朔余，而后天有甚于颛帝历，后为四分历，后亦差。诸历莫精于唐之大衍历，大衍以三千四十分为日法，以一千六百一十三为朔余，而厥后复有后天之失。诸历迭为改造，实写大衍历之分，其差如故。盖徒示更历之状，而实用大衍之法。自开元至熙宁三百五十年，后天半月余，而诸历未有能改者。绍兴统元历，虽以万二百分为日法，以五千四百一十二为朔余，其实亦写大衍之分。诸历家虽知其当减朔余，而无法可减。曩者清晨，忽悟可减之法，以百分折之，其损其益，无不如《志》。天道不可穷尽，可穷尽者非天道，故历当数以求合其中。而天道终非法数之所能尽，此天人之分，而皆易之道也，谓天人有二道亦非。

初九，巩用黄牛之革。《象》曰："巩用黄牛"，不可以有为也。

初位居下，义从乎上，不当有所变革，故曰"巩用黄牛之革"。黄，中也，牛，顺物也，此革固不变之义。中道柔顺，巩固坚守不变，此居下之道，断不可易者，故曰"不可以有为也"。人心好动，使之动则易，使之静则难。不可为云者，所以成之，止其放逸之意也。初九中象，而辞曰"黄"者，明中道人皆有之也。

六二，巳日乃革之，征吉，无咎。《象》曰："巳日革之"，行有嘉也。

六二臣道，体柔静，非首革者。如尧以荐舜于天，尧崩，三年之丧毕，舜犹避尧之子于南河之南，及天下诸侯朝觐讼狱者，不之尧之子而之舜，舜不得已，乃践天子位，是谓"巳日乃革之，征吉，无咎"。所行如此，岂不可嘉尚？

九三，征凶，贞厉。革言三就，有孚。《象》曰："革言三就"，又何之矣。

此爻辞有宜安不宜动之象。九与三俱阳，有阳动之象。夫天下事惟迫而后动，不得已而后应，岂可遽欲有所往乎？故凶。虽以贞正行之，亦危厉。九三纯阳，有正实之象。三有"三就"之象。可革之言，三就于我，民以孚信心服，何必更往，此当安以待之。

九四，悔亡，有孚改命，吉。《象》曰："改命"之吉，信志也。

君臣相信之深，虽改命何害？而人臣往往难之，爻辞于是释之曰：悔亡，有孚而改命，吉也。勿谓惧其有悔而不改也，言不至于悔也。信者心相信也，未至于心相信则不可也。四、五皆阳实，有诚信相孚之象。

九五，大人虎变，未占有孚。《象》曰："大人虎变"，其文炳也。

大人之有所变革，岂浅智之士所能识哉？大人之心，天地之心也。"行一不义，杀一不辜，而得天下，不为也。"使大人有一点利心焉，安能致民心之信如此？未占有孚，信在事先，此非权术而致之也。大人之心，天地也，其心即道，故曰"道心"。由心而变，无非道者。其变如虎，其文炳然。虎之生文，天也，自尔也。大人之变，天也，亦自尔也，未尝置一点己意于其间也。其发如风云，其威如雷霆。未至于此，未可谓"大人"也，未可谓"虎变"也。

上六，君子豹变，小人革面，征凶，居贞吉。《象》曰："君子豹变"，其文蔚也。"小人革面"，顺以从君也。

君子之变，不逮乎大人，故曰"豹变"。"小人革面"，面虽顺从，其中未必服也，异乎"未占有孚"矣。此不可强而有加也，往而求加焉，则强其所不及，将有所伤，反致凶矣。惟当居贞而无失其吉。其文蔚然，亦由中而发，非勉强之可成。虎则“其文炳”，豹则“其文蔚”，皆由中发，不可求诸外，不可强而取，各有分量，不可强而通也。上六体柔而非大中，故有不逮圣人之象。

䷱ 巽下离上

鼎，元吉，亨。《象》曰：鼎，象也。以木巽火，亨饪也。圣人亨以享上帝，而大亨以养圣贤。巽而耳目聪明，柔进而上行，得中而应乎刚，是以元亨。

《鼎》之卦，有铉，有耳，有腹，有足，俨然有鼎之象。下巽木，上离火，亨饪甚明。圣人亨于鼎以享上帝，大亨以养圣贤。享帝止曰“亨”，而养圣贤曰“大亨”者，上帝则一而群臣众也。斯义坦然，而学者往往又外求其指，谓此乃取象，当复有义也，意此大易之道，所以至易至简，而人辄惑之者，率类是也。其曰“鼎，象”者，以卦象有俨然之形也。继曰“以木巽火，亨饪”矣，又曰“亨以享帝”，又曰“大享以养圣贤”矣，又何疑而疑其复有他指也？若曰亨饪之事，粗浅不足道，疑非大易之道，则是求道于事物之外，索理于日用之外，孔子何以曰“一以贯之”？《易大传》何以曰“百姓日用而不知”？《乾·象[①]》何以曰“品物流行”？孔子何以又曰“庶物露生，无非教也”？道在迩而求诸远，大易之妙，不离目前，而妄疑其有他。腹耳足铉，自赜自妙，不必于腹耳足铉之外求义；以木巽火，自赜自妙，不必于以木巽火之外索理。亨以亨[②]帝，不可度思；大亨养圣贤，矧可射思。不闻孔子之言哀乐乎？哀乐岂不可见？而孔子以为明目而视，

①考《周易》原文，“象”应为“彖”。

②“亨”，四明本作“享”。

不可得而见也。哀乐岂不可闻？而孔子以为倾耳而听，不可得而闻也。《易大传》又曰“微显阐幽”，岂谓显者特微之，而幽者特阐之？故显即微，幽即阐，显微幽阐，皆名也，吾未睹其为二也。惟不知道，而后求道于事物之外。道与事物皆名，吾未睹其为二也。名即实，实即名。孔子曰：“天下何思何虑？”思虑，人以为不可无者，而孔子以为无庸焉，惟思虑动而后始昏，始分裂，始乱义也，始不可告语矣，学者断不可索义于亨饪之外。自“巽而耳目聪明”而下，则为义矣，义即事物，事物即义，巽而不忤于物，耳目聪不蔽于物。六五柔上行而得位，得中道而一无倚，应乎刚而得刚之中，是义必见于卦象之中。元吉之道也，亨之道也。不巽则招祸，不聪明惑于声色，乱于是非，不得位则虽备德，何由而亨？中者，道也。《坤·文言》曰“黄中通理”，通理所以明中之义。中本虚名，特无所倚之名。道心人所自有，有所倚则失之，有所倚则偏党，为私为过。徒柔不足以亨，应乎刚，刚德为助，则亨矣。体本柔，虽应乎刚，亦不可以大亨，故曰“元亨”。元者，道之异名。此所以元吉，以道致吉，言亨则吉在其中矣。

《象》曰：木上有火，鼎。君子以正位凝命。

革物者莫若鼎。“木上有火，鼎”，革物矣。汤武革命，天实命之。命既在，位不可得而辞。天命君子正位，则君子恶得不正位？惟天命不可恃，顺乎天则其命凝；不顺乎天则其命又将去之，不可得而凝矣。是故，君子不敢有一念之忘乎天，兢兢业业，无敢放逸，无敢置人欲于其间，一惟天道，故能凝命。《书》曰“宅天命”，又曰“及天基命定命”，又曰“祈天永命”。观鼎，亦有“正位凝命”之象。

初六，鼎颠趾，利出否，得妾以其子，无咎。《象》曰：“鼎颠趾”，未悖也。“利出否”，以从贵也。

方鼎之初，未亨饪也，则颠趾而出否焉，何害？得妾犹颠趾也，而以子焉从其贵也，何咎？天下之事，其权有如此，类可以通也。初有鼎趾之象。

九二，鼎有实，我仇有疾，不我能即，吉。《象》曰："鼎有实"，慎所之也。"我仇有疾"，终无尤也。

九，奇画，而在中，"鼎有实"也。鼎中有实，难于迁动，"慎所之"也。已委质事君，已任其事，不可二也，不可迁也。"我仇有疾"，不我能疾则吉。仇非我之所欲也，使彼即我而我违之，彼将尤我。彼有疾而自不至，则无尤也。

九三，鼎耳革，其行塞，雉膏不食。方雨亏悔，终吉。《象》曰："鼎耳革"，失其义也。

三居下卦之上，亦有耳象，而不虚中以受铉，其义革矣。革者，失耳之义也。失耳之义无他，其行塞固而不通，故虽有"雉膏"之美，不见食焉。"段干木踰垣而避之，泄柳闭门而不纳"，可谓不虚中而受铉，固塞而不通者。三刚，实而不虚，不应乎上九，有"不食"之象。然贤者人之所慕，终当有遇。"方雨"，言今未雨，后当有际遇之理，但有不足之悔尔，故曰"亏悔"，言三虽善而固塞，有此未全，然终于吉。

九四，鼎折足，覆公餗，其形渥，凶。《象》曰："覆公餗"，信如何也。

九虽阳壮，四实阴柔。居大臣之位，是许国以大臣之事业也，而实则不称，折足覆餗，失许国之信矣。孔子曰："德薄而位尊，知小而谋大，力少而任重，鲜不及矣。《易》曰'鼎折足，覆公餗，其形渥，凶'，言不胜其任也。"九四下应初六，阴小之趾，有折足覆餗之象。

“其形渥”，备言折趾之状。

六五，鼎黄耳，金铉，利贞。《象》曰：“鼎黄耳”，中以为实也。

六五正当耳象而得中，故曰“黄耳”，黄，中也，“黄中通理”，则中者道之异名也。夫天下惟有此道而已矣，得此道则无所不通，无所不利；失此道则无所能通，无所能利。六五得中矣，何患不能举鼎哉！故又曰“金铉”。金铉则力足以举之，不必以九二为铉，《象》辞未尝及九二也。得道者虽无所不通，而无所不通者，其间或至失正，则犹非道之全，故曰“利贞”。贞，正也。曰中正，于以验得道之全。然中正非二道，人心即道，道无我，中虚无所倚，无所倚，故有中之名，自然出于正，故有贞之名，故象止言“中以为实”，不复言正，于以明中正之非二也。夫天下至实而不可易者，中而已矣。中乃虚名，亦无体状，或谓之正，或谓之道，或谓之易，或谓之神，或谓之天，一也。举三才、万物、万事、万理，皆此而已矣，安得而易之？其实为至一也。

上九，鼎玉铉，大吉，无不利。《象》曰：“玉铉”在上，刚柔节也。

上九正当铉象。玉者温润之物，玉铉则刚柔节而和。九为刚，上爻当六为柔。夫天下事，偏刚不可，偏柔亦不可，刚柔和则中，中则事无不举矣，故“大吉，无不利”。此义与六五同，此爻则因玉铉而发义。夫道一而已矣，六十四卦皆此道，三百八十四爻皆此道，何独六五哉！

䷲震下震上

震，亨。震来虩虩，笑言哑哑。震惊百里，不丧匕鬯。《象》曰：“震，亨，震来虩虩”，恐致福也。“笑言哑哑”，后有则也。“震惊百里”，

惊远而惧迩也。出可以守宗庙社稷，以为祭主也。

震有动义，亦有恐惧义。他卦之有震者曰动，惟此重震之卦言震惧，亦犹离于他卦言明，于本卦言丽。《易》书固欲备众义，曰动曰恐惧，皆震也，皆易之道也。方震惧之时，非亨也，而有亨之道焉。慢易则放肆，震惧则收敛，故曰“震来虩虩”，恐之状也。放肆致祸，恐惧致福。“笑言哑哑”，后来致福，有准则之可验也。尧舜之言多“咨忧”，禹曰“克艰”，益曰“儆戒”，皋陶曰“兢兢”。卒之尧有乃神武之德，舜四罪而天下咸服，禹会诸侯、执玉帛者万国。道德之威，又何止于“震惊百里”而已，百里姑因震雷之象，明主器长子之道，故止言百里。至于“出可以守宗庙社稷，以为祭主”，“不丧匕鬯”，则其体又大矣。体有大小，听威则一。或者以猛厉为威，是袭亡秦之故辙，安能不丧匕鬯？匕以登鼎实，鬯以通神明。祭之始礼也，长子主鼎器，故言匕为宜。

《象》曰：洊雷，震。君子以恐惧脩省。

卦辞已言恐惧之道，此复言之者，人心多忽易，能“恐惧脩省”者寡，故谆谆诲之也。然学惟知恐惧脩省学者之事尔，易道精微广大，往往不于是乎在。持是见者不惟不知易道，亦不识恐惧脩省。何以明之？天下无二道，悟恐惧脩省即何思何虑之妙，则无所不通矣。

初九，震来虩虩，后笑言哑哑，吉。《象》曰：“震来虩虩”，恐致福也。“笑言哑哑”，后有则也。

卦辞已详言之矣，此复用其辞，何也？人之知所惧者几何人哉？虽尧舜之圣而后“咨忧”，禹、皋陶、益言于唐虞之时，而犹曰“克艰”、曰“兢兢”、曰“儆戒”。然则惟圣智而后知所惧者，诚鲜其人矣。孔子曰：“人皆曰予知，驱而纳诸罟擭陷穽之中，而莫之知辟也。”

然则知所惧者，诚鲜其人矣。此圣人所以复用卦辞于此爻，觊人之少省也，况筮者于爻辞启告为切。

六二，震来厉，亿丧贝，跻于九陵，勿逐，七日得。《象》曰："震来厉"，乘刚也。

六二"来"则过初九之刚，亿而安焉，则亦以乘初九之刚而不可安处，故亿丧贝。往而"跻于九陵"，九陵，六五之象也。虽今未应，不可为得，至于历六爻七日一卦变，则时当得矣，勿用逐也。避难曲折，有如此者。昔大王既不可御狄，不可安处，去而邑于岐山之下，而他日兴周焉，此象也。

六三，震苏苏，震行无眚。《象》曰："震苏苏"，位不当也。

"震苏苏"，恐惧失则，精神溃丧之状。圣贤未尝不恐惧，而亦未尝苏苏。苏苏之惧非道也。三居下卦之上，位亦高矣，而苏苏然，处此位者，不当尔也。孔子曰"古之有天下者必圣人"，则公、侯当大贤，大夫、士当次贤，居三公之位者必贤，不当有此苏苏也，故曰"位不当也"。若震恐而行，不居此位，则"无眚"。

九四，震遂泥。《象》曰："震遂泥"，未光也。

震恐而遂至于沈泥，虽稍异于苏苏，而不得其道则均。九四颇刚强而四阴柔，似刚而终于慑懦，陷于二阴之中，遂有泥象。震之遂泥者不可谓光。若孔子"临事而惧"，如日月之光，虽有照用而无所思为心不动，此惟道心内明者自觉自信。"光"之一言，所以明道也。

六五，震往来厉，亿无丧，有事。《象》曰："震往来厉"，危行也。其事在中，大无丧也。

二、五之乘刚同，而二不可亿、五则宜亿者，直君位得中，又六与五刚柔全德，无乘刚之畏，故异乎六二，故六五有亿安之象。因亿安之象，明中道之义，不明避难之义。夫人心未始不中，惟因物有迁，意有所倚，有所倚则不可谓中。意在于此则倚于此，意在于彼则倚于；，意在于此则来，意在于彼则往。意虑纷纷若此，故昏乱，故偏党，而人之道心始失而事大丧矣，故此以往来为危厉。但安焉，则吾心自无所倚，自无丧有事。《象》曰“震往来厉，危行也”，行则危矣，微动则意有所倚而失中矣。六五之事，自在乎中，但勿他求，勿动意。尧“安安”，禹“安止”，岂有在乎中道之中而尚有所丧也哉？曰“大无丧”，断断之辞也。举天地之间皆此亨也，天下无二也，此惟能安者自信自知。其憧憧往来者，虽提耳而诲之，如水投石。

上六，震索索，视矍矍，征凶。震不于其躬，于其邻，无咎。婚媾有言。《象》曰：“震索索”，中未得也。虽凶无咎，畏邻戒也。

“索索”“矍矍”，惊惧之甚。惧而至于惊则乱矣，如此而往，安得不凶。然上六之惧，因邻而惧，不以躬而惧。九四迫于六五，故有于邻之象，未至于上六，故有“不于其躬”之象。畏邻而戒，则为无咎。若难及躬而始惧，又惊丧失道，则凶之道也。上六虽以“畏邻戒”而“无咎”，而“索索”者必未得中道矣，违道者必有所失。六三“婚媾”也，而不应、而有言，此亦见上六失道。

《杨氏易传》卷十七

宋 杨简 撰

䷳ 艮下艮上

艮，艮其背，不获其身，行其庭，不见其人，无咎。《彖》曰：艮，止也。时止则止，时行则行，动静不失其时，其道光明。艮其止，止其所也。上下敌应，不相与也。是以“不获其身，行其庭，不见其人，无咎”也。

善止者行，善行者止。知止而不行者实不知止，知行而不知止者实不知行。知行止之非二而未能一一皆当其时，犹未为光明；如四时之错行，如日月之代明，而后为光明，而后为得易之道。人精神尽在乎面，不在乎背；尽在乎前，不在乎后。凡此皆动乎意，逐乎物，失吾本有寂然不动之性，故圣人教之曰“艮其背”。使其面之所向，耳目鼻口手足之所为，一如其背，则得其道矣。虽则应用交错[①]，扰扰万绪，未始不寂然矣。视听言动心思曲折如天地之变化矣，惟此为艮，惟此为“止其所”。苟艮其面，虽止犹动，知其动而强止之，终不止也。惟“艮其背”，则面如背，前如后，动如静，寂然无我。“不获其身”，虽“行其庭”，与人交际，实“不见其人”。盖吾本有寂然不动之性，自是无思无为，如水鉴，如日月，光明四达，靡所不照。目虽视而不流

① “错”，四明本作“措”。

于色也，耳虽听而不流于声也，作用如此，虽谓之“不获其身，不见其人”可也。水鉴之中，万象毕见而实无也，万变毕见而实虚也。止得其所者无所也，无止也，非所有而无之也，非本不止而强止之也，本无止，本无所，今曰“止其所”者，姑为之言也。孔子曰“言不尽意”，谓此类也，使有我则有所矣。不获其身，虽形体犹不获也，非实有形体而强不获也，形体自非有无之所不可言也。夫天下何一物之不妙也，岂独无形者为道，而有形者非道？岂独无形者为妙，而有形者不妙邪？未始不一，人自不一，故“不获其身，行其庭，不见其人”。庭者，堂之前，两阶之间，正人物交际之地，而曰“行其庭，不见其人”，非果无人也。人不可以有无论，本无所见也，见则意动而迁矣，非止也。天地之变化，岂有所动哉？日月之靡所不照，岂有所见哉？三才一也，动静一也，有无一也。故孔子曰“哀乐相生，是故明目而视之，不可得而见也。倾耳而听之，不可得而闻也”，又曰“二三子以我为隐乎？吾无隐乎尔。吾无行而不与二三子者，是丘也”。孔子之言止于此，而不复详其所以然者，正以非有无、动静、思为之可言，而无所容其言也。子击磬于卫，所警告于人者也，昭昭明明而不可复言也。凡孔子之所已言者，则又曰“予欲无言”，则言非孔子之所欲也。以为言非夫子之所欲，而又曰“系辞焉以尽其言”，则言又可尽，又非所不欲。然则道岂有无、动静、可否之所可论哉？道岂有无、动静、可否之所不可论哉？光明者，言有亦可，言无亦可，言动静亦可，言可否亦可。不光明者，言有不可，言无不可，言动静不可，言可否不可。曰“上下敌应，不相与”者，以是卦上下皆敌，初与四皆阴，二与五皆阴，三与上皆阳，非“相与”之象也。既曰敌矣，何以言应？非谓截然不与物应也，虽应而不动也，犹未尝相与也。如水鉴中之万象，交错纷然，而水鉴未尝有交错纷然也，如此则“无咎”。苟惟不然，则意起而私，物我裂而怨咎交作矣。此道昭然。必取“上下敌应，不相与”之象者，昏蔽者多，必疑必骇，故必指象以为证也。

《象》曰：兼山，艮。君子以思不出其位。

抱关自有抱关之位，君子所思，不出抱关。乘田自有乘田之位，君子所思，不出乘田。大舜耕于历山，则安乎历山。“及其为天子，被袗衣，鼓琴，若固有之”，则又安于[①]南面。子思曰：“素富贵行乎富贵，素贫贱行乎贫贱，素夷狄行乎夷狄，素患难行乎患难。”以至于我自有我之位，彼自有彼之位。今有人犯之，则忿然怒曰：“彼何得而犯我？”是思出其位也。彼自出而犯我，我安可复出位而怒之？己有善有能，彼不我知，自彼之失职，我何与焉？而闷闷自不安其位，焉得之有？是位也大矣，天地范围其中，万物发育其中，无畔无际，常清常明，思辄失之，非果无思也，慈爱恭敬，应酬交错，变化云为，如四时寒暑，未尝不寂然。苟微起思焉，即为出位，即失艮之道矣。艮之道即易之道，卦于此及以示人耳。

初六，艮其趾，无咎，利永贞。《象》曰：“艮其趾”，未失正也。

艮诸爻取身为象。以人情所以好动而不能静止者，由有己也。初六最下，为趾欲行也，而居位下，未可行也。初六能止之，故“无咎”，行则失正矣，今止之则未至于失正也。然人心易放，止不行，虽为贞正，未必能久也，故“利永贞”。

六二，艮其腓，不拯其随，其心不快。《象》曰：“不拯其随”，未退听也。

腓随上而动者也。上止而不见拯，不得不随而动，故“心不快”。

① “于”，四明本作“乎”。

《象》曰“未退听”者，言其心未之休止，未肯退听也。诚能退休而遂止，一听天命之如何，则其行天也，其止亦天也。皆天而不以人为参焉，则不失其本有之天性矣。

九三，艮其限，列其夤，厉薰心。《象》曰：“艮其限”，危薰心也。

三居下体之上，上下之限也。身虽有上下之限，而气血未尝不通和。今九三失中，截然固塞，艮止不复通和，如“裂其夤”。夤，齐也，不可裂也，裂则为厉薰其心矣，言其心之病也。《象》又曰“危薰心”者，再言其心之病，当反求诸心，不可求诸外也。此爻乃固塞不通，执艮止之迹，失艮止之道。道也[①]，通也，无不通也。孔子曰：“上下用情，礼之至也。”今九三艮其上下之限而不用其情，不可行也。

六四，艮其身，无咎。《象》曰：“艮其身”，止诸躬也。

千愆万缪，皆起于身。能止其身，如丝而理其总，如火而沃其薪。截然寂然，本无可言，本无所始。身气血尔，气血何所思？气血之中，亦何所有？圣人于是不言心而言身，于以见心乃虚名，本无所有。苟言心，则人以心为实有，立我立私，祸本益固，故圣人于此不言心，于《咸》之四亦不言心。《象》曰“止诸躬也”，亦初无义理可言，申言之而已。正而已，无可复言者。圣人之教人，何其直而无隐，何其直而无尽。

六五，艮其辅，言有序，悔亡。《象》曰：“艮其辅”，以中正也。

五当身之上，有辅颊之象。“艮其辅”，谨其言，则“言有序”，不妄发矣。月艮于辅，未能不动于意念，则不能无悔。谋诸心，则悔亦亡矣，不复放逸于外矣。然辅颊亦未易于艮止，亦以其中正也，故能止之，不然，则如制驿马，如遏决川，安得而止之？

---

① 四明本作“道者也”。

上九，敦艮，吉。《象》曰："敦艮"之"吉"，以厚终也。

敦有厚义，又有不动义。《书》曰"惟民生厚"，其因本厚而不动之，则其厚固自若也。人之德性，固未始或动也。《中庸》曰"大德敦化"，言不动而自化也。《复》曰"敦复"，不动而自复也。《临》曰"敦临"，虽临乎人而不动也。是其不动非强为是不动也，人之德性，自不动也。德性亦曰"道心"，道心即意念不动之心。曰"以厚终也"者，人性本厚，因物有迁，今不迁动，则不失其厚如初矣。厚者，不薄之称尔，非有实状也。

䷴ 艮下巽上

渐，女归吉，利贞。《彖》曰：渐之进也，"女归吉"也。进得位，往有功也。进以正，可以正邦也。其位刚得中也。止而巽，动不穷也。

渐之所以名卦者，山上有木也。下艮山，上巽木。木在山下，则其长也速；木在山上，则其长也渐。而《彖》不及之者，于渐进之义，非所切也，故径以渐进之义释"女归"之象。纳采、问名、纳征、请期、亲迎，而后女至，以礼而进也。天下之事皆然，其进也贵乎渐。士进而事君不以渐，则疏，则近利，则不正，如女之归则吉，进得位而后可以有功。此位，刚得中之位也。君体刚而又中天下而立，而后可以大有为，可以有功。若夫人臣虽进，皆不足以言位。人臣之位，皆君之所命。人臣之功，亦君之所用。使君不用之，臣何能为？故臣之功，皆君之功也，臣无功。臣之位，皆君之位也，臣无位。故此虑斯义之未白，继曰"其位刚得中也"，明乎非人臣之位也。人臣而必欲成功业于天下者，皆妄也。不明斯义，则怀必欲致功业之意于胸中，终妄作而已矣。舜、禹之进也以正，故可以正邦。彼莽、操亦有继迹往古之意，岂有暴取而可以正邦者乎？人心不可以强而服也，“行一不义，杀一不辜，而得天下”，汤、武不为也，故邦可正也。唐太宗假窃义兵之名以欺天下后世，而奸利之秽不可掩也。虽力假仁义以杇粪戕人心，[1]终不可强之使化也，故太宗颇有治迹而无治化。此所谓“正邦”者，人心正也，非徒饰其迹而已也。“止而巽，动不穷”者，复发明乎渐进之道。止者，寂然不动也。巽随时顺理，不汲汲然也。止非强止，未始不止。道心无体，本无可动，变化进退，巽动无穷，虽动犹不动也，不动者其动无穷。以斯而进，所以能渐欤？以斯道而进，所以能正欤？

《象》曰：山上有木，渐。君子以居贤德善俗。

山上有木，其长以渐，于《彖》已言之。风俗不可以遽而善也，其化也有渐。俗不自化，视上之德。君子久居贤德，则俗斯渐化而善矣。不曰圣德者，圣德之所化为速，孔子为三月而俗已化，故止曰“贤德”。然商之顽民，周公亦不能遽化。天下固自有习固难化者，又不可一概论。

初六，鸿渐于干，小子厉，有言，无咎。《象》曰：“小子”之厉，义无咎也。

进欲其知时，故鸿为象。进欲其渐，故以于磐、陆、木、陵为象。有道则渐进，无道则急于进。“渐鸿于干”，君子之渐进也。彼小子不知君子之心，恶其迟迟，以为不亟从也，厉而“有言”。然君子之心初无他，舆论之所服也，何咎？故曰“小子之厉，义无咎也”。言六四虽居上，实小子也，不知君子之心。四与初二阴，无相应之象，故有“厉有言”之象。干，水涯也。

① “戕”，四库本作“墙”。

六二，鸿渐于磐，饮食衎衎，吉。《象》曰："饮食衎衎"，不素饱也。

六二稍进于初矣，故渐于磐，然位犹在下，六二无求进之意，"饮食衎衎"，和乐安暇，若将终身焉，故吉。人情大抵好进，惟有道者不然。饮食衎衎，疑于不事事而素饱，故《象》释人之疑曰"不素饱也"。

九三，鸿渐于陆，夫征不复，妇孕不育，凶。利御寇。《象》曰："夫征不复"，离群丑也。"妇孕不育"，失其道也。"利用御寇"，顺相保也。

《尔雅》"高平曰陆"，又进于磐矣。"夫征不复"，上九不应。"离群丑也"，上与三乃其丑类。"妇孕不育"，九三失其所以为妇也。三不中，有失道之象，故凶。"利御寇"，非其正也，非正者足以害我，故曰"寇"，利于御之，虑二之失道，或亲于寇而不能御也，故教之能"御寇"，则我不失于正顺，则夫妇可以"相保"矣。

六四，鸿渐于木，或得其桷，无咎。《象》曰："或得其桷"，顺以巽也。

木则又进于陆矣。木非鸿之所居，"或得其桷"，则安，则无咎。木有横向者为桷，象以安平可居。其所以得桷者，顺巽故也。顺巽则不贪进，不忤物，一无己私，惟有道则然。六与四俱柔，又入巽卦，有顺巽之象。榱亦曰桷。古以大者为楹为栋，以桷为榱，故榱亦名桷。

九五，鸿渐于陵，妇三岁不孕，终莫之胜，吉。《象》曰："终莫之胜，吉"，得所愿也。

《尔雅》："高平曰陆，大陆曰阜，大阜曰陵。"大则愈高矣，故阜高，陵又高于阜。以序而观，则陵高于木。夫妇，六二[1]之象。六二之进也渐，又九三阻之，故有"不孕"之象。然六二之"不孕"，异乎

[1] "二"，四明本、四库本皆作"三"，现文意，应为"二"。

九三之“不育”。九三不中，六二中正，终不与不正合，故九三“终莫之胜”。二、五正应，邪不可以干正，中正者卒得所愿，天地鬼神之所共与，人心之所同归也，安得不吉？

上九，鸿渐于陆，其羽可用为仪，吉。《象》曰：“其羽可用为仪，吉”，不可乱也。

上九又在九五之上，若不可言陆而曰陆者，上九之应在三，三为六，上居巽木之上，故降而从陆欤？退巽如此，故其羽可以为人之仪则。其曰“不可乱”者，人心为进退得失所乱，则贪进不克退巽，能退者必其心不为进退得失所乱者。近世安定胡公以“陆”为“逵”，晦庵谓是卦“诸爻皆协韵，于协韵则宜，但重于改旧，而不改义亦通，未敢遽从，姑存是说”。“未敢遽从，姑存是说”者，易之道也。苟以为易之道未必在是者，是人为事所乱。

䷵ 兑下震上

归妹，征凶，无攸利。《象》曰：归妹，天地之大义也。天地不交，而万物不兴。归妹，人之终始也。说以动，所归妹也。“征凶”，位不当也。“无攸利”，柔乘刚也。

兑以少女居内，震以长男居外，有“归妹”之象焉。“归妹，天地之大义也”，人知是义者有几，知是义而信是义者又有几？吁！人皆有夜光明月之珠而不自知。不自知者，泥涂沙砾蒙之也，不自知者，虽明告之曰汝自有此珠也，必掉头断断乎直不信，往往继之以嗤也，而自知自信者少。大哉！圣言曰“天地不交，而万物不兴”，归妹之义，何愧于天地，而欿然自以为不足当也。意动而昏之则乱，乱则放僻邪荡，靡不为矣。宜其断断直不信，此非告语之所及也，亦非果有甚高甚难之实也。人心即道，故曰“道心”。道心无体，动者为谁？至神至明，我所自有。变化云为，何动何静？不可度思，矧可射思。天地此得以范围之，万物此得以发育之，其为归妹、为“天地之大义也”何疑？“归妹，人之终始”，嗣续之义也，所以明人道之大也。“说以动，所归妹也”，以少女而说之，众人之情也，非正大之情也，而亦未至为邪也。“征凶”者，柔宜居阴，上下二卦皆然，二、四偶而以九居之，三、五奇而以六居之，位皆不当，故征则凶。“无攸利”者，柔乘刚也，震二柔乘一刚，兑一柔乘二刚，不顺也，何以能利？归妹之义大，而卦象则凶，不可执一论也。

《象》曰：泽上有雷，归妹。君子以永终知敝。

“泽上有雷”，阴阳之际也。永终知敝，有偕老之义，无乖落色衰而复相弃背之敝也。道有浅深，义有邪正，皆易之变也。

初九，归妹以娣，跛能履，征吉。《象》曰：“归妹以娣”，以恒也。“跛能履吉”，相承也。

初九位在下，有“妹”之象，娣则不可专行。“跛能履”者，难于行之象。知此而往，则得娣之道，故吉。征，往也。“以恒”者，恒，久也。当以久于娣为心，当有终其身为娣之心，不可有他念也。“跛能履，征吉”，以其相承而不敢专故也，是皆易之正道也。大抵由道而行，则无利心，由利心而行，则必失乎道。谋利者多害，不谋利者多利。

九二，眇能视，利幽人之贞。《象》曰：“利幽人之贞”，未变常也。

“窥观，利女贞”，则“眇能视”为归妹之贞。妇人所知，不出房闼，正也，是正惟幽人有之。心未始不正，意动而乱故失之。意不动则静，静则幽，幽则贞。或者往往以所视不广为非，圣人于是正之曰未为变失常道也，斯乃妇人之常也。

六三，归妹以须，反归以娣。《象》曰："归妹以须"，未当也。

"归妹以须"，不见应于上六也，须待而终不获，反归以娣，不蒙以敌见礼，而退处于娣，以六三有当于理者故也。六三不中，惟中有得理之象，《坤·文言》曰"黄中通理"。

九四，归妹愆期，迟归有时。《象》曰："愆期"之志，有待而行也。

三与上两阴不应，四与初两阳不应，三与四皆有不应之象。三在内卦，故为已归而须。四在外卦，故为未归而愆期。愆期，失时也。虽迟其归，终有其时。九四所以愆期，不为苟就，有所待而行也。

六五，帝乙归妹，其君之袂，不如其娣之袂良。月几望，吉。《象》曰："帝乙归妹，不如其娣之袂良"也，其位在中，以贵行也。

君，女君也，《仪礼》亦云。女君之袂，何以不如其娣之袂良？帝女不嫁，其本贵也，又其位在中，为嫡，为女君，其体又尊也。尊与贵非执妇道者之所宜也，故以不如其娣之袂取象，以明谦恭之义。当如月之几望，无敢盈满，则吉。

上六，女承筐无实，士刲羊无血，无攸利。《象》曰：上六"无实"，承虚筐也。

归妹所以承祭祀，而上六居外居上，故不言妇。"承筐无实"，徒有承祭之名，而无承祭之实。"士刲羊无血"，不能制狼壮之妻也。羊有狼壮之象。不能制妇，不成为夫，故不言夫。上与三不应，夫妇不协顺之象。三，兑卦为羊。

䷶ 离下震上

丰，亨，王假之，勿忧，宜日中。《彖》曰：丰，大也。明以动，故丰。"王假之"，尚大也。"勿忧，宜日中"，宜照天下也。日中则昃，

月盈则食，天地盈虚，与时消息，而况于人乎，况于鬼神乎？

观卦之象，雷电皆至，丰之象也。离明震动，以明而动，故丰，故亨。以昏而动，则反是矣。“王假之”，假，大。孔子曰：“古之治天下者必圣人。”上则天，下则地，中则大人之圣者为王。王者代天理物，日月所照，霜露所坠，皆王者之所统。伊尹“思天下之民，匹夫匹妇有不与被尧舜之泽者，如己推而内之沟中。”《周官》职方氏尽掌天下，极于“四夷、八蛮、七闽、九貉、五戎、六狄之人民，与其才用九谷、六畜之数要，周知其利害”，王者之职，乃如此其大也。是故，王者惟恐其不大，故《象》[①]曰“尚大也”，“勿忧”其智力不足以给，宜如日之中天，日无思无为，自无所不照。王者德性未始不光明，帝尧“光宅天下”，文王“光于四方”，皆无为而光照天下，治无不举，此日中无所不照之旨也。然而自夏后氏以来，继世之君，岂能皆圣？又岂能皆贤？故孔子于此致盈盛之戒，恐继世之君，恃广大之势，多满盈之患，故孔子复发满盈之义，而致戒曰“日中则昃，月盈则食”，自天地不能常盈常盛．“而况于人乎，况于鬼神乎”？便[②]知其不能长有而惧之也。然岂无保丰持久之道，使继世之王，皆不失道，皆不昏而能照，则历年何止于八百？虽至今可也。此天地之造化，所以至于今不已也。“假，大”．详释见《家人》九五。

《象》曰：雷电皆至，丰。君子以折狱致刑。

雷自下而作于下，电自上而照于下，其用皆至，其在治道则为“折狱致刑”，明以折狱，威以致刑。君子之于刑狱，所不忍也，方民困穷，未敢致刑也，礼乐教化未孚，未敢致刑也，不得已而刑之，犹

①“象”应为“彖”。
②“便”，四明本作“使”。

不敢尽。今也世道丰亨，家给人足，礼行政成，教孚化至，而犹有故犯，君子不得已致之刑，不得而宥也。

初九，遇其配主，虽旬无咎，往有尚。《象》曰："虽旬无咎"，过旬灾也。

他卦两阴不应，两阳不应，此卦初与四皆九两阳，而曰"遇其配主"者，何也？不期而会曰[①]遇。不出于所期，两刚相遇合者，彼此皆阳明故也。阳明配合，"虽旬无咎"，往有嘉尚。然初居下而体刚，非居下之常道，可旬而不可久。十日为旬。《象》曰"过旬灾也"，人若不自觉，他日祸忽至，谓自外至，故曰"灾"。四以初为"夷主"，初以四为"配主"，皆阳明也，以四在上，故曰"配"。

六二，丰其蔀，日中见斗。往得疑疾，有孚发若，吉。《象》曰："有孚发若"，信以发志也。

蔀，草也。马云："蔀，小也。"蔀虽丰，亦小矣。六二之所以为丰者，如斯而已矣。人臣言业之小大，一视夫君之所以用之者如何。日中而见斗，则日失其明，阴暗之极，故"见斗"也。斗在北，北亦幽阴之方。六五之君，不明如此，则六二之功业，安得丰大？六二虽往，必得"疑疾"，言见疑于其君也。二、五两阴，无相应之象。使六二有忠信以启发其君心则吉。

九三，丰其沛，日中见沬，折其右肱，无咎。《象》曰："丰其沛"，不可大事也。"折其右肱"，终不可用也。

草生水曰沛，水生之草尤其不茂。人臣事业，一视夫人君之如何，君明则臣始得展尽所蕴，君不明则人臣安得致功业之大？故六二之事业已小，而九三所事乃上六极暗之君，则九三之所谓丰者，如沛而已，

---

① "曰"，四库本作"四"。

其小有甚于蔀，《象》曰“不可大事也”。沬，子夏谓星之小者。日中而见小星，则日之失其光明为甚。上六之阴暗为甚，则九三安得而大有所事？不止于往得疑疾而已，遂至于“折其右肱”。肱左不如右力，以明其终不可用，不用则无咎，用则有咎。

九四，丰其蔀，日中见斗，遇其夷主，吉。《象》曰：“丰其蔀”，位不当也。“日中见斗”，幽不明也。“遇其夷主”，吉行也。

九四处大臣之位，其事岂可如蔀而已，殊为不常也，以六五之君，阴幽不明故也。若遇其同德之主，则往而从之为吉也。行，往也。应在初九，九阳明，夷平也，皆阳明，故曰“夷主”。

六五，来章，有庆誉，吉。《象》曰：六五之吉，有庆也。

自二与四观六五，则有阴暗之象。然圣人作《易》，取象不一，于六五爻又发其中正之义，能招来贤俊而用之，则民被其泽为有庆，民感其德为有誉，吉可知也。章，贤俊之称也。《象》曰：“六五之吉，有庆也。”民被其泽则为吉，民不被其泽，则虽善不为吉也。

上六，丰其屋，蔀其家，窥其户，阒其无人。三岁不觌，凶。《象》曰：“丰其屋”，天际翔也。“窥其户，阒其无人”，自藏也。

“丰其屋”，自高大也，如鸟之翔于天际然。“蔀其家”，自藏蔽其家，使其人不得至也。“窥其户，阒其无人”，虽三岁之久，亦不得而见，明其自藏之深固也。为人上不能谦虚礼贤，自大自足至于此，其祸可胜言哉？

《杨氏易传》卷十八

宋 杨简 撰

䷷ 艮下离上

旅，小亨，旅贞吉。《彖》曰："旅，小亨"，柔得中乎外而顺乎刚，止而丽乎明，是以"小亨，旅贞吉"也。旅之时义大矣哉！

山上之火，行而不止，旅之象也。观卦之象，足[①]以小亨。六五"柔得中乎外"。外，卦也，外有旅之象焉。旅体不刚，惟顺乎刚得中，则不失乎道。止则止而不动，禹曰"安汝止"，艮曰"艮，止也"，人之道心，未始不止也。所丽者明哲，则得所依矣。体本柔，是以"小亨"。旅处乎外，穷而不得志，成者往往多失正，惟其得道者不失正。夫人情之所以多失正者，以困穷迫之，苟于趋利也。不肯遵道者，以为非利之所在也。而今"贞吉"，明由正者吉，失正者不吉。然则小人为不正也何益哉？苟于目前，不知祸随其后也。今由正而行者，得中顺乎刚，止而丽乎明，自足以亨，自足以致吉。然则贞正者何患乎不获吉？人情于旅，多穷悴无聊，安知旅之时义有"大矣哉"之妙？前所谓得中者即"大矣哉"之妙也，所谓正者即"大矣哉"之妙也。所旅于外，顺乎刚，丽乎明，皆大矣哉。人于旅微动于意，则有所倚，有所迁，失其大矣。人心即道，故曰"道心"。道心无体，孰动孰静？

① "足"，四库本作"是"。

孰行孰止？变化云为，如四时之错行，如水鉴中之万象，犹恐大矣哉未足以尽斯义，孔子曰“言不尽意”，而或者忽略斯卦，以为小末，是恶足与言易之道哉！

《象》曰：山上有火，旅。君子以明慎用刑，而不留狱。

山上有火，明无不照，又火行山上，不留止。君子之明慎于用刑，如火之无不照，而不留狱，如火行之不留止，亦悯旅者困穷犯法而念之。凡此皆易之道也。易之道显于上离下艮之六画，而行于君子之明慎而不留狱，此不可止以比拟言之，心通内明者知其无所不该，无俟乎贯通。六十四卦之象，圣人姑以导昏者而渐通之。不昏者知六十四卦一象也，三百八十四爻一事也。明者自信，昏者自不信。

初六，旅琐琐，斯其所取灾。《象》曰：“旅琐琐”，志穷灾也。

初六阴柔狭小，有“琐琐”之象，斯其所以取灾欤，志穷故也。坎“惟心亨”，“困而不失其所，亨”。随物而迁，自昏自失，不昏者本不失。

六二，旅即次，怀其资，得童仆贞。《象》曰：“得童仆贞”，终无尤也。

六二得中，得旅之道者，故即次而安，怀资而利，又得童仆之贞忠。得童仆之心，则无所不得矣，故曰“终无尤也”。

九三，旅焚其次，丧其童仆贞，厉。《象》曰：“旅焚其次”，亦以伤矣。以旅与下，其义丧也。

九三不中，用刚而过。自居位得势者，尚不可以免祸，而况于旅乎？宜其焚次矣。在旅而以此与下，必丧童仆之贞，危厉之道也。

九四，旅于处，得其资斧，我心不快。《象》曰：“旅于处”，未得位也。“得其资斧”，心未快也。

以阳居阳，以阴居阴，则安。故六二则安为“即次”。以九居四，则不安，为“旅于处”，为未为[1]得其位。旅之道，非止于柔弱而已，亦有刚断之道焉。九四刚，有斧象。居强离明，非昏妄者，故曰“得其资斧”。然非中非得道者，故未能安，有不快之心焉。

六五，射雉，一矢亡，终以誉命。《象》曰：“终以誉命”，上逮也。

六五中正文明之士，欲以致文明之业。离为雉，文明之象也。射之而亡其矢，无应之者，道不行也，六二不应，故有此象。然六五文明之德，终不可掩没，人皆服之誉之，故虽非所求，自有命之者。《象》曰“上逮也”，以上九相比，阴阳有相亲之象。

上九，鸟焚其巢，旅人先笑后号咷。丧牛于易，凶。《象》曰：以旅在上，其义焚也。“丧牛于易”，终莫之闻也。

上九与九三略相似，而上九为甚焉，以刚居上，而离火性上炎，刚躁为甚。“鸟焚其巢”，旅而以此居上，焚巢之道也。鸟高翔，有自高亢之象。其未焚也，愚不知其祸至，故笑，及其焚则号咷矣。盖不知柔顺之足以致福免祸，而忽略轻易，无故丧之，故凶。牛有柔顺之象。其曰“终莫之闻也”者，昏愚虽被祸尤，不悟其所以致此之由，虽终其身不悟也。

䷸ 巽下巽上

巽，小亨，利有攸往，利见大人。《彖》曰：重巽以申命。刚巽乎中正而志行。柔皆顺乎刚，是以“小亨，利有攸往，利见大人”。

巽，入者之道也，“申命”之道也。刚为大，柔为小。君为大，臣为小。上为大，下为小。上命之，下行之，是为申命。申命者，巽顺

① 四明本无“为”字。

而行之。天下之事，徒柔不足以立，必有刚焉。二五皆刚，有“刚”之象，皆巽体，皆中正。刚巽“中正”，备此众德，非得道不能。又重巽卦，柔皆顺乎刚，又道之所当然也，“是以小亨，利有攸往，利见大人”。小者固当依乎大，往而依乎大人。小者当从乎大，不往则失小者之义。然其往也必中正，所见必“大人”。如不中正，则为邪矣；不见大人，则见小人矣，非巽之道也。

《象》曰：随风，巽。君子以申命行事。

风相随而至，即君子之“申命行事”。人臣知申命行事而已，未必知其为易之道也，故《大传》曰“百姓日用而不知”。

初六，进退，利武人之贞。《象》曰：“进退”，志疑也。“利武人之贞”，志治也。

巽为进退，况初爻尤有“进退”未定不决之象。“利武人之贞”，教之决也。贞，正也。决而不失正，易之道也。乾九四以疑而无咎，此则以疑而不治。当疑而不疑，非道也。不必疑而疑，疑之过，亦非道也。

九二，巽在牀下，用史巫纷若，吉，无咎。《象》曰：“纷若”之“吉”，得中也。

九二巽体，而又居下卦，又二为柔，有“巽在牀下”之象，过于巽也。史巫以言通诚于神，“纷若”之多，巽顺之甚，发诸言辞，其多若。此疑其大过，不能致吉，而此“吉无咎”者，于其过巽而出于中诚，不致于大过也。天下事皆不可执一论，过虽非中，就过亦有得中者，九二之谓也，是谓变易之道。

九三，频巽，吝。《象》曰：“频巽”之“吝”，志穷也。

以九居三，刚而过中。质非巽者，巽不出于本心，勉强而行之，故曰“频巽”。频巽则知频失之矣，故吝。吝，不足也。夫其实不能巽，至于不得已而后巽，频失频巽，其志亦已穷矣。夫岂知本有之性，清明无体，何者为我？无我无意，自知自巽，何穷之有？

六四，悔亡，田获三品。《象》曰：“田获三品”，有功也。

以六居四，柔顺之至，况又巽体？教之田焉，春搜夏苗，秋狝冬狩。先王以习武备，有刚德之象，于以济六四之所不足也。曰“悔亡”，尤虑其有悔也。第往而田，可以“获三品”：一曰干豆，二曰宾客及充庖，三曰班其徒御。夫人性未始不大中，或动于意而过刚，或动于意而过柔，约其过，强其所不及，去其害性者，庶乎复其本中矣。曰“悔亡”，所以启谕之于先；曰“有功”，所以诱掖之于后，即尧之所以“辅之翼之”之意。

九五，贞吉，悔亡，无不利。无初有终。先庚三日，后庚三日，吉。《象》曰：九五之吉，位正中也。

九五正得中正之道，不偏于刚，亦不偏于柔，为贞正，必吉，悔亦亡。“无不利”者，凡此屡言，皆所以释人之疑，定其中正之道也。人情喜于柔巽，不乐于刚德，故曰“无初”。然中正之道，终必获吉，然亦不可不谨戒。庚，刚道也。先三日而图其始，后三日以图其终，谨之戒之则吉。《象》曰“九五之吉，位正中也”，明夫九五之道，允为正中，言其居尊位，不可过于柔巽，过于柔巽则失柄，故曰“位正中也”。《洪范》曰“惟辟作福，惟辟作威”，非为暴也。自道心而发，无作好恶①，无偏无倚，自不可巽懦无制也。

上九，巽在牀下，丧其资斧，贞凶。《象》曰：“巽在牀下”，上穷也。“丧其资斧”，正乎凶也。

---

①四明本“恶”前有“作”字。

上九居巽卦之吉，为巽之过，故亦曰“巽在牀下”。丧其资则失利，丧其斧则无断制，虽其事出于正亦凶。《象》曰“上穷也”，言巽之过也。既丧其资斧矣，可以为正乎？凶也。未有由正而行而失利而无断制者也，失利无断，足以见其失正之验。

䷹ 兑下兑上

兑，亨，利贞。《彖》曰：兑，说也。刚中而柔外，说以利贞，是以顺乎天而应乎人。说以先民，民忘其劳。说以犯难，民忘其死。说之大，民劝矣哉！

兑，说也。得人欢心，岂不亨通？然利于贞，以不正说人者有失，坏人心于无穷，大致祸于后日。刚中柔外，其说之道乎？刚之为德，不可以利动也，不可以害动也。大中至正，不可移夺，是为刚也。其中则刚，外则柔，以此得人之欢心，必不失乎贞正。得人之欢心而不失其正者，顺乎天道，应乎人心，何则？三才一道故也。如此“说以先民”，则民咸从之，咸忘其劳。“说以犯难”，则民咸死之，咸忘其身，说之大至于民咸劝于善，岂不大哉！此说非有术以使之也，非违道以干之也，由正而行。而正者人心之所同有，故上之人倡之，而下之人自翕然应之，几于神矣，故曰“敬一人而千万人说，所敬寡而说者众”，得其道故也。故曰：“道也者，通也，无不通也。”故又不止于民说之，又死之，不止于死之，又劝于善。感民之所同有者，故无所不通也。

《象》曰：丽泽，兑。君子以朋友讲习。

泽之相附丽，即朋友之相亲丽而讲习。自古朋友之讲习者多矣，皆《易》之《兑》卦也，而知之者有几？知其说者，未足以为知也。

心通内明，自知自信，而后为知。知之者何独知朋友讲习之即丽泽也，即六十四卦，即三百八十四爻，即天地万物，即日月四时。丽泽非彼，朋友非此。“不可度思，矧可射思”。

初九，和兑，吉。《象》曰：“和兑”之“吉”，行未疑也。

兑之初，莫之适从也，泛然和说而已，故吉。《象》曰“行未疑”者，所行未有可疑之迹也。

九二，孚兑，吉，悔亡。《象》曰：“孚兑”之“吉”，信志也。

二五本为正应，而两阳无相立之象，然阳实有诚信之义，故有相孚之象。惟相孚而和说，则“吉，悔亡”。志不相孚，断无和说之理，故《象》曰“信志也”，言心相信。

六三，来兑，凶。《象》曰：“来兑”之“凶”，位不当也。

六三之正应在上六，今不从其正而从其不正，来比于二，是说于不正也。六三之位，亦稍高矣，惟贤者宜在高位，而说于不正，不当尔也。上六初二，不必以人言，惟以正不正言。阴阳相应，两阴不相应也。

九四，商兑，未宁，介疾有喜。《象》曰：九四之“喜”，有庆也。

九刚四柔，若有立者而不固，其正应在初而未应，近比六三谀佞之小人，心知其非，而实乐其柔媚，故商度所说，去取交战于胸中而未宁。圣人于是勉之曰：“介然疾恶小人则有喜。”《象》曰“有庆”者，言九四居大臣之位，国之治乱系焉，能不近小人，则泽及民矣。

九五，孚于剥，有厉。《象》曰：“孚于剥”，位正当也。

九五本与九二正应，今乃不应九二，而亲信上六柔媚不正之小人，又置之高位，故曰“孚于剥”。《剥》之为卦，小人剥君子，又剥丧其国家，故谓小人为剥。信小人，危厉之道也。《象》曰“位正当也”者，圣人推原所以孚于剥之由，由乎以位为己之位，正当其位，以位为乐，故人欲炽而邪媚得志也。此如水有源则必有流，如木有根则必有枝叶实，以己处富贵崇高之位，未有不亲信小人，致危乱也。黄屋非尧心，舜视天下如敝屣，禹有天下而不与。故君子进用，小人退远。

上六，引兑。《象》曰："上六引兑"，未光也。

上六超然一卦之外，不应于三，有高尚之象，宜不为富贵利达所动，然非中，无得道之象，近比乎九五，阴阳有相亲之象，则亦有引之、说之之象。引之斯说，未为光明也。子夏出见纷华盛丽而说，孔子戒之以"毋为小人儒"，知其未光明也。及孔子没，乃以有若似圣人，欲以所事孔子事之，强曾子，曾子不可，曾子光明，子夏不光明也。又使西河之民疑子夏于夫子，曾子数其罪为第一，光明者固如此乎?

䷺坎下巽上

涣，亨。王假有庙，利涉大川，利贞。《彖》曰：涣，亨，刚来而不穷，柔得位乎外而上同。"王假有庙"，王乃在中也。"利涉大川"，乘木有功也。

涣，散也，离也。其象则风行水上，其卦变则本以九四之刚来为九二而成坎，故曰"刚来"，六二之柔往为六四而成巽，故曰"柔得位乎外"。一刚一柔，皆有"亨"之象。刚来得中，故不陷于坎险，故曰"不穷"。不穷者亨之道，穷则非道矣。柔得位，顺承九五，阴阳相亲，有上同之象，故曰"上同"。上同者亨之道也，不和同则离散非道矣。大抵得乎道者，无所往而不亨；失乎道者，无所往而能亨。假，大也。惟王者大其有庙之道。庙必有尊也，必有亲也，慈爱恭敬之心也。慈爱恭敬，人心之所同有也。上者行其恭敬慈爱之心于上，举而措之天下，则举天下慈爱恭敬之心，无不观感于下，是为大其有庙之道。夫人心之所以离散者，由其上无慈爱恭敬之心，是以下亦无慈爱恭敬之心而为离也。有王者作，“绥之斯来，动之斯和”，必可以中天下而定四海之民也，故曰“王乃在中”，明非王者则不能宅中也。王者即此有庙之道而推之，可以涉大川，济大险。曰‘乘木有功”者，取象乘木，惟以明济险有道而已。济险之道非他也，大其有庙之道而已。大其有庙之道非他也，即慈爱恭敬之心，乃人之本心，乃天下同然之心，此心即道心。道心者，无所不通之心，以之修身则身修，以之齐家则家齐，以之治国则国治，以之平天下则天下平，以之济大险则无所不济。此心人之所自有，人所自存，而有昏有明，有济有不济者，何也？惟民生厚，因物有迁，意动则昏，不动乎意，则道心无体，自明自神，自正自中，自无所不通，自无所不济。“不学而能，是谓良能；不虑而知，是谓良知”，此假有庙之道也，此乘木之道也。彼谓假有庙自有一道、乘木自有一道者，何以能感动天下同然之心？何以能使“自西自东，自南自北，无思不服”？此非智术之所能致也。

《象》曰：风行水上，涣。先王以享于帝，立庙。

“风行水上”，涣散之象。享帝立庙，即“王假有庙”之道。于卦《彖》已详释其义，此则其事也。恭敬慈爱之心，必达于事，则为享帝，为立庙，此始举二事以发其端尔，非谓止此二事足以定天下之涣散。《孝经》曰：“爱亲者，不敢恶于人；敬亲者，不敢慢于人。”凡慈爱恭敬，有一失焉，即失人心。王心之诚爱诚敬，虽已自足，达之深入乎民之心，又着之于礼乐政事、声名文物，则观感亦深，动化益敏。夫所以合天下离散之心者，在此而已，而或者求诸权术，良可鄙笑。

其有以力假仁，仅足小济，岌岌危惧，祸乱继作，安得不去彼取此？

初六，用拯马壮，吉。《象》曰：初六之吉，顺也。

时方离散，不可出而仕也，拯壮马而亟遁，则吉矣。《象》曰“初六之吉，顺也”者，以初六未得位，又涣散之始，难未成，则早遁为顺为宜也。

九二，涣奔其机，悔亡。《象》曰：“涣奔其机”，得愿也。

涣散之时，而九二稍得位，出非其时也。涣离其所，而奔其机，弃位而就下，遁世而贫贱，则安也，则悔可亡也。机居下而安，人皆以进而得位为得愿，君者则以退而即安为得愿。

六三，涣其躬，无悔。《象》曰：“涣其躬”，志在外也。

躬有俯而就下之象。六三近比于九二，阴阳有相得之象，而六三不然，“涣其躬”，不就下乃应上九，志不在内而在外，斯其所以无悔欤？内虽有难，恋恋于利禄者未必能涣其躬而退处于远外也。今何以知六三之志在外？以六三与上九，一阴一阳有相应之象，是故知六三之志在外也。九二、上九不必言人，九二有内象，上九有外象而已，诸儒率多误认。

六四，涣其群，元吉。涣有丘，匪夷所思。《象》曰：“涣其群，元吉”，光大也。

六四居大臣之位，取涣离其群党之义。夫士之穷而在下也，则有亲党，有朋友之党，急难相救，利害相同，及其事君当大任，则当行天下之大公，不当用其私党，故“涣其群，元吉”，此非小贤之所能也。丘，聚也。于涣散之中有聚合人心之事业，而非其故，匪夷所思，其故匪夷，皆深信其大公，知不可干以私，不复思念，足以见其诚实笃志。夫是之谓“道心”，夫是之谓易之道，夫是之谓“光大”。

九五，涣汗其大号，涣王居，无咎。《象》曰："王居无咎"，正位也。

九五又发涣汗大号之义。圣人作《易》，众义毕备，不可执一论。大君涣散于四方，曰"汗"者并以着一出不可复反之义，凡此皆易之道也。若谓号令者，号令而已，疑大易之道未必在是，则不惟不知易道，亦不识号令。"大号"者，《易》之大号。"涣汗"者，《易》之涣汗也。涣离之时，惟王者乃能居其中而无咎。所谓王者，非空名而已，实有王者之德，乃名为王。既有王者之德，则何患乎民心之涣散？一麾而定矣。盖王者之心即兆民之心，兆民之身即王者之身，虽驱之使离散，不可得矣。曰"正位"者，明为王而后可以正居其位也，斯乃为王者之正位也。

上九，涣其血，去逖出，无咎。《象》曰："涣其血"，远害也。

上九应六三，三为内卦。坎体险难，又坎为血卦，故告之以"涣其血"。离其难，去而逖出，则无咎。逖，远也，言其不当应乎内也。

《杨氏易传》卷十九

宋 杨简 撰

☵☱ 兑下坎上

节，亨。苦节不可贞。《彖》曰：节，亨，刚柔分而刚得中。“苦节不可贞”，其道穷也。说以行险，当位以节，中正以通。天地节而四时成。节以制度，不伤财，不害民。

节，止也，止其过也。节之止异乎艮之止，止虽不同而其道同，天下无二道也，内以节己，外以节物，凡天下之有所谓节止也。观《节》卦象，有亨之道焉。三刚三柔中分而不偏，节制为刚柔不偏。不偏则人心和而可行，为亨矣。二、五皆刚而得中，亦制节不过之象也，亦亨之象。苟苦节而过之，则人将不堪，将不行。苦节非其道也，不可以为贞，其过穷则不通。制节非人之所乐也，圣人以为行险人心易纵，既纵则难于节，节之是拂其所欲，拂人之所欲大难，故必和说以行之，又必当位，其势可以行，又中而一无所偏倚，正而不入于邪，则人心说诚服，通行而无阻，斯备节之道。兑，说也。坎，险也。九五当位中正也。不和说则人心不从，不居势人亦不从。不得“中正”之道，人心不服。天地亦有节，夏暑之极秋节之，冬寒之极春节之，故“四时成”。为国则“节以制度[1]”，有制度，则财不妄用，不妄用，

① “制度”，四明本作“度制”。

则不横敛害民。言“天地”似无与乎人，而圣人必并言之，何也？人道即天地之道，节以制度即四时寒暑暄凉之宜，圣人以此开万世之明，其曰不无小异焉者，不惟不知天地，亦不知人，实不识节以制度。天下无二道，一通则无所不通，一有不通，则皆不通。

《象》曰：**泽上有水，节。君子以制数度，议德行。**

“泽上有水”，水节乎泽中而不溃，故圣人于是又发品节之义。“天子之堂九尺，诸侯七尺，大夫五尺，士三尺”，凡此类，度也，不可乱也。孔子“与下大夫言，侃侃，与上大夫言，誾誾”，“升堂，屏气似不息者。出，降一等，则逞颜色，怡怡如也”，去鲁曰“迟迟吾行也”，去父母国之道也，去齐“接淅而行”，去他国之道也。凡此皆德行之品节而不可乱者也。自此心光明者行之，则与下大夫言自侃侃，与上大夫言自誾誾，升堂自屏息，出降自怡怡，去父母之国自迟迟，去他国自速，无俟乎议也。自此心未通，与虽通而未大通，未极其光明而行之，苟无议焉，不保其无差也。未至于大圣，皆不可不议。虽议而非外也，皆吾心之所安也，皆吾心之所自有也，是故圣人“以防万民之伪”[①]。“经礼三百，曲礼三千”，皆人心之诚敬也。自外者非德行也，伪者非德行也。德者直心而出之，非由外铄我也。

初九，不出户庭，无咎。《象》曰：**“不出户庭”，知通塞也。**

“不出户庭”，知止节也。九二奇爻，阻其前，户庭有阻。夫有阻之，则不当出，不出则无咎。然出处之道，一也。当出斯出，当处斯处，顾其时如何耳，故曰“知通塞也”。

九二，不出门庭，凶。《象》曰：**“不出门庭，凶”，失时极也。**

九二之前无阻也，异乎初九矣。六三耦爻，有门象，无阻之者。

① 四明本作“以五礼防万民之伪”。

而九二犹止节而不出，则为失时之凶。然则苦节固塞，亦非道之所贵，孔子疾固，其此类欤？

六三，不节若，则嗟若，无咎。《象》曰："不节"之"嗟"，又谁咎也。

六三浮外，纵而过，非能节者。不节则虽快于须臾，即有嗟苦之忧，曰"无咎"者，不可咎他人，乃其自取也。使《象》解非圣人作，则学者必谓"无咎"为"谁咎"。然则读古书者，安可不通其道而执其末？

六四，安节，亨。《象》曰："安节"之"亨"，承上道也。

六与四纯阴，有安象。居近君之位，尤当明于上下之分。正位居体，安止无越，则亨。斯乃承上之道也。

九五，甘节，吉，往有尚。《象》曰："甘节"之"吉"，居位中也。

五得中道，故制节不至于过，故曰甘节则吉，则可以往而有可嘉尚也，言往必利必嘉也。《象》曰"居位中"者，言九五位乎上卦之中，故有得中之象，亦犹《艮·象》言"上下敌应，不相与"者，亦言其象耳。

上六，苦节，贞凶，悔亡。《象》曰："苦节，贞凶"，其道穷也。

上卦之极，节之亟苦，节而不中，虽贞正亦凶。能悔则亡，言悔而改，则此凶可亡也。此"悔亡"犹六三之"无咎"。圣人之言及此，亦以破后学执固守信之蔽，言上六道之穷者也。

☴兑下巽上

中孚，豚鱼吉。利涉大川，利贞。《象》曰：中孚，柔在内而刚得中，说而巽，孚乃化邦也。"豚鱼吉"，信及豚鱼也。"利涉大川"，乘

木舟虚也。中孚以“利贞”，乃应乎天也。

中，内也，孚，诚也，其中心诚信也。观卦之象，三、四阴爻在中，为“柔在内”。夫何取乎柔也？人心非气血，无体状，至虚至柔，虽有作用无所言动，其实无我。我意犹无，安得有伪，是谓“中孚”，岂不甚柔？而又曰“刚得中”，何也？二、五皆刚皆中。天下之至刚生于天下之至柔，惟空洞无我，无我为至柔，故外物不得而移，富贵不得而淫，贫贱不得而移，威武不得而屈。使己私微立，则外物举得而转移之，安得刚？至刚至虚，至虚至实，无我无杂，纯一诚实。中者无所倚，无所偏。惟意不作，故无倚无偏，惟意不作，故无伪无诈，无偏无倚。必诚必伪皆主于意，意起则必倚，不倚乎此，必倚乎彼。曰柔曰刚曰中，足以发明中孚之实也。而又曰“说而巽”者，又何也？所以备言中孚之道也。卦象兑巽，为说而巽，中孚无我，和说自生，自柔巽不忤，苟微立己意于其间，则必有不和说不巽者矣。如此备言，则中孚之全，明白无亏，中孚之用，邦民自化。此岂五霸之权术，汉道之杂霸哉？一于诚而已矣。“豚鱼吉，信及豚鱼也”，豚鱼犹信之，岂杂以权术者之所能哉？岂较计揣度之所为哉？纯然一诚靡辍，无间无杂，故能及之。能信及豚鱼，则可以济大险矣。“乘木舟虚”，即柔在内之道也，惟虚故柔，惟虚故无所忤，即说而巽之道也，惟虚故不可移夺，惟虚故不动乎意而不倚，即刚得中之道。“天之所助者，顺也。人之所助者，信也”，信足以得人心，而未必出于贞正者亦有之，未足以尽中孚之道。既信既正，则人欲尽释，“乃应乎天”，即豚鱼之吉也，即舟虚之道也。即柔即刚即中即说巽，而圣人屡言之不惮烦，何也？何特举此？《易》之书，皆此一言也，举五经皆此一言也。天下安得有二道？圣人安得有二言？

《象》曰：泽上有风，中孚。君子以议狱缓死。

“泽上有风”，水泝虽兴，而水之大体不动。君子悯狱囚之将死，恻然动心，诚心求之，诚心议之，惟详惟审，谓之动心可也，然此动心乃道心之变化，虽动而实未尝动。孔子曰：“哀乐相生，是故，正明目而视之不可得而见。倾耳而听之不可得而闻。”惑者惟睹其动心，不知其实不动。讯群吏，讯万民，如此其详矣，而又有议亲、议贤、议能、议贵、议勤、议宾之法，又王命王[①]公参听，文王又三宥之，然后制刑，而君子于此犹恻念无已。《易》曰“变化云为”，变化，不动之动，无为之为。

初九，虞吉，有他不燕。《象》曰：初九“虞吉”，志未变也。

中孚之心，人皆有之，而民之颠倒诈妄，至于不可胜穷者，非其恶骤至于此也，其发也有端，生于因物有迁而已。有他者迁化，有他者意动也，意不动则纯诚纯白，百年如一日也。“虞吉”者，恐惧之异称。曾子战战兢兢，如临深渊，如履薄冰，如此者终其身，此之谓虞也。《易》曰：“君子敬以直内。”敬者，虞之谓也。禹曰“安汝止”，即虞也，虞未作于思虑也，使作于思虑，则有他矣，则不燕安矣，则动则不止矣，则变矣，变则渐入于诈。《老子》亦曰：“我独怕兮其未兆。”未兆者意未作未有他之时也。而《老子》曰“独怕”云者，战战兢兢，恐惧而非思虑也，故《象》曰“志未变”。

九二，鸣鹤在阴，其子和之。我有好爵，吾与尔靡之。《象》曰：“其子和之”，中心愿也。

二在下卦，有“在阴”之象。兑为口舌，有“鸣鹤”之象。居中，有由中而发之象。圣人作《易》，虽观象亦取其大旨尔，非拘拘謭謭

① “王”，四明本作“三”。

者。鹤鸣于阴而子和之者，诚之所感也。"我有好爵，吾与尔靡之"者，君臣一心一德之言也，亦犹鹤鸣而子和。《象》曰"中心愿也"，此足以明中孚之道矣。孔子曰："君子居其室，出其言善，则千里之外应之，况其迩者乎？居其室，出其言不善，则千里之外违之，况其迩者乎？言出乎身，加乎民。行发乎迩，见乎远。言行，君子之枢机。枢机之发，荣辱之主也。言行，君子之所以动天地也，可不慎乎？"慎者，慎其中孚之主，不可动乎意而失之也。何思何虑，自诚自一。

六三，得敌，或鼓或罢，或泣或歌。《象》曰："或鼓或罢"，位不当也。

六三之近而相得者六四尔。两阴不相得，故曰"得敌"。而六三"或鼓"而进，"或罢"而止，"或泣"而悲，"或歌"而喜，心之不诚，故进退悲喜不常至于此。三之位稍高矣，惟贤者宜在高位。居是位者，不当尔也。六三失中，六柔而退，三刚而进，进退静躁不常，其象则然。

六四，月几望，马匹亡，无咎。《象》曰："马匹亡"，绝类上也。

六四居大臣之位。月阴类，几于望，不敢盈也。如马匹其匹，绝其朋类之私。惟上而事君，则诚心着达，君臣交孚矣。

九五，有孚挛如，无咎。《象》曰："有孚挛如"，位正当也。

九五刚实，有孚信之象，近惟六四，阴阳有相得之象，故曰"有孚挛如，无咎"者，君臣和而不乖违也。《象》曰"有孚挛如，位正当也"，言近君之位，其君臣相孚，正当尔也，不然则何以为君臣？

上九，翰音登于天，贞凶。《象》曰："翰音登于天"，何可长也。

巽为鸡，鸡为"翰音"。上九巽卦之上，有"翰音登于天"之象。夫鸡振羽而飞，不过寻丈，今乃过其常而登于天，言其飞之大高也。

斯乃不由乎中孚，强力而上，虽贞正亦凶。何则？强过其力，“何可长也”，必坠无疑矣。斯可以为强矫过力之戒。

䷽艮下震上

小过，亨，利贞。可小事，不可大事。飞鸟遗之音，不宜上，宜下，大吉。《彖》曰：小过，小者过而亨也。过以利贞，与时行也。柔得中，是以小事吉也。刚失位而不中，是以“不可大事”也。有飞鸟之象焉，“飞鸟遗之音，不宜上，宜下，大吉”，上逆而下顺也。

阳为大，阴为小。四阴盛而得位，故小者力盛而过，足以亨也。力过而亨，未为失道，过而不正，斯失道矣，是故利于贞正。过而贞正，与时行也。正者之过，不以己私，随时而行，非人欲也。二、五虽得中道，柔体小，可以小事而已。刚体大，二刚失位，又失中道，故“不可大事”。事之大者，必刚者而后能为之。筮者虽一人，而一卦之象，非止于一人也。人岂独立，必有与也。是故，是卦有柔者，又有刚者，有得中道者，又有不得中道者。六画有“飞鸟”之象，鸟飞已过，遗音在空，“过”之象也。“不宜上，宜下，大吉”，鸟飞上则逆，下则顺也。人情事理犹是也，上则逆，下则顺也，上则犯分忤物，下则不犯不忤。圣人所以谆谆及此，良以人情好进而恶退，好高而恶卑。而天道不然，高者抑之，下者举之，盈者亏之，谦者益之。人之天性即天道，动于意则为人欲，动不以意是谓“道心”。道无体无我，寂然不动，而变化无方，如水鉴之象，象有升降往来，而水鉴无升降往来，如天地阴阳之气有升降上下，而道无升降上下，至动而常静，至变而常一。人皆有是道心，皆有是变化，而自不知，而惟执浮动之意以为己私，所以率好进恶退，好高恶卑，好动恶静。其间虽有知静之为善者，欲静而又自不能也，不欲则未始不知，则亦无所不知。

《象》曰：山上有雷，小过。君子以行过乎恭，丧过乎哀，用过乎俭。

此言过失之小者，又异乎卦辞与《彖》所言，所以通于他义也，能通则无所不通[①]矣，能通则六十四卦皆《小过》之卦也。

初六，飞鸟以凶。《象》曰："飞鸟以凶"，不可如何也。

小过有"飞鸟"之象，而初六在下而用之，有高举上进之意，凶之道也。夫人心既已放逸而有勇进之志矣，今知其凶而遏之曰"不可"，又曰"如何也"，所以问之甚之之辞也。

六二，过其祖，遇其妣，不及其君，遇其臣，无咎。《象》曰："不及其君"，臣不可过也。

祖者始。初六有"祖"之象，故六二有"过其祖"之象。祖不可过也，其德或可过之，其事业或可过之，而非孙之所当言，自他人则可，言如是而过其祖，何咎？六二以阴柔而居卦之中，有"妣"之象，故曰"遇其妣"。遇其妣则不过，固"无咎"。五君象，在上，二固不及也。二臣象，而其臣何咎？此言天下事变不一，有可过者，有不可过者。臣则断不可以过其君，虽德亦不可以言过之，曰过之，往往遭祸。人君操生杀之柄，一国之所尊也，苟曰过之，大祸之招也。尊尊贵贵，天下之达道也。

九三，弗过防之，从或戕之，凶。《象》曰："从或戕之"，凶如何也。

三下卦之上，而以九居之，重刚不中。"弗过防之"，则将有从而戕之者矣，凶之道也。《象》曰"凶如何也"，盖戒之使过防，防慎不嫌于过。曰"凶"，又曰"如何也"，亦深戒之辞也。

① "通"，四明本作"能"。

九四，无咎，弗过遇之，往厉必戒，勿用，永贞。《象》曰："弗过遇之"，位不当也。"往厉必戒"，终不可长也。

小过之时，六五柔在上，九四乃以阳刚居人臣之位，疑其过而为咎也，而九四应于初，其志乃在下，故"无咎"。弗过而犯分，其与六五非本应，乃若适相遇然，虽不敢深自远嫌，大臣之位，当任国事，不当尔也。而小过之时，柔者得位而过，九四又以阳体居当位，疑过疑犯，非所宜往，则危厉必戒乃可，勿有所用，永守贞正，无至愆违。《象》曰"终不可长也"，言终不可久处斯位，义当退也。

六五，密云不雨，自我西郊，公弋取彼在穴。《象》曰："密云不雨"，已上也。

九四以六五为君象，而六五本爻又自取大臣之象。《易》取象不可执一，六五阴为臣为小，而居位甚尊，有"公"之象。公，大臣也。云升而不为雨者，阴阳和则雨，今阳气已上，未与阴和，故"密云"惟在"西郊"而已。西，阴方，臣象也，象与小畜同。此六五无应，故也密云不雨。大臣竭诚事上，而君心犹未应，君臣之心未通协，则大臣仅可以小事。弋取在穴，小事之象。

上六，弗遇过之，飞鸟离之，凶，是谓灾眚。《象》曰："弗遇过之"，已亢也。

居卦之上，不中，有"过"之象。过则"弗遇"矣，如鸟飞而离其所，有大过之凶，是谓"灾眚"，盖曰此正所谓"凶"也。天降之灾，不可避也，虽然，自戕而已，亢故也，不亢则何灾？

䷾离下坎上

既济，亨小，利贞，初吉终乱。《象》曰："既济，亨"，小者亨也。

“利贞”，刚柔正而位当也。“初吉”，柔得中也。终止则乱，其道穷也。

既，尽也，既济无所不济。曰“亨小”者，及其小也，“小者亨”则余皆亨可知矣。其曰“利贞”者，何也？初、三、五皆奇，刚纯而无杂。二、四、上皆耦，柔纯而无杂。又九五当位于上，六二当位乎下，余刚柔咸当位，正当如此，非贞正乎？贞正如此，非利乎？其所以“初吉”者，柔顺得中。中，道也，六二之象也。其“终乱”者，水遇坎则止而不进，其义则人情狃于既济，怠止而荒，故乱也。能慎终如始，无怠无荒，常如欲济之初，则何由而乱也？“人能弘道，非道弘人”。

《象》曰：水在火上，既济。君子以思患而豫防之。

“水在火上”，阴阳之气交而和，既济之象也，泰之天地交亦如之。孔子曰“君子安而不忘危，治而不忘乱”，思患豫防之道也。如此则无终乱之患，此易之道也。

初九，曳其轮，濡其尾，无咎。《象》曰：“曳其轮”，义无咎也。

初济而未离乎下，有曳轮濡尾、不轻进、不欲速之象。欲速有不达之理，然大势已济，异乎濡首而方入于险者矣。

六二，妇丧其茀，勿逐，七日得。《象》曰：“七日得”，以中道也。

茀者，妇车之蔽。“妇丧其茀”，则无得而行。二、五正应，九三阻二之前，故有丧茀之象。天下事不得其行者，有其过在己，亦有其患在外。今六二之不得行，乃其患在外，非己之罪也。非己之罪者，无所致其力焉，一听其如何，久之当自定。故曰“无逐，七日得”。七日，一卦之变，历六爻而至于七，则得之矣。盖得中道者，无有不利，不得于今日，必得于他日。

九三，高宗伐鬼方，三年克之，小人勿用。《象》曰：“三年克之”，

惫也。

高宗，既济之主也。鬼方，幽远之国也。既济之世，大业已就，其有幽远之国犹未从，则益脩文德以来之可也，今乃伐之，虽以既济之势，高宗之贤，三年而后克之，则亦惫矣。武夫勇士，安能一一皆贤？或因小人成功，则惟当厚赏之，不可用也。用小人，他日必致祸。三爻有三年之象。离为戈兵，离上九亦言"出征"。

六四，繻有衣袽，终日戒。《象》曰："终日戒"，有所疑也。

子夏作"繻"，即"襦"字。《内则》言："孺子之礼，衣不帛襦。"《说文》云："襦，短衣也。"茹衣破败如茹也。《易》曰"拔茅连茹"，诚有零落之状。孺子之衣，易于破败，故必终日戒视，或可以免。大抵四爻以离内卦变为外卦，故多变。《乾》九四云"乾道乃革"，《泰》六四"翩翩不富以其邻"，谓群阴已至，《否》九四"有命无咎，畴离"，皆有变。济至于四，诚患生之，惧人心既安，则易于怠忽，诚有所疑，疑其衰败之至也。"襦"，《易》作"繻"，或改作"濡"。"茹"，《易》作"袽"，及引《广雅》"絮塞"，皆假借不正实，今从子夏本。

九五，东邻杀牛，不如西邻之禴祭，实受其福。《象》曰："东邻杀牛"，不如西邻之时也。"实受其福"，吉大来也。

"东邻"，言阳位。"杀牛"，盛礼，九五之象也。"西邻"，阴位。"禴祭"，薄礼，六二之象也。既济盛极则衰至，君子当思患豫防，持盈以虚，保益以损。六四已有"终日"之戒矣，而况于五乎？西邻之时，守以损约，故终受福。

上六，濡其首，厉。《象》曰："濡其首，厉"，何可久也？

上六不能豫防于早，至一卦之极，犹阴暗而不悟，至"濡其首"，危厉矣。"何可久也"，言其行没溺矣。

䷿坎下离上

未济，亨，小狐汔济，濡其尾，无攸利。《象》曰：未济，亨，柔得中也。“小狐汔济”，未出中也。“濡其尾，无攸利”，不续终也。虽不当位，刚柔应也。

观卦之象，六五柔得中，有亨之道焉。柔顺得道，亦可以亨，然柔亦有柔弱疑懦之象。狐好疑，小其弱者。“汔济”，微济也。疑贰不决，欲往复疑，故未出于难中。六五犹为上九奇画所制，故有“未出中”之象，亦有“濡其尾”“无攸利”“不续终”之象。虽刚不当位，柔亦然，而刚柔皆相应，人心和也。

《象》曰：火在水上，未济。君子以慎辨物居方。

“火在水上”，阴阳之气不交和，故为“未济”。惟治斯济，惟不治不济。“辨物居方”，亦所以治也。各当其所而不乱，是为治。惟治辨而后可以言和同，有礼而后可以言乐，未有淆乱而能致人心之和者也。

初六，濡其尾，吝。《象》曰：“濡其尾”，亦不知极也。

卦言“小狐汔济”而“濡其尾”，则为害犹小。今初六不言“汔济”而曰“濡其尾”，是濡其首及身以至于尾，故《象》曰“亦不知极也”，而爻上曰“吝”，何也？圣人推明其患，本于文过自是，不受人言，故其祸至于此极也。文过曰“吝”。初六以阴柔居下，当未济之时，自以为能济，而冒昧以往，其凶甚明，不待言而明，必其文过遂非，耻于自改，觊其或济，故终至于濡尾。《象》言昏愚大甚，为不知之极。遁初亦曰“尾”。

九二，曳其轮，贞吉。《象》曰：九二“贞吉”，中以行正也。

“曳其轮”，未济也。势未可济，不敢欲速。易之道也，贞正之道也，不出于贞正，以怠而不济，以私意而不济，则凶道也。中者，无过不及之谓。九二之“曳轮”，虽无过，亦无不及，中以行正，与时偕行，故吉。

六三，未济，征凶，利涉大川。《象》曰：“未济，征凶”，位不当也。

六三，其才柔弱，其时未可，强欲往焉，凶之道也。此论事之常者，若夫已在大险之中，则又以速济为利，不可以一概论也。差之毫厘，缪以千里。若其当事非险，则断不可往，所处之位不当征往也。言“位者”，明其位在此，不可出位而往也。三阳体，有动意，居坎卦之上，有“涉大川”之象。

九四，贞吉，悔亡。震用伐鬼方，三年有赏于大国。《象》曰：“贞吉，悔亡”，志行也。

九为阳，为君子，为正。四，卦之变。《乾》卦至[1]九四乃革，《泰》卦至四爻而否来，小人翩翩而来，则此卦可以动而济矣，况此六五阴阳有相得之象。大国命我以“伐鬼方”，志可行也。而四有迟疑退悔之象，故释之曰“悔亡”，言所悔者亡也。四应初，初六有阴远鬼方之象。坎水趋下，不应乎上，故大国命伐之。犹必“三年”者，事有未可遽，济不可急也。与《既济》之九三异矣，《既济》九三，既济而不知止，故三年为惫，《未济》之九四，伐此乃济，故“三年有赏于大国”，曰“用”曰“赏”，是之也。

六五，贞吉，无悔。君子之光有孚，吉。《象》曰：“君子之光”，其晖吉也。

六五得中，中即正即道，故详明道济天下之义。夫人心所以咸服者，以其正故也，正故吉，虽小疵亦无，故“无悔”。道心发用，寂然

① “至”，四明本作“之”。

不动，虽无思无为，而万物毕照，万理洞见，如日月之光，虽无心而毕照天下。岂一无所用其心力哉？禹治水征苗，而孟子曰禹“行其所无事”，禹告舜以“安汝止”，岂禹不有诸己而姑为空言哉？道心本静止，安而勿动乎意，则本静本明，万事自理，此大中至正之道，失之则凶则悔。君子不动乎意，而人咸孚信心服。晖者光之散，孚犹晖也。大哉圣言！惟自明道心者乃自信，其道心不明者，断断不信，以为必思必为乃济。吁！可悯哉。

上九，有孚于饮酒，无咎，濡其首，有孚失是。《象》曰：“饮酒，濡首”，亦不知节也。

“饮酒”者，获济而乐也。未济之极，必可以济。孚，必也，信也。消息盈虚，天道也。必济而无咎，若又居乐而忘忧，纵肆至于“濡首”，则又信其必失之。《象》曰“饮酒濡首，亦不知节也”，言其太甚也。获济而乐，未为失道也，乐而纵，则失道矣，失道则无所不失。夫未济消之极必息，则曰“有孚于饮酒”足矣，何又虑他日既济之后而不知敬戒而复失之，何其赘也！此亦犹否之九五方“休否”而又有“其亡其亡”之戒。人心易放，故圣人谆告。六十四卦，终于未济，于以明事变之无穷，何止于六十四而止也？

《杨氏易传》卷二十

宋 杨简 撰

今人言《易》者，必本于乾坤，陋矣！但见《周易》之书，不见《连山》《归藏》之书，故必首乾次坤。不知《连山》首艮，重艮故曰《连山》;《归藏》首坤　故曰乾坤之义。《连山》，夏后氏之《易》;《归藏》，商人之《易》。至矣哉！合三《易》而观之，而后八卦之妙，大易之用，混然一贯之道，昭昭于天下矣。三才皆易也。三才之变，非一实一，或杂焉，或纯焉。纯焉其名乾坤，杂焉其名震、坎、艮、巽、离、兑，皆是物也。一物而八名也，初无大小优劣之间也。形则有大小，道无大小。德则有优劣，道无优劣。或首艮，或首坤，明乎八卦之皆易也。易道则变而为八，其变虽八，其道实一。曰《连山》宓戏，《归藏》黄帝。

《易》卦诸《彖》言“大矣哉”者，十二卦而已。《豫》《遁》《姤》《旅》言“时义”,《随》言“随时”之义，岂他卦皆无“时义”哉？岂他卦之“时义”皆不大哉？《坎》《睽》《蹇》言“时用”，岂他卦皆无“时用”哉？岂他卦之“时用”皆不大哉？《颐》《大过》《解》《革》言“时”，岂他卦皆非“时”哉？岂他卦之“时”皆不大哉？六十四卦皆时也，皆有义也，皆有用也，皆大也。“大矣哉”盖叹其道之大，有言不能尽之意。事无大小，无非易道之妙。圣人偶于此十二卦发其叹[①]，非此十二卦与他卦特异也。使每卦而言，则不胜其言，愚者执其言，智者通其意。岂特六十四卦皆可称“大矣哉”，虽三百八十四爻亦皆可称“大矣哉”。圣人于《豫》《遁》《姤》《旅》，则犹有“义”之可言，于《坎》《睽》《蹇》，则犹有“用”之可言，至于《颐》《大过》《解》《革》，则既不曰“义”，又不曰“用”，止曰“时”而已。夫何以曰“大矣哉”？于戏！此正明以[②]天地无一物一事一时之非易。学者溺于思虑，必求其义，圣人于《颐》《大过》《解》《革》，尽捐“义”“用”，止言其“时”，而叹之曰“大矣哉”，使学者无所求索，不容钩深，即时而悟大吉之妙，则事理一贯，精粗一体。孔子“何思何虑”，文王“不识不知”，信矣。

《需》“有孚，光亨，贞吉”，言需得其道，必得所需。需，待也，彼此相孚见应矣。所需待，多动乎意，非光也。光如日月之光，无思无为，而无所不照，此之谓道。如此，人咸信之，故曰“孚”。如此，则得所需矣，亨矣。得所需亨通，或放逸失正，故又曰贞乃吉。孚与光与正本非三事，以三言发明道心。一动乎意，则不孚不光不正，谓之人心，故舜曰“人心惟危”，明其即入于邪，入于凶祸。

《坤》六二“直方大，不习无不利”。直心而往，即易之道，意起则支而入于邪矣。直心而行，虽遇万变，而不[③]转易，是之谓“方”。圆则转，方则不转。方者特明不转之义，非于直之外又有方也。夫道一而已矣，言之不同，初无二致，是道甚大，故曰“大”，是道非学习之所能，故曰“不习”。孟子曰：“人之所不学而能者，其良能也。所不虑而知者，其良知也。”习者勉强，本有者奚俟乎习？此虽人道，即

① 四明本无“偶”字。
② “明以”，四明本作“以明”。
③ “而不”，四明本作“未尝”。

地之道，故曰“地道光也”。光如日月之光，无思无为，而无所不照。不光明者也，必入于意，必支而他，必不直方，必昏，必不利。六三“含章可贞”，“阴虽有美，含之以从王事，弗敢成也。地道也，妻道也，臣道也。地道无成，而代有终也”。惑者往往于是疑其为小，故圣人特发之曰“智光大也”。道一而已，初无小大。六四“括囊，无咎无誉”，亦此道也，方时闭塞，义当“括囊”而谨。易道之见于坤，见于谨者也。二言坤道之正，五言坤道之盛。他卦之五，多明君象，至于坤，明臣道也，故五止言臣位之极盛。黄者，中之义，言乎其得中道也，故曰“通理”，言理以明中，非中自中，理自理也。裳者下服，言乎正人臣之位，居人臣之体也，故曰“正位居体”，明乎得道者必守常分而不犯。此非设饰者所能，由中而发于文为，故曰“元吉，文在中也”。言乎文非外饰，乃自中诚而着也。伊、周之事，人咸信之，不疑其为非，信其诚也。王莽设饰，故卒罹大祸。初之“履霜”，谨微之道[①]，上六[②]之“龙战”，道之穷也，皆易之道，而有昏明邪正之辨也。《坤》之“用六”，即《乾》之“用九”，九六不同而用同。乾造始，坤代终，始终不同而其大则同，故曰“以大终也”。至哉之坤，即大哉之乾也，名分不同而道同也。为妻为臣而失道，则不永，则不贞。得其道者，必永必贞。二、三、四、五皆能用六，惟上六不能用六，反为六所用，为形体所使，为势位所动，故凶。初亦不能用六，故为霜为冰。为不善之积，能辨之于早，则能用之矣。

“小畜，柔得位而上下应之，曰小畜。健而巽，刚中而志行，乃亨。”小畜，以臣畜君之道也。畜有养义，有止义。以下畜上，非势之

① 四明本“道”后有“也”字。
② 四明本无“六”字。

顺者，而有道焉。非柔则不敬不顺，非得位则不可以有所行，岂有居下位而可以行畜[1]之事者乎？柔虽得位，使人心不悦，虽悦而不至于上下皆悦而应之，亦不能以畜君。天下事未有人心不悦而能行者，而况于畜君乎？故必上下之心咸应之乃可。其德健则力足以行其事，而无困慑不终之患。巽则顺入乎君心，刚则物莫能变，中则不偏不倚。刚中两言，足以发明道心之本。人臣能健能巽，而中无其本，亦不能致亨。健矣，巽矣，刚矣，中矣，或所畜之君，虽略相应，而谏不尽行，言不尽听，则臣亦不可谓得行其志，亦不能亨。于戏！物情事理，如上所序，节节如此，曲折如此，乃易之道也。惟柔得位，以明六四之象。众阳咸应，有上下应之象。下乾，健象。上巽，巽象。刚中，二五之象。四、五刚柔相得，有志行之象。非象自象，道自道也，此正易道之见于《小畜》六画者然也。象著其义，《象》发其义。柔也，得位也，上下应也，健也，巽也，刚也，中也，志行也，非每事而致其力也，合是数者，以发明《易》小畜之道。得易道全者，自能当小畜之时，尽小畜之义，自与此《象》辞无不合也。有一不合，必于道有亏焉。"齐景公悦晏子之对，作君臣相悦之乐，其诗曰'畜君何尤？'畜君者，好君也"。此亦小畜之小亨也。何者？晏子犹未有刚中之大本故也。易者，天下之大道，圣人之大道，虽甚贤者未能尽也，虽高明之士，已得大本，而物情事理，委曲万变，往往疏略，不能皆尽。孔子自谓：'加我数年，五十以学《易》，可以无大过。"明知夫《易》者，大圣人之事，应变无穷之道，晚年成德，乃可学也。

少读《易大传》，深爱"无思也，无为也，寂然不动，感而遂通天下之故"，窃自念学道必造此妙。及他日读《论语》，孔子哭颜渊至于

① 四明本"畜"后有"君"字。

恸，从者曰："子恸矣。"曰："有恸乎？"则孔子自不知其为恸，殆非所谓无思无为、寂然不动者，至于不自知，则又几于不清明。怀疑[①]于中，往往一二十年，及承教于象山陆先生，闻举扇讼之是非，忽觉某心乃如此清明虚灵，妙用之应，无不可者。及后居姚氏丧，[②]哀恸切痛，不可云喻。既久，略省察曩正哀恸时，乃亦寂然不动，自然不自知。方悟孔子哭颜渊，至于恸矣而不自知，正合无思无为之妙。益信吾心有此神用妙用，其哀言至于如此其极，乃其变化，故《易大传》又曰"变化云为"。不独其有此心，举天下万古之人，皆有此心。益信人皆与尧、舜、禹、汤、文、武、周公、孔子同此心，顾人不自知，不自信尔。子曰："书不尽言，言不尽意。然则圣人之意，其不可见乎？"子曰："圣人立象以尽意，设卦以尽情伪，系辞焉以尽其言，变而通以尽利，鼓之舞之以尽神。"至哉圣言！岂训诂之所能解！既曰"书不尽言"矣，又曰"系辞以尽言"。既曰"言不尽意"矣，又曰"立象以尽意"。于乎至哉！似矛盾而非矛盾也，似异而实同也。圣人之言意，岂尽不尽之所可言？言尽亦可，言不尽亦可。云"不尽"者，圣人之实言。云"尽"者，亦圣人之实言。此惟智者足以知其解者，始信"天下何思何虑"，始信孔子无隐于二三子，始信六十四卦卦卦齐一，始信三百八十四爻爻爻不殊。[③]

六十四卦皆可以言"元亨利贞"，圣人既于乾言之，又于坤言之，又于屯言之，圣人于此，谓学者可以意通之矣。故自蒙而下，或言其一，或言其二，或言其三，至随又全言之，临又言之，无妄、革又言之，亦偶于此数卦而复言，非此数卦之特异也，亦恐学者执《乾》

①"怀疑"，四明本作"疑怀"。
②"姚"，四明本作"妣"。
③"殊"，四明本作"昧"。

《坤》《屯》之卦异余卦，故复于此言之，以破其疑。于坤曰“牝马之贞”者，于以明地道也，妻道也，臣道也，柔顺勤行之道也。刚上在阳[1]，无为而佚，君之道也。柔阴在下，有为而劳，臣之道也。君臣之分不同而道则同也，在君则刚则佚，在臣则柔则劳，一也。“天下之动，贞夫一者也”，无二贞也。子思曰：“天地之道，其为物不贰。”使牝马之贞，是劣于乾，则屯不言牝马，又其失实者犹多，而况于下焉者乎？

《易大传》曰：“古者包牺氏之王天下，仰则观象于天，俯则观法于地，观鸟兽之文，与地之宜，近取诸身，远取诸物，于是始作八卦。”某尝谓《大传》非圣人作，于是乎益验。此一章乃不知道者推测圣人，意其如此。言矣夫道之不明也久矣，未有一人知《大传》之非者，惟“子曰”下乃圣人之言，余则非。何以明此章之非？舜曰“道心”，明此心之即道，动乎意则失天性而为人心。孔子曰“心之精神是谓圣”，禹曰“安汝止”，正明人心本寂然不动。动静云为，乃此心之神用，如明鉴照物，大小远近，参错毕见，而非为也，非动也。天象地法，鸟兽之文，地之宜，与凡在身及在物，皆在乎此心光明之中，非如此一章辞气之劳也。此可与知道者语，未知道者必不信。

①“刚上在阳”，四明本作“刚阳在上”。